書山有路勤為徑

學海無崖苦作舟

文經閣

書山有路勤為徑

學海無崖苦作舟

文經閣

史記故事導讀

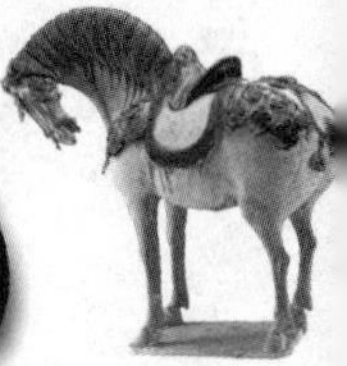

全國各國、高中指定國文科輔導教材

■讓國文不在艱澀。讓你輕鬆閱讀、迅速累積國學基礎

■讓我們一起展開這幅瑰麗的歷史畫卷，徜徉在歷史的長河裡

英國哲學家培根說過：「讀史使人明智。」
唐太宗李世民也說過：「以古為鏡，可以知興替。」
讀者們在讀這本書的時候可能為其中某個故事哈哈大笑，
也為其中某個人物的悲慘遭遇默默垂淚，
但是當合上這本書的時候，希望讀者們從中獲得豐富的知識。

司馬遷◎原著
姜波◎譯著

前言

中華文明是世界上最古老的文明之一，也是世界上延續時間最長的文明。從「三皇五帝」開始算起，中華文明已經靜靜流淌了五千多年。

從茹毛飲血的時代一路走來的中華民族，在延續生命的同時還創造出了無比燦爛的中華文明。在五千年的歷史中，既出現過留下豐功偉績的英雄人物，也有很多自私自利的齷齪小人。縱觀整個歷史，為我們留下深刻印象的，既有昏庸無能的帝王、英明神武的首領，也有犯顏直諫的忠臣、幽默詼諧的小人物，還有很多只在書中看到過的刺客……他們都只是歷史長河中的一個小水滴，但無數的他們匯聚到一起，就成了歷史的滾滾洪流，推動著人類社會不斷向前發展。

《史記》是由我國漢代著名史學家司馬遷撰寫的中國第一部紀傳體通史，是我國歷史書籍中的佼佼者。它穿越時空而來，把一個個形象生動的歷史人物唯妙唯肖地展現在我們面前，將上古時期的「五帝」到漢武帝期間三千多年的歷史一一記錄下來。這是古人留給我們的一筆極為寶貴的財富，我們不僅要好好珍惜，還要啟動智慧之門，汲取其中的精神和力量。

遺憾的是，由於時代和語言的局限性，現在的國高中學生對古典文學缺少興趣，加之閱讀能力有限，從而使他們很難充分享受古典文學帶來的樂趣。本書以此為出發點，從《史記》中精選了一部分富有趣味的故事，旨在引起廣大國高中學生對歷史的興趣，從而更深刻地瞭解源遠流長的華夏史。

本書首先介紹了關於《史記》的史學和文學價值，令讀者能夠在後面的閱讀中欣賞到《史記》獨特的藝術性；然後以朝代順序講述各個歷史故事，使讀者可以在具有趣味性的閱讀中瞭解各個朝代的歷史。在書的最後，編者還列出了主要帝王的在位時間和重要歷史事件的時間表，以方便讀者進行相關的檢索和查閱。

此外，書中還對提到的歷史知識進行了必要的擴充，選擇了一些傳說、民間故事來增加閱讀的趣味性。此外，本書還會在文章中提出一些問題引導國高中讀者深入思考，培養他們的思維能力，而不是一股腦地把既有的結論填進腦子裡。

英國哲學家培根說過：「讀史使人明智。」唐太宗李世民也說過：「以古為鏡，可以知興替。」讀者們在讀這本書的時候可能為其中某個故事哈哈大笑，也為其中某個人物的悲慘遭遇默默垂淚，但是當合上這本書的時候，希望讀者們從中獲得豐富的知識。

現在，讓我們一起展開這幅瑰麗的歷史畫卷，徜徉在歷史的長河裡吧！

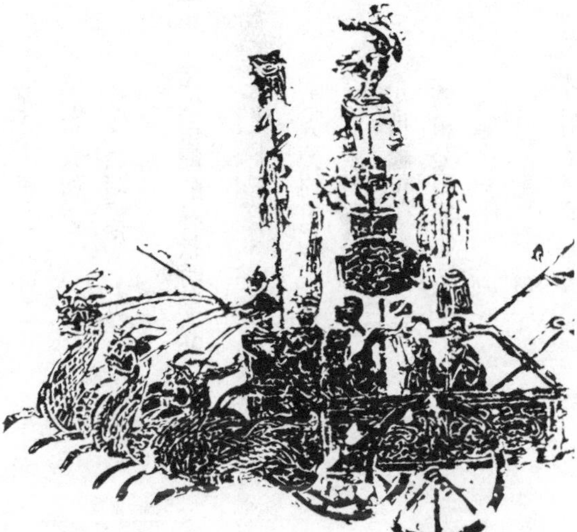

第四章　群雄並起的戰國時期　195

引言　史家之絕唱，無韻之離騷

《史記》由漢武帝時期的史官司馬遷所著，記載了從黃帝到漢武帝三千多年的歷史變遷。它是我國第一部紀傳體通史，塑造了眾多形象鮮明的人物，不僅是中國史書中的上乘之作，也代表了中國古代歷史散文的最高成就。本章簡要介紹了司馬遷的生平、著《史記》的過程以及《史記》的史學價值和文學價值。

千古太史公——司馬遷

太史公是這樣煉成的①

司馬遷的《史記》總是被後人稱頌，魯迅先生稱之為「史家之絕唱，無韻之離騷」。這句話的意思是說，《史記》不僅是史書的典範，而且具有很高的文學價值。由此，我們不禁要問：作者司馬遷究竟是何方神聖呢？

「昔在顓頊（**顓頊**ㄓㄨㄢ ㄒㄩ），命南正重以司天，北正黎以司地。至於夏商，故重黎氏世序天地。其在周，程伯休甫其後也。當周宣王時，失其守而為司馬氏。」這是太史公司馬遷在《史記》中的一段自我介紹。

這段話主要介紹了司馬家族作為史官的「光榮歷史」。據說這個家族作為史官的歷史可以追溯到原始社會，那時候還是黃帝的孫子顓頊帝統治天下，他任命一個叫做重的人掌管天文，另一個叫黎的人負責掌管地理；一直到夏商時期，重黎的後代仍然是掌管天文地理的官員。到了周朝，重黎氏的後代中出了一個叫休甫的人，他做了一個司馬的官，從那以後整個家族就改姓司馬了。周宣王以後，司馬家好幾代人都做史官。周朝內亂之後，司馬氏離開都城，逐漸散佈到全國各地。

司馬遷的祖先曾經棄文從武，但是到了司馬遷的父親司馬談這一代，又做起了史官，並且成了大漢王朝一個很重要的官員——太史令。司馬談一直有一個遠大的理想，就是把中國幾千年的歷史梳理清楚，編寫一部規模空前的歷史巨著。為了這個目標，他一直在努力。自從做了太史令，他就一直在搜集史料，為編寫這部史書做準備。

不過，他覺得要獨立完成這一巨著，時間、精力和才學都不夠，因此他把希望寄託在兒子司馬遷身上，希望有朝一日，能夠父子聯手完成這部史書。

司馬遷（前145或前135～前87年左右），字子長，出生在龍門（今山西河津市）。從出生那天起，父親就對他寄予厚望並且嚴格要求。他10歲的時候就已經開始背誦《左傳》②、《國語》③，並且表現出很高的史學天賦。他善於思考，對歷史典籍中的人物和事件都有自己獨到的見解。司馬談對此十分欣慰，所以就更加認真地栽培他。司馬遷到長安之後，父親安排他拜當時的名士董仲舒④和孔安國為師，在兩位大師的悉心調教下，司馬遷到20歲的時候已經是一個才華橫溢的年輕學者了。

父親覺得只讀書還不夠，還要親自去瞭解真正的歷史。所以在父親的支持下，司馬遷開始了為期兩年的遊學生涯，這可以說是他一生中最重要的學術旅行。他走遍了江淮流域和中原地區，考察民俗，收集資料。他曾經漫遊到汨羅江畔（今湖南省東北部），在屈原⑤投江自盡的地方高聲朗誦屈原的詩歌，痛哭流涕；在韓信的故里淮陰（今江蘇淮安），他走訪了很多韓信故鄉的人，掌握了很多不為人知的故事；在孔子的故鄉曲阜（今山東曲阜），他與當地的儒生一起參加拜師典禮，學習古禮，用這種方式來表達對孔子的尊敬。

這次遊學，司馬遷獲得了很多古籍上看不到的材料，而且他對人生和社會的認識也變得更加深刻。在這次遊學中，司馬遷走遍了祖國的名山大川，飽覽了中國的壯美山河，陶冶了性情，同時也提高了文學修養。司馬遷的這次遊學經歷是真正的「讀萬卷書，行萬里路」，也是他走向成功邁出的堅實一步。

遊學歸來後，司馬遷做了漢武帝的隨從，因為見多識廣，司馬遷很得漢武帝的賞識。後來漢武帝還派他以「特使」身分出使西南少數民族部落，這讓司馬遷有了深入瞭解少數民族的機會，也為他關注少數民族政策問題打下了基礎。

1 選自《史記．太史公自序》。

2 《左傳》：又稱《左氏春秋》或《春秋左氏傳》，相傳是春秋末年左丘明所作，是一部記載春秋時期歷史的編年體史書。

3 《國語》：中國最早的國別體史書，記載了周朝王室和魯、齊、晉、鄭、楚、吳、越等諸侯國的歷史。

4 董仲舒：西漢時期著名的思想家、儒學家和唯心主義哲學家。他把儒家的思想概括為「三綱五常」，漢武帝採納了他的建議，「罷黜百家，獨尊儒術」，其「大一統」、「天人感應」理論為後世封建統治者提供了統治的理論基礎。

5 屈原：中國最偉大的浪漫主義詩人之一，也是我國已知最早的著名愛國詩人，世界文化名人。他創立了「楚辭」這種文體，代表作有《離騷》、《天問》等。

忍辱著《史記》①

司馬遷得到了很好的家庭教育，這為他編著《史記》打下了良好的基礎。但是像世界上所有成功的人一樣，想要取得輝煌的成績，光有廣博的知識是遠遠不夠的。司馬遷編著《史記》的過程並不是一帆風順的，可以說《史記》中充滿了司馬遷的血和淚。

當一切準備就緒的時候，司馬遷的父親過世了。這一年，漢武帝打算到山東泰山封禪②，按傳統禮法這麼重要的事情應該由太史令主持，可是司馬談身體不好，漢武帝便把他留在了長安，讓他安心養病。司馬談卻因此心中抑鬱，病情反而加重了。

這個時候司馬遷剛剛從西南少數民族地區回來，見他回來，司馬談的眼睛又有了光芒。他拉著司馬遷的手，氣息微弱地訴說著自己不能參加封禪大典的遺憾，最後又囑咐司馬遷一定不要辱沒祖先的名聲，要寫出一部光耀千古的歷史巨著，只有這樣，他才能安心地離開這個世界。司馬遷含淚答應了父親的要求。

父親去世三年後，司馬遷守孝期滿，漢武帝任命他為新的太史令，負責記錄史實，管理朝廷的文書檔案以及天文、曆法等事務。

司馬遷剛一上任，就發現當時使用的曆法太古老了，而且誤差很大，於是他聯合了一些大臣，建議修改曆法，漢武帝就將這件事情交給他去辦。為了制定出更加實用的曆法，司馬遷邀請了當時的占星專家和曆算專家組成了一個小組，經過一年的努力，他們成功創制了《太初曆》③，並在全國推廣。《太初曆》是我國第一部比較完整的曆法，而且是當時世界上最先進的曆法，這個曆法一直沿用了*180*多年，後世的曆法也是已太初曆為基礎修訂的。可惜的是，《太初曆》的原文已經失傳了。

司馬遷的心中一刻也沒有忘記過父親的遺願，接任太史令之後，他就開始整理父親收集到的書籍和史料，想要專心寫作，潛心修史。他一頭栽進了浩瀚的書海中，為《史記》的寫作積累素材。

但是好像上天故意要考驗司馬遷的毅力，那樣平靜又忙碌的日子，司馬遷只享受了四年，就在朝堂上因言獲罪。

起因是這樣的：漢武帝派李廣利④帶兵三萬攻打匈奴，結果幾乎全軍覆沒，而李廣利則逃了回來。他的逃跑致使李廣的孫子李陵⑤只能帶領五千步兵與匈奴孤軍作戰，匈奴單于⑥率領三萬騎兵把李陵的步兵團團圍住，但是李陵的箭法很好，而且士兵很勇敢，所以單于沒能打敗李陵，此外單于也不知道漢軍的虛實，所以不敢貿然進攻。後來李陵手下一個軍官叛變，他告訴單于李陵後方沒有救兵，還把能夠連續射箭的裝置的製作方法告訴了單于。最終，李陵因寡不敵眾，戰敗投降。

李陵投降的消息傳回漢朝，整個朝堂一片譁然，大家紛紛譴責李陵貪生怕死。最後，漢武帝問司馬遷的意見，司馬遷想了一下，說：「李陵帶去的步兵不滿五千，他深入到敵人的腹地，打擊了幾萬敵人。他雖然打了敗仗，可是殺了這麼多的敵人，也可以向天下人交代了。李陵不肯馬上去死，一定是想將功贖罪來報答皇上。」其實李陵和司馬遷算不上很好的朋友，司馬遷幫李陵說話也只是出於一個史官應客觀面對事實的立場。

但是漢武帝聽完司馬遷的話後，勃然大怒道：「你替投降的人狡辯，是想反對朝廷嗎？你和李陵是想合謀毀掉大漢江山嗎？」震怒之下，漢武帝把司馬遷關進了監獄。

不久，有傳聞說李陵帶匈奴兵攻打漢朝，漢武帝一怒處死了李陵的母親和妻兒。第二年，漢武帝又下令處死了李陵全家，而受到牽連的司馬遷被處以宮刑。在獄中，司馬遷受盡了折磨，幾乎送了性命。司馬遷本想一死了之，但是他想到了父親臨終前殷切的眼神以及自己多年的心血，最終決定忍辱負重，繼續完成《史記》的寫作。

西元前96年，漢武帝大赦天下，司馬遷終於離開了監獄，這年司馬遷50歲。他出獄後被任命為中書令，地位很高，但是從那以後，他閉門著書，不再過問政事。過了5年，也就是西元前91年，名傳千古的《史記》終於完成，全

書共有130篇，52萬多字。

1 選自《史記·太史公自序》。

2 封禪：中國古代帝王為祭拜天地而舉行的活動。

3 太初曆：規定一年等於365.2502日，一月等於29.53086日；開始採用有利於農時的二十四節氣。

4 李廣利：漢武帝寵妃李夫人之兄，西漢時期的將領。

5 李陵：西漢名將李廣的孫子，曾率軍與匈奴作戰，戰敗投降。漢武帝滅其三族，致使李陵與漢朝徹底斷絕關係。李陵的一生充滿國仇家恨的矛盾，學界對他的評價也一直存在爭議。

6 單于：匈奴人對首領的尊稱，意思是「廣大的樣子」。

史家之絕唱——史書的新篇章

司馬遷的《史記》中不僅記錄了中國幾千年的歷史，在字裡行間還體現了司馬遷的進步思想，這些思想使得《史記》從眾多史書中脫穎而出，成為一道獨特的風景。

成一家之言

班固①曾經稱《史記》的寫作「其文直，其事核，不虛美，不隱惡」，這句話的意思就是說《史記》中記載的每個事件都是有根據的，沒有因為作者喜歡某個人就把這個人塑造成神一樣光輝的人物，當然也沒有因為討厭一個人就把他寫成一個十惡不赦的壞蛋。

一個合格的史學家，必須拋棄個人的喜好把一個人的善惡都書寫出來，還要明辨是非，恰如其分地表示對歷史人物的肯定或否定。很顯然，司馬遷是史學家中的佼佼者。他對筆下的歷史人物，一般不做全盤肯定或否定，而是原原本本地講清楚人物和事件。比如寫秦朝的時候，司馬遷反對秦朝的暴政，但是對秦朝統一六國的功勞和一些制度體系則表示了極大的肯定。

此外，司馬遷也有不懼強權的精神，在《史記》中，他全面地描述了西漢社會百年的各個方面，重點集中在漢武帝時代的社會矛盾，有些文章批判了橫徵暴斂的經濟政策，有些則描述了黑暗的官場。《史記》中還如實記錄了漢武帝連年征戰使百姓苦不堪言和迷信鬼神以求長生不老等荒唐事件，漢武帝看到後，非常生氣，他派人把這一部分毀掉，命令司馬遷重新編著，但司馬遷執意不從，最終《史記》的這一部分是由後人根據《漢書》等其他書籍上的內容補上的。

天人關係是司馬遷所處時代的一個最基本的問題，所指的主要是人與自然的關係。司馬遷的老師董仲舒是唯心主義的代表人物，他認為人的命是由天定的，但是在這個問題上，司馬遷並不認同老師的看法。在《史記》中，他強調了天命只是表面的現象，實際上人才是最重要的。皇帝一向都自認為「君權神授」，自己是「天子」，不管自己怎麼做都是正確的，由於自己的位置是神給的，那麼只要神還在，自己的位置就不會改變。但是司馬遷透過《史記》告訴國君，人民才是最重要的，要時時關注百姓的生活才能長久地居於皇帝的高位。

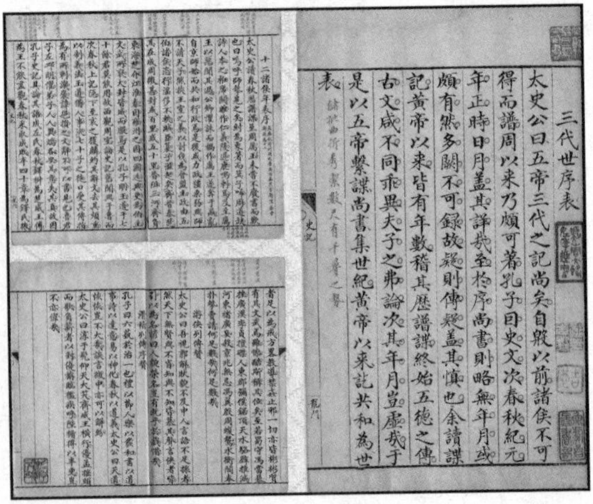
三代世序表
太史公曰五帝三代之記尚矣自殷以前諸侯不可得而譜周以來乃頗可著孔子因史文次春秋紀元年正時日月蓋其詳哉至於序尚書則略無年月或頗有然多闕不可錄故疑則傳疑蓋其慎也余讀諜記黃帝以來皆有年數稽其歷譜諜終始五德之傳古文咸不同乖異夫子之弗論次其年月豈虛哉于是以五帝繫諜尚書集世紀黃帝以來訖共和為世表

司馬遷在《史記》中不僅對國君提出了關注人的建議，而且對於具體採取什麼樣的措施才能更好地治國也有自己獨到的見解。他認為最好的管理百姓的方法是德治，而不是採用暴力壓榨百姓。

此外，對於社會生活的很多方面，他也有著自己的想法。他認為商人的作用不能小看，這在現代社會看來是顯而易見的，但是在古代，這種思想無疑非常先進；他還富有遠見地看到各民族將來必然走向統一，司馬遷的《史記》是中國歷史上第一本記錄少數民族的風俗習慣的史書，這為中原文化和少數民族文化融合帶來了一個契機。司馬遷還是一個道德至上的史學家，他認為道德是評價一個歷史人物的重要標準，所以他一改以往史書「只以成敗論英雄」的標準，將一個人全方位地展示給人們，讓人們自己去評斷這個人的歷史功績。

1 班固：東漢時期著名的史學家、文學家。著有《漢書》、《兩都賦》。

成書背景

雖然司馬遷對漢武帝時期的社會生活有諸多不滿，對自己遭受的不公平待遇也很悲憤，但是不可否定的是，漢武帝時期強盛的國力是他能夠著成《史記》的一個必要條件。

秦朝末年，天下各路兵馬混戰，雖然在征戰中湧現出了無數的英雄豪傑，但是社會動亂也極大地破壞了當時的社會生產力。最終漢高祖劉邦登上皇帝的寶座，建立了大漢王朝。漢朝初期也並不太平，最開始是幾個異姓王反叛，妄圖推翻漢朝的統治；緊接著是呂后專政，使朝廷內部矛盾重重；然後又出現了「七國之亂」。幸運的是，這些事件最終都被平定，文帝和景帝時期，皇帝以身作則過著節儉的生活，全國採取了「休養生息」的政策，最終出現了一個經濟繁榮的局面。漢武帝親政後，首先削弱了諸侯的力量，由此中國成為一個真正的中央集權國家。當時的社會秩序安定，這讓司馬遷在創作《史記》時能夠以比較平和的心態對歷史事件進行客觀準確的分析。

戰國時期，中國進入了封建社會，跟奴隸社會相比，生產力有了很大的提高，這樣就可以積累更多的社會財富。但是由於戰爭不斷，整個社會的經濟水準還是很低。漢朝建立初始，以漢高祖劉邦為首的統治階級就開始實行「清靜無為，與民休息」的政策，他們希望用這樣的政策儘快提高老百姓的生活水準，使社會財富迅速增加。到了漢武帝時期，經過前人的積累，漢朝已成了當時世界上最強盛的國家。

另外，春秋戰國時期百家爭鳴，社會文化發展很快。漢朝建立初期，統治者採用道家的思想來治理天下，但是發展到漢武帝時期，道家思想已經越來越不符合社會的需要，所以漢武帝採取了董仲舒提出的「罷黜百家，獨尊儒術」的主張。從此，中國歷代統治思想的核心就變成了儒家學說。文化上的統一和發展對司馬遷創作《史記》有著非常重要的影響，這種統一的文化氛圍讓司馬遷在總結歷史時不會產生混亂，他只需要用儒家的思想去尋找歷史規律就可以了。

司馬遷所處的時代，張騫奉命出使西域，衛青、霍去病大破匈奴，漢武帝獨尊儒術，設立樂府，正是漢王朝國力最強大，經濟最繁榮，文化最興盛的時期，這一切都豐富了司馬遷的見聞，使他創作《史記》的熱情迸發，為他最終完成《史記》提供了必要的外在條件。

第一部紀傳體通史

《史記》是我國第一部紀傳體通史，這種體例的創制具有劃時代的意義。從《史記》以後，紀傳體就成為編寫史書的一種模式被後人發揚光大。

在看到《史記》評價時，我們一定能看到這樣一句話「史記是我國第一部紀傳體通史」，什麼是通史呢？其實古今中外有很多種史書，按照不同的標準，它們可以分為很多種類，通史就是其中的一種，它連貫地記載歷朝歷代的故事，使我們能夠瞭解歷史的全貌，《史記》記載了從黃帝到漢武帝三千多年的歷史，很明顯是一部通史。而只講述一個朝代的歷史的史書叫做斷代史。《史記》就像一部百科全書，在這裡，你不光可以找到歷朝歷代的君臣故事，還可以看到很多俠肝義膽的刺客，幽默搞笑的名人，甚至星象、曆法、地理水利在《史記》中也都有記載。

在史記產生以前，中國也有很多的歷史著作，比如《尚書》①、《春秋》②、《左傳》等。這些書有的重在敘事，有的只記錄國君說過的話，所以內容不夠全面。《史記》是司馬遷在繼承前人的歷史著作的基礎上創作出來的一種體例——紀傳體，主要包括本紀、世家、列傳、書和表五部分。

本紀是記載能夠左右天下大局的人物的傳記，通常情況下是帝王的言行和政績。但是也有例外，比如項羽和呂后，雖然這兩個人並沒有稱帝，但是兩人是當時真正的掌權者，所以司馬遷把這兩個人也放在本紀中進行記敘；而呂后的兒子漢惠帝（前211～前188年）是個傀儡皇帝，所以司馬遷在本紀中沒有專門記載他。世家是記載諸侯和對社會發展有重大作用的人物和大事，司馬遷創造性地把孔子和陳涉放進了世家中記載，表示了司馬遷對於他們的歷史功績的肯定。至於列傳，則是為那些不是帝王貴族，卻擁有顯赫功績的人物所作的傳記，其中還包括了少數民族和鄰國的一些事件。《史記》以本紀為核心，世家和列傳作為補充，其中記錄的人物具有鮮明的個性，生動形象，這些都超越了以往的史書。

除了以寫人物為主的本紀、世家和列傳之外，《史記》還有表和書兩種記載事件和制度，其中表是以譜系的形式記載歷史人物和大事，讓人一目了然，也是對其他部分的補充；書則是記錄各種典章制度，包括天文、水利、經濟等各個方面。

1 《尚書》：又稱《書》、《書經》，是中國現存最早的史書。

2 《春秋》：相傳由孔子對魯國史官所編寫的《春秋》加以整理修訂而成，是中國最早的編年體史書。

無韻之離騷——文采斐然的史書

史書也浪漫

《史記》不僅是歷朝歷代史學家推崇的著作，也是文學家讚不絕口的巨著。為什麼一部旨在寫史的書籍卻得到了文學家的稱讚呢？它對文學家有哪些積極作用呢？

司馬遷生長在一個學術氣氛十分濃厚的家庭，很小的時候就開始誦讀詩書，青年時代又遊歷了祖國的名山大川，後來做了太史令之後，可以說諸子百家、奇文異書都已經看遍了。所以，在描寫歷史人物的時候，很多文字都是信手拈來，筆下的人物有血有肉，如活生生站在讀者面前一樣。

我們都知道，屈原是一位著名的浪漫主義①詩人，司馬遷非常崇拜屈原，他希望自己擁有屈原那樣的浪漫主義情懷，所以在編著《史記》期間，司馬遷也努力把自己筆下的人物塑造成具有浪漫主義情懷的人。後人評價《史記》的行文深得屈原《離騷》的神韻，能使人產生共鳴。《史記》中最出色的幾篇人物傳記，或多或少都帶有這樣的浪漫主義特徵。項羽推翻秦朝時排山倒海的氣勢、李廣傳奇般的一生，以及刺秦的荊軻和「為知己死」的聶政，在這些讓司馬遷讚嘆不已的人物身上，都閃耀著浪漫主義的光輝。

為了讓人讀起來興趣盎然，在《史記》中司馬遷選擇的人物都是具有典型特點的人。在司馬遷看來，並不是血統高貴就可以進入歷史，只有那些對社會發展有影響的人才可以名列其中。

為了更好地展現這些人物的各個方面，司馬遷以生動具體的故事形式來表現人物的個性。在寫這些人物的時候，司馬遷為了表現某些英雄人物的浪漫主義性格，常常採用傳奇式筆法，這就類似我們現在的設置懸念，他會在前面營造一種緊張的氣氛，在文章最後再揭開謎底；有時候也會用傳說中的事蹟來增強人物的傳奇色彩。

司馬遷還很善於描繪細節，有時候只要一個眼神、一個動作，甚至只是一個念頭，就可以讓主人公的形象躍然紙上；而司馬遷刻畫的大場面甚至可以直接作為劇本搬上舞臺。

司馬遷可以說是先秦散文藝術的集大成者，他既吸收了文人們錘鍊的書面語言，也把人民大眾使用的生活語言引入著作中，使得《史記》的語言獨具魅力。司馬遷引用古代生澀難懂的語言時會把它翻譯成通俗的語言，而且其中也引用了大量的民間歌謠，增加了語言的表現力。

原則上，寫史不需要夾帶感情，而文學創作則需要濃烈的感情，司馬遷把二者完美地統一起來，這正是司馬遷以及《史記》的不平凡之處。

1 浪漫主義：一種文學創作方法，在反映客觀現實時側重從內心世界出發，抒發對理想世界的熱烈追求。常用熱情奔放的語言、瑰麗的想像和誇張的手法來塑造形象。

深遠的影響

《史記》不僅受到文學家的追捧，還對中國的文學發展產生了不可磨滅的影響，而且《史記》離我們的生活並不遙遠！那麼它到底產生了哪些影響呢？它體現在我們生活的哪些方面呢？

《史記》是我國最早的紀傳體通史，它用紀傳體的形式精心描繪了許多赫赫有名的歷史人物，是中國最早的傳記文學之一，同時也是中國傳記文學的典範。除了對我國的傳記文學寫作產生了直接的影響之外，後來出現的別傳、家傳甚至墓誌銘都與《史記》開創的傳記文學有著千絲萬縷的聯繫。

除了傳記文學，後世散文是受到《史記》影響最直接的文學形式。《史記》是先秦散文之集大成者，具有極高的藝術價值。後來唐宋時期興起的「古文運動」①還把司馬遷的散文列為漢代散文的典範。古文運動的宣導者、同樣也是散文大家的韓愈說《史記》「雄健」，柳宗元則稱它「峻潔」。宋朝開始的「文體

革新運動」②以及明代前後的「文學復古運動」③都把《史記》推崇為古文的崇高典範。

除了傳記文學和散文，在小說和戲劇方面，《史記》也產生了不可忽視的影響。如果你有機會看到中國的傳統小說目錄，你一定會驚訝地發現中國傳統小說的名字大部分都是以「傳」命名的，而且它講述故事時一般是以人物傳記的形式展開敘述，具有和人物傳記一樣的開頭和結尾，以人物生平為脈絡，嚴格按照時間線索展開故事情節，甚至很多小說的最後還有作者的觀點和看法。傳統小說所具有的這些特徵都與司馬遷的《史記》中的人物傳記如出一轍。

《史記》記載的故事中，人物性格鮮明，具有尖銳的矛盾衝突，這和戲劇塑造人物形象和情節的要求不謀而合，因此《史記》自然而然地成了後代戲劇創作的材料寶庫。據說，現存的元雜劇中，有16種直接取材於《史記》中的故事，其中《趙氏孤兒》被稱為「中國的哈姆雷特」，在世界上也享有盛譽。我們的國粹京劇中，更是有很多《史記》故事，比如大家都很熟悉的《霸王別姬》等。

現在，《史記》故事不僅出現在舞臺上，還有很多故事被改編成電影和電視劇，比如著名導演陳凱歌執導的電影《趙氏孤兒》，以及熱播的電視劇《大漢天子》，等等。以後看電視和電影的時候，不妨思考一下哪些故事是來自《史記》中的哦！

1 古文運動：唐代中葉及北宋時期以提倡古文、反對駢文為特點的文體改革運動。唐代的韓愈、柳宗元，宋代的歐陽修、王安石、曾鞏、蘇洵、蘇軾、蘇轍等人都是其中的代表人物。

2 文體革新運動：北宋繼唐代古文運動之後興起的文學革新運動，主要反對詩文的浮靡文風，主張對詩、文進行革新，要求文學作品反映現實。

3 文學復古運動：明代初期的文學復古運動開啟了明後期浪漫主義文學思潮。明代末期，基於民族救亡的緊迫任務，復古主義再次回歸，文學家強調要更加關注社會現實，明末清初的實學思想也由此開始。

第一章 原始社會時期

在古代先民的認知中，「三皇五帝」被認為是中國歷史的開端。關於這些偉大祖先，各地都流傳著許多的神話傳說。司馬遷透過對史書的研究以及實地考察，選取了那些可以確定的史實寫進了《史記》。他認為「三皇」的事蹟更接近神話，因此司馬遷的《史記》是從五帝開始的。

中華始祖黃帝

黃帝生活於中國的原始社會時期，是中國歷史的締造者。黃帝的故事大多來自人們的傳說，這些傳說給黃帝的一生蒙上了一層神秘的色彩，甚至他的出生都是與眾不同的。

軒轅長成①

中國古代有「三皇五帝」②的說法，炎帝是三皇之末，黃帝是五帝之首，炎帝和黃帝都是中華民族的祖先，我們到現在也經常自稱是「炎黃子孫」。

傳說黃帝的父親是有熊部落的首領少典，母親是附寶。據說附寶懷孕後，四肢無力，整天無精打采，這種情況一直持續了七、八個月。看到這種情況，少典很是著急。這時，少典的一個手下出了一個主意，他對少典說，現在已經是初夏了，天氣會越來越熱，恐怕附寶的身體會越來越吃不消。不過在一個叫做軒轅（今河南新鄭）的地方有一座壽丘山，山的四周有很多樹木，還有潺潺的流水，十分涼爽。

少典聽了，非常高興，於是帶著部落離開了原來燥熱的有熊，來到了涼爽的壽丘山。後來，附寶貪戀軒轅這個地方的美景，不願意再回到有熊，於是在這裡住了十五、六個月。但奇怪的是，一般婦人都是懷胎十月生下孩子，可是附寶肚子裡的孩子卻遲遲不肯出來。

二十四個月過去了，附寶終於生下了一個男孩。這個男孩長得有點奇怪，他的皮膚淡黃，額頭中間突起，遠遠望過去，就像頭上長了一輪光芒四射的太陽一樣。剛一出生，他就四處張望，好像在觀察周圍的環境。少典夫婦把出生地作為他的名字，取名為軒轅（**軒轅**ㄒㄩㄢ ㄩㄢˊ）。少典非常喜愛這個奇異的孩子，他料定軒轅將來必然大有作為，於是就派人精心照料。

一出生就顯示自己與眾不同的軒轅果然不負眾望。剛出生不久，他就開始說話，七、八歲的時候就能像大人一樣說話辦事，是遠近聞名的神童。長大之後，他更是才思敏捷，而且勤奮好學，誠實重信。到20多歲時，軒轅已經是一個見識廣博、明辨是非的「準部落首領」了。

後來，少典把自己的位置傳給了軒轅。軒轅所處的時代，神農氏也就是炎帝的勢力開始衰弱，各個部落之間為了爭奪糧食和財物，三天一小戰，五天一大戰，百姓飽受戰亂之苦。不過，有熊部落的人就幸福多了，因為部落首領軒轅沒有帶領百姓對外侵略，而是用自己的德行教化百姓，同時操練軍隊保護自己的部落。

看到天下大亂，百姓流離失所，苦不堪言，炎帝也很著急，但是依靠現有的勢力已經不能再控制各地的部落首領了，於是炎帝向軒轅求助。軒轅答應了他的請求，開始征討各路作亂的部落。黃帝屢戰屢勝，最後那些戰敗的部落首領都歸順了軒轅，年年向軒轅納貢，天下又恢復了往日的平靜。

1 選自《史記·五帝本紀》。

2 三皇五帝：傳說中上古社會的領袖。歷來「三皇五帝」有不同的說法，現在學術界比較認同的觀點中，「三皇」是指伏羲氏、燧人氏、神農氏；五帝是指黃帝、顓頊、帝嚳、唐堯、虞舜。

統一中華①

軒轅戰勝了各個部落之後實際上成了真正的領袖，但是並不是每一個人都願意服從軒轅的號令，到底是誰在反對他呢？

軒轅成了首領之後，前任首領炎帝的心裡很不是滋味，因為論德行，自己並不比軒轅差，只是不忍心天下百姓處於戰亂之中才請軒轅出手相助，沒想到竟然連首領之位也被奪走了。他並不甘心就這樣把自己統領天下的權力拱手相讓，所以一直想把已經歸附軒轅的首領們打敗，重新奪回掌管天下的權力。軒轅也意識到炎帝蠢蠢欲動，他認為如果不能收服炎帝，天下就沒有真正的和平。

於是，軒轅一方面施行仁政，讓百姓安居樂業，另一方面加緊整頓軍隊，增強軍隊的作戰能力。時機成熟後，軒轅便率領軍隊在阪泉（今河北涿鹿東南）的郊野與炎帝展開了激戰。三戰過後，炎帝大敗，軒轅如願征服了炎帝。此後，炎帝部落與軒轅部落合併成「華夏族」，佔據了中原地區，在黃河中下游兩岸的廣闊土地上逐漸創造發展起偉大的華夏文明。這就是中華民族的開端。

另一個不服軒轅統治的人就是蚩尤。他是九黎部落的首領，為人非常殘暴，但是能征善戰，當時大多數部落都不是他的對手。他認為自己實力非凡，為什麼要屈服於軒轅的領導呢？所以他不停地興兵作亂。後來，他下定決心要與軒轅決一雌雄。於是軒轅命令各地的部落首領率領軍隊在涿鹿（今河北涿鹿）的郊野會合，軒轅和蚩尤雙方都集結了自己所有的兵力進行殊死搏鬥，最終軒轅擒殺了蚩尤。這次戰役以後，天下的首領都尊軒轅為盟主，軒轅也不負重託，任用了一大批德行兼備、能力非凡的手下，並帶領著這些大臣為百姓排憂解難。他常年東奔西走，基本沒有固定的住所，經常在臨時搭起的帳篷裡休息。

軒轅的政策英明仁慈，在他統治時期，大多風調雨順，天下太平。當時的人們都認為只有萬物賴以生存的黃土地才能夠代表軒轅的偉大功績，還認為他德配天地，是帝星下凡，於是都尊稱他為「黃帝」。

黃帝的正妃是西陵國的女兒嫘（嫘ㄌㄟˊ）祖。相傳嫘祖是一個非常賢德的女子，全力支持黃帝的事業。此外嫘祖本人也非常聰明，是種桑養蠶的創始人，教會人們養蠶繅（繅ㄙㄠ）絲，織成絲綢，做成漂亮的衣服，讓人們從此不再衣不蔽體，因此後世人們把嫘祖奉為「先蠶聖母」。嫘祖為黃帝生了兩個兒子，一個叫玄囂，一個叫昌意。

後來昌意的兒子高陽繼承了黃帝的盟主之位，他就是五帝之一的顓頊帝。顓頊（**顓頊**ㄓㄨㄢ ㄒㄩ）帝沉穩有智謀，心胸豁達且明白事理。他繼承了黃帝的優良傳統，不辭辛勞地帶領百姓開發了大片的土地，並且制定了曆法來指導百姓按照自然季節和氣候變化來發展生產。傳說凡是光芒能照到的地方，各種生靈都誠心地接受顓頊帝的領導。

顓頊帝死後，玄囂的孫子，也就是黃帝的曾孫高辛繼位，這就是帝嚳。帝嚳品德高尚，非常注重自我修養。他以公平公正的態度治理天下，從不偏袒任何一方，百姓都很佩服他。

1 選自《史記．五帝本紀》。

仁德的堯帝

堯帝曾經是陶唐氏的首領，因此也被稱為唐堯。他是上古時期的賢君，是繼黃帝之後最有威望的首領，也是歷朝歷代賢明君主學習的楷模。

堯帝為政

傳說堯帝出生在伊祁山（今河北順平縣境內），因此伊祁山又被稱作堯山。在堯山南邊也有一座山，叫慶都山，傳聞這裡是堯的母親慶都的出生地。

堯的名字叫做放勳，他可不是一個平常人。史書上是這樣評價他的：「其仁如天，其德如神，就之如日，望之如雲。富而不驕，貴而不舒。」這句話的意思就是說，堯這個人的仁德就像天一樣，保護著世間的萬物；明智得就像神一樣，靠近他就能感受到陽光般的溫暖，望著他也能體會到安詳。他雖然富有但從不驕傲，雖然尊貴但從不放鬆對自己的要求。

帝嚳去世後，放勳的哥哥摯繼承了首領之位，但是他沒有突出的政績。而被封在陶唐的放勳則與百姓同甘共苦，遊刃有餘地處理著各項事務，把陶唐打理得井井有條，深受百姓的愛戴。各

堯帝

個部落的首領開始親近放勳而疏遠摯。摯看到這種情況後，親自率領官員把首領的位置讓給了放勳，定帝號為堯。

堯在位的時候，工作一絲不苟，生活上從不奢侈浪費。他經常戴著一頂黃帽子，穿著黑色的粗布衣服巡遊四方，即使在寒冷的冬天，也只是披一張鹿皮來禦寒。百姓們看在眼裡，疼在心上，紛紛勸說他：「您是我們的首領，吃、穿、住都應該是最好的，您現在這個樣子，讓我們心裡很難過啊！」但是堯笑著搖了搖頭，說：「我之所以這麼做，就是想讓天下的人都能吃飽穿暖，過上富裕的生活。天下哪怕只有一個人挨餓受凍，那也是我的失職啊！」聽到這些話，百姓們都感動得流下了眼淚。

俗話說「強將手下無弱兵」，堯手下的大臣也是個個聰明能幹。他們勤勤懇懇地工作，把各項工作都完成得十分出色。堯派手下的大臣羲氏、和氏推算日月星辰的運行規律，並制定出相應的曆法。他們把一年分為366天，劃分出春夏秋冬四季，然後把每年的時令告訴百姓，讓人們按照大自然的規律來安排生產。由於用人得當，措施得力，各部落呈現出生機勃勃的景象。

堯出身尊貴，卻從來不輕視別人的意見。即使作為至高無上的首領，他也從來不獨斷專行。他經常召開部族會議，聽取別人的意見。為了能時刻聽到來自百姓的聲音，他還在自己的茅草屋外設了一面鼓，誰要是對他或者部落聯盟有什麼建議和意見，隨時可以敲打這面鼓，堯聽到鼓聲會馬上接見提建議的人。堯還在交通要道上埋上了一根木柱，派專人看守，民眾有意見可以對看守人講；如果來的人願意當面對堯訴說情況，看守人也會給予指引。

在堯聖明的領導下，當時的百姓過著豐衣足食的生活，因此人們十分擁護他。堯在我國歷史上第一次建立了較為系統的政治制度，為奴隸制國家的產生奠定了基礎。

堯舜禪讓①

堯帝在位70年後，他開始為選擇自己的繼承人而擔憂。他認為領導者十分重要，有一個好的領導者，天下才能平平安安，於是他做出決定：傳賢不傳子。他派百官去尋找賢德的人來做下一位首領。那麼這個人是誰呢？他符合要求嗎？

堯在一次部族會議上問眾大臣：「在你們心目中，誰能夠統領百官，輔佐我治理天下呢？」有人推薦了堯的兒子丹朱，堯說：「丹朱愚笨又性情兇惡，不能治理國家。」大臣們商量一番之後推薦了舜，堯說：「我也聽說過他，但不知他的人品如何。」大家一致稱讚舜是一個賢德的人。

但是堯還是不放心，他決定親自去見一見這個眾人交口稱讚的賢人。他來到舜生活的地方，碰巧看到舜趕著一黃一黑兩頭牛在犁地。牛屁股上各綁著一個簸箕，長方形的田地不是順著犁而是橫著犁。

堯覺得非常奇怪，便好奇地問道：「年輕人，人家犁地都是順著犁，你為什麼要橫著犁呢？」舜答道：「母親交代要橫著犁，不能違背母親的話。」

原來，舜有個繼母，整天想加害於他，如不照辦就會生出事端，舜只好遵從母意。堯得知真相，便暗自思忖：「此人果然寬宏大量，是一位賢德的人才！」接著又問：「那你把簸箕綁在牛屁股上又是為何？」

「鞭打在牛身上會疼的，哪頭牛走慢了就打一下簸箕，牛知道是打它的，就會緊走幾步趕上去。為不打在牛身上，就想出此法。」

堯聽罷，暗自稱讚：「此人對牲畜尚能如此疼愛，對人的厚愛就可想而知了。」他覺得舜果然是他的理想之選，便仔細與他交談。他問道：「你的兩頭牛哪頭走得快呀？」

舜說：「黃牛快，黑牛疾，都聽使喚。」

聽到這個回答，堯很失望，他覺得舜不誠實，兩頭牛總不能一樣快吧？

舜彷彿看透了堯的想法，便說：「老人家，我知道您對我的答案不滿意。實話說吧，黃牛比黑牛快一些。您剛才那樣問，牠倆都在跟前，牲畜通人性，說出了怕傷害黑牛，所以才那麼說。」

堯帝點頭稱是，心想，這個年輕人辦事如此細心，還這樣講究方式，看起來是一個有謀略能辦大事的人！於是便表明自己的身分，將舜帶進了王宮，並把兩個女兒——娥皇和女英②許配給他，透過兩個女兒看他能否理好家政；又讓自己的兒子去和舜做鄰居，看他能否處理好與他人的關係。

舜成親後，就和兩位妻子住在貧窮偏僻的溈水（今湖南寧鄉境內）河畔。他沒有因為娥皇和女英出身高貴就放縱她們，而是教她們紡織，孝敬公婆，依禮行事。堯的兩個女兒都對舜十分傾心，恪守婦道，而舜也將家治理得井然有序。舜和鄰居們相處也很愉快，堯的兒子也稱讚舜品德高尚。

堯又派舜推行德教，舜便教導臣民以「五典」③來指導自己的行為，臣民們都非常願意聽從他的教誨。緊接著，堯又讓舜統領百官，結果百官都臣服於舜的指揮，政事也處理得井井有條。堯又考驗了舜與諸侯相處的能力，結果發現遠方來的諸侯賓客也很敬重他。

最後，堯讓舜獨自去森林中接受大自然的考驗，舜在暴風雨中，依然能夠不迷失方向，繼續行路，表現出了很強的生存能力。

經過三年各種各樣的考察，堯覺得舜這個人說話辦事都很成熟可靠，便正式把首領之位讓給了德才兼備的舜，這就是被後人傳為佳話的「堯舜禪讓」。

舜帝繼位28年後，堯去世了，百姓們很傷心並自發為他守孝三年。這三年裡，全國沒有表演過歌舞、演奏過音樂，人們主動地放棄了娛樂活動來哀悼堯的離去。

堯去世後，舜決定把首領之位讓給丹朱，自己躲了起來。結果四方趕來朝覲的部落首領都繞開丹朱，去到舜躲藏的地方；文武百官也不理丹朱，有重大事件都去找舜決斷。於是舜決定順應民意，重新登上首領的位置。

1 選自《史記．五帝本紀》。

2 娥皇女英：傳說中堯的兩個女兒，姐妹同嫁舜為妻。在舜繼位後，娥皇、女英一直鼎力幫助舜做為百姓謀福祉的善事。二妃美麗動人的形象，是歷代詩人、畫家的創作題材來源之一。我國最偉大的詩人屈原的《九歌》中的《九歌．湘君》、《九歌．湘夫人》是最早歌頌二妃的詩篇。

3 五典：指父義、母慈、兄友、弟恭、子孝這五種美德。

傳奇的舜帝

舜是一個傳奇人物，他的品德非常高尚，孝順父母，愛護兄弟，但是他的家人卻三番五次地想要置他於死地，這究竟是怎麼回事呢？

舜的身世

舜叫重華，生於姚地（今河南省范縣），他的父親是個盲人，而且品行不端。舜很小的時候，母親就去世了。後來父親又娶了一個妻子，生了一個兒子叫做象。

象在父母的溺愛中長大，根本不把哥哥放在眼裡，總是欺負他。父親也偏愛後妻和象，常常對舜非打即罵；更可怕的是心腸狠毒的繼母，她一直處心積慮地想要殺死舜。心地善良的舜卻沒有記恨過他們，仍然心甘情願地孝敬父母，照顧弟弟，不敢怠慢。但是他的父母和弟弟並沒有因此而有所收斂，反而變本加厲地虐待舜。

終於，舜堅持不下去了。他離開了家，來到歷山（今山西垣曲縣境內）腳下，自己蓋了一間茅草屋，開墾了一塊荒地，種起了田。由於他勤勞能幹，家裡的糧食總是吃不完。人們都認為舜這次

一定是徹底和家人斷絕關係了，然而事實卻出乎所有人的意料。有一年鬧饑荒，他聽說家裡已經沒米下鍋了，就馬上背上一袋糧食趁著夜晚回到了家，把糧食悄悄地放在門口，然後躲到一邊。看著家裡人把糧食拿進去，他才開心地回到了茅草屋。久而久之，他的事情被人發現並且傳揚開來，歷山的百姓也受到他的影響變得更加真誠謙和。

舜捕魚時總是到最難捕到魚的地方去，把好捕魚的地方讓給別人，百姓們也紛紛效仿，爭著把好地方讓給別人；原來為了地界而爭鬥的人們也都不再計較了。

在舜30歲的時候，堯開始尋找接班人，人們都推薦舜。堯非常重用他，還把自己的兩個女兒嫁給了他。因為舜所居住的地方民風淳樸，人們相處和諧，更多的人慕名而來，一年之後這裡就形成了一個繁華的小鎮。堯看到這些非常欣慰，賜給舜很多衣物、糧食和牛羊，還有一把很好的琴。

舜的父母和弟弟看到這一切之後又是羨慕又是嫉妒，他們商量著害死舜，瓜分他的財產。

一次，舜的父親騙舜說家裡的糧倉漏雨，讓他去修補。然而，在舜爬到屋頂的時候，父親卻在下邊點燃了糧倉，然後慢悠悠地轉身離開了。舜頓時驚慌失措，但是他很快平靜下來，手持兩個斗笠從屋頂縱身而下，逃出了火海。

家人的詭計沒有得逞，於是他們又想出來一條毒計。這天，父親又來找舜，說：「兒子啊，家裡的井壞了，需要重新挖一口井，你來幫幫我們吧。」舜一口答應下來，但是因為有了上次的教訓，他這次留了一個心眼兒。舜開始的時候老老實實地挖井，但是到了一定的深度之後，他在井的側壁挖了一條暗道。果然不出所料，沒多久，站在井邊的父親和弟弟就開始往井裡填土，直到把井堵得嚴嚴實實才肯甘休。他們料想舜這下死定了，於是他們連忙跑到舜的家裡瓜分財物。象趾高氣揚地對父親說：「這個主意可是我想出來的，理應我先挑。」話音未落，他就已經緊緊抱住了那把琴，然後說：「還有兩個嫂嫂都歸我，那些牛啊、羊啊、衣服什麼的，你們就拿去吧。」說完這些他就拿著琴彈起來。

正當父親和母親往家裡搬東西的時候，滿頭泥土的舜出現在他們面前。象吃驚地張大了嘴巴：「我……我還以為你遭遇不測了，正在安慰兩個嫂嫂呢！」父親則一句話也沒說，低著頭站在一邊。舜拍了拍頭上的土，並沒有揭穿他們，反而笑著說：「你們喜歡什麼，儘管拿去好了。」聽了這句話，他的父母和弟弟都羞愧地走了。從那以後，他們都改正了錯誤，走上了正路。

繼承大位①

舜通過了堯的考驗之後，繼承了堯帝首領位置，舜在位期間，百姓安居樂業，天下一片繁榮景象，舜是怎麼做到的呢？

舜從一個普通的百姓搖身一變成了首領，不過他並沒有因此放鬆對自己的要求。他每天想得最多的就是怎麼能讓老百姓安居樂業，開開心心地生活。

為了能讓百姓吃飽肚子，他把自己在歷山耕耘時的經驗拿出來與大家分享。一個寒冬的晚上，窗外飄著鵝毛大雪，夜已經很深了。這時，一個人經過舜的茅草屋，看見窗內還有光亮，他望進去，看見舜正在精心地挑選豆子，手和臉都露在外面，已經被凍得通紅了。這個人看得心疼就推門進去了，問道：「這麼晚了您還不睡，挑豆子做什麼呢？」

「有好的豆種，才能長出好的苗子，結出更多的果實。種子不好，收成就很差。」

「可是現在是隆冬季節，還沒到播種時間，挑它何用？」

「這裡地域遼闊，來年會需要很多豆種，現在不備好，來年就會誤了播種時機啊！」這個人聽了十分敬佩舜，於是和舜一起挑選起來。

當了首領之後，舜依然和農夫一起下田耕種，搶著幹重活。他還親自教農夫們怎麼耕田，怎麼下種。在舜的努力下，百姓們的生活更加寬裕了。

除了事必躬親②之外，舜在用人上也非常大膽。他啟用了很多在堯的時代地位比較低的官員來管理國家大事。

為了讓百姓的生活比較安定，他決定向全國頒佈法規，統一律法。他命令皋陶做掌管監獄的官，執行各種刑罰。傳說我國的第一部法律《獄典》就是由皋陶制定的，裡面規定了偷竊、搶劫、殺人等犯罪行為的判決原則。皋陶做事公正，全國人民都很信服他，後來人們把皋陶奉為「上古四聖」③之一。

頒佈統一的法律之後，舜也嚴格按照法律的規定辦事。有一次，有人向舜報告說，有個大臣上山考察民情，卻讓兩名山民抬他上山。山路很陡峭，其中一個山民不小心跌倒後腳部骨折了。這個大臣不問這個山民的傷病，反而找人來用鞭子抽打這個山民。舜聽後大怒，派人把這個大臣叫過來，對手下的人說：「給我用鞭子狠狠地抽打他。」於是，鞭刑成了封建社會沿用多年的一種刑罰。

即使名門後代犯罪了，舜也絕不姑息。有人告訴舜說有四個人經常在光天化日之下搶劫百姓的糧食，但是他們都是貴族或者大臣的後代，誰也不敢惹。舜憤怒地一拍桌子：「祖先有德跟他們有什麼關係？祖宗是祖宗，他們是他們，作惡的人就不能饒恕！」於是他把這四個人流放到千里之外，並派人監視，誰改邪歸正，誰就可以返回。

對壞人，舜不留情面，嚴加懲治，但對有能力的人，他知人善任，使人盡其才。除了皋陶，他還任用后稷來管理農業，按照節令指導穀物的播種與收穫；命令夔創作詩歌舞蹈來教導人民，陶冶人們的情操。舜任用的這些人中，最出名的就屬禹了，他開鑿了九座大山，引導了九條大河，劃定了九州的界限，讓各地的首領都按照規定向舜進貢物產。

為了讓這些首領都能夠始終為百姓著想，舜每五年就巡遊全國一次，來檢查他們的政績。後來舜去南方巡遊的時候，不幸在蒼梧（今湖南永州）的郊野中去世了，人們把他安葬在了九嶷（音：宜）山（今湖南永州境內）。今天的九嶷山，盛產一種叫做「九嶷斑竹」的珍貴竹子，這種竹子的外皮上有與淚痕十分相似的斑點，傳說是娥皇和女英因為思念舜淚流不止形成的。

1 選自《史記．五帝本紀》。

2 事必躬親：出自《詩經．小雅》。躬親，親自的意思，無論什麼事都要親自去做，親自過問。形容辦事認真，毫不懈怠。

3 上古四聖：堯、舜、禹和皋陶被後人尊為「上古四聖」。

第二章 奴隸社會夏商周

中華文明歷史悠久，源遠流長。夏、商、周三代是中國的傳統文化和古老文明初步定型、走向繁榮的時期。從堯舜時期的「傳賢」到夏啟的「傳子」，中華民族發生了偉大的歷史變革，社會生活的各個領域都發生了翻天覆地的變化。

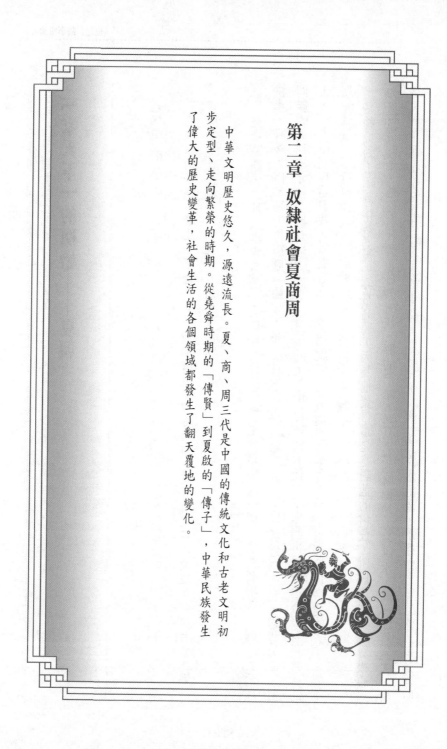

「家天下」的開始——夏朝

堯在位的時候，發生了水患，百姓為躲避洪水四處逃難，遠古時代沒有先進的科學技術，難道除了逃往更高的地方就沒有別的方法了嗎？

大禹治水①

堯帝時期，大地上洪水氾濫，人們深受其害。於是堯召集大臣們，讓他們推薦一個人去治理洪水。許多大臣都極力推薦鯀（鯀ㄍㄨㄣˇ），堯一直都不太信任鯀，就說：「鯀這個人啊，違背天命，對同族的人都不友好，經常迫害族人，這樣的人怎麼能擔此大任呢？你們再想想還有沒有更合適的人。」大臣們你看看我，我看看你，最後都說：「我們暫時還真的想不出其他更合適的人了，要不您先試試，不行再換人。」形勢危急，堯也只好答應了。

鯀得到了這個任務之後，非常高興，因為他覺得這是堯對他的信任。所以他治水也算盡心盡力。可惜的是，他沒有找到正確的方法。鯀的治水方法是看到哪個地方發洪水，就迅速趕過去，命令人們用泥土和石塊堵住洪水的去路。如果只是一個地方洪水氾濫，這樣做是有效的，但是當時的情況是全國的江河湖泊都在氾濫，所以鯀的方法沒有產生作用。就這樣，鯀用「堵」的方法治水治了9年，還是沒有一點成效。

舜繼位之後，看到這種勞而無功的情況，一怒之下就把鯀流放到了羽山（今江蘇東海縣附近），各地的人聽到鯀被流放的消息之後，都稱讚舜的英明。後來，鯀死在了流放地，臨死之前，鯀對自己的兒子禹說：「一定要治好水患，也算是為家族挽回一點面子。」

鯀死後，舜命令禹接替他父親的職位繼續治水，並派了益和后稷做他的助手。禹下定決心要戰勝洪水，上任後，他並沒有急著動手去迎戰洪水，而是帶著助手走遍全國，翻山越嶺勘測地形。他知道，面對這樣的大面積的水患，一個地方一個地方地解決問題根本無濟於事，必須要把全國各地的情況綜合起來治理才能根治洪水。

禹在考察期間遇到了一位女子塗山氏，二人一見傾心，結為夫婦。結婚4天後，禹再次踏上了丈量土地的路程。

在考察完全國各地的地理情況後，禹採取了一種與父親截然相反的治水方法，這就是「疏」。他帶著各地的百姓開發了九州的土地，疏導了九條河流，治理了九個大湖，鋪平了各地通往國都的道路。在禹的帶領下，百姓根據就近的原則，有的把洪水引進了大湖，有的把洪水引進了沙漠，洪水漸漸退去，百姓都重新綻開了笑顏。禹還把稻種分發給百姓，讓他們種田耕地，又建議以後天下的糧食統一調配，哪裡糧食少，就從多的地方調一些過去。

在治理水患的13年中，禹整天不知疲倦地勞作，甚至有幾次路過家門口都沒有進去看一眼。有一次，禹從自家門口走過，聽見嬰兒「哇哇」的哭聲，他才知道塗山氏剛剛為他生下了一個兒子，但是他還是狠心地沒有走進去看一眼。

他這種堅持不懈的治水精神得到了舜的肯定，舜賞賜給他一塊黑色的寶玉以示獎勵，同時決定選擇禹作為自己的接班人。不僅如此，禹也得到了全國百姓的愛戴，人們都尊敬地稱他為「大禹」。

大禹在治水的13年裡，瞭解了各地的風土民情，增長了見識，也鍛鍊了自己的管理能力。舜逝世後，大禹在全國為舜哀悼的三年裡，代理政事，哀悼期一過，他就躲了起來，把位置讓給了舜的兒子商均。不過，大臣們都不理睬商均，而去朝拜大禹。無奈之下，大禹才出來成為新一代的首領。

夏朝興衰①

1 選自《史記．夏本紀》。

大禹按照傳統的方式推舉皋陶作為自己的繼承人，但是皋陶沒能繼位就去世了。後來大禹的兒子啟登上了首領之位，但是啟徹底改變了「傳賢不傳子」的規定。

大禹年紀大了，想把首領之位傳給皋陶（**皋陶**ㄍㄠ ㄧㄠˊ），但是皋陶不幸去世了，後來大禹又選了幫助自己治水的益作為繼承人，益做了三年首領就讓給了禹的兒子啟，自己搬到了其他地方隱居。

啟也是一個有德有才的人，天下人都愛戴他，其他諸侯也擁護他，於是他就登上了首領之位。不過他沒有像父親那樣選擇繼承人，而是直接指定了繼承人，就是自己的兒子太康，同時他還把自己統治的地方統稱為「夏」，這就是我國歷史上第一個朝代——夏朝。從此，中國開始了「父傳子，家天下」的時代。

不過太康可不像自己的祖先那樣賢明，他是一個真正的紈絝子弟②。他繼位後，只知道遊玩打獵，對百姓的生活不聞不問，一個叫做羿的人看不下去了，趁太康出去打獵的時候，佔領了國都，驅逐了他，太康就這樣丟了王位。他的五個弟弟和母親也被趕到了洛水（今河南省西部）邊上，家人一直盼望著太康能夠回來，可是他再也沒有出現，於是幾個弟弟寫下了《五子之歌》，對哥哥錯誤的治國方法進行了反思。

後來繼位的是太康的弟弟仲康。仲康是一位正直的君主，他派兩個人去修正曆法，但是這兩個人每天不做正事，只知道喝酒玩樂，到了最後期限，隨便交了一個曆法給仲康。仲康讓天下百姓照著這個曆法耕種，結果百姓的糧食歉收，因為那兩個制定曆法的人搞亂了四季節令。仲康大發雷霆，派了一名大臣去討伐他們。

仲康去世後，把王位傳給了自己的兒子，這樣過了很多代之後，夏朝的王位傳到了孔甲的手裡。當時的夏朝已經開始走向沒落，民眾不再擁護它，諸侯也紛紛背離了夏朝統治者。

而孔甲卻是一個做事很荒唐的人，迷信鬼神，喜歡稀奇古怪的東西。據說有一次孔甲到野外遊玩看到了一雄一雌兩條龍，他興奮地就像見到了神靈一樣，派手下的人捉住它們，想養在宮中。但是宮中沒有人會養龍，他只好派人到全國各地尋找會養龍的人。這個人還真被他找到了！就是陶唐部落的劉累，傳說他曾經跟著豢龍氏學過養龍的技術，那是一個專門養龍的部落。孔甲興沖沖地把他請到宮中，讓他負責養龍，賜他姓御龍氏，還賞賜了一塊封地給他。可是這個劉累學藝不精，竟然把雌龍給養死了！他不敢告訴孔甲，於是悄悄地把龍做成肉醬送給孔甲吃。孔甲一嘗，覺得這個肉的味道和以往吃過的美味佳餚都不同，還想吃，於是就派人找劉累要。劉累嚇壞了，覺得這樣下去就算龍被養死的事情沒有暴露，找不到這種肉來獻給夏王的罪名也足夠自己被抓進大牢了。想到這裡，他冒出一身冷汗，連夜逃跑了。

從孔甲以後，夏朝就徹底走上了下坡路。

1 選自《史記．夏本紀》。

2 紈絝子弟：衣著華美的年輕人。指官僚、地主等有錢有勢人家整天吃喝玩樂、不務正業的子弟。

紅顏禍水①

孔甲的曾孫是履癸，也許這個名字你不太熟悉，但是如果提到殘暴的夏桀，那恐怕就是無人不知無人不曉了，夏朝就是葬送在他的手裡的。

夏桀是夏朝的第16個君主，是中國歷史上非常有名的暴君。夏桀繼承王位後，覺得自己住的宮殿太簡陋了，就下令在洛陽建造一座新的宮殿，起名叫傾宮。修建傾宮動用了成千上萬的奴隸，花了7年才建造完成，這項勞民傷財的工程，害得夏朝的老百姓怨聲載道，苦不堪言。

除了大興土木之外，夏桀還貪戀女色。他的後宮美女如雲，其中他最喜歡的是一個叫妹喜②的嬪妃，對她說的話言聽計從。

這個妹喜是夏桀發兵征討有施氏部落的時候，那個部落為了討好他進貢的。他一見就非常喜歡，專門建造了富麗堂皇的宮殿和玉床供自己和妹喜享樂。

一次，妹喜說聽膩了樂師的演奏，非常想聽布匹被撕裂的聲音。聽到這個要求，夏

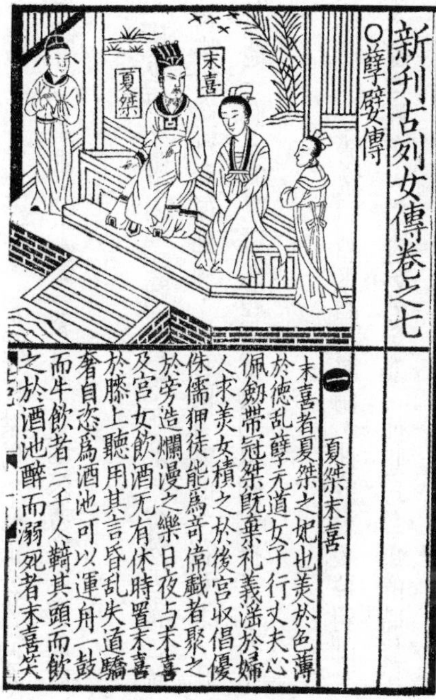
新刊古列女傳卷之七
○孽嬖傳

一 夏桀末喜
末喜者夏桀之妃也美於色薄於德乱孽无道女子行丈夫心佩劍帶冠桀既棄礼義滛於婦人求美女積之於後宮收倡優侏儒狎徒能爲竒偉戲者聚之於旁造爛漫之樂日夜与末喜及宮女飲酒无有休時置末喜於膝上聽用其言昏乱失道驕奢自恣爲酒池可以運舟一鼓而牛飲者三千人羇其頭而飲之於酒池醉而溺死者末喜笑

桀笑著說：「這個太簡單了！只要愛妃喜歡，我馬上去幫你安排。」說完夏桀馬上發佈公告向全國徵集大量布匹，然後把這些布匹全部都堆在傾宮，並派人不斷撕裂這些布匹來博取妹喜的歡心。

夏桀還非常貪吃，除了珍貴的山珍海味，其他的一概不吃。蔬菜只吃兩北（今陝西渭河流域）出產的，只吃東海捕撈來的大魚，甚至對調味的作料都很挑剔，只有南方產的生薑和北方出產的海鹽才有資格成為他的食品調料。為了解決他一個人的吃飯問題，官員們專門安排了成百上千的人替他種菜、捕魚、運輸和烹調。

夏桀還是個酒鬼，而且還有個怪習慣，必須喝十分清澈的酒，酒一混濁，他就會殺掉廚師，許多廚師都因此斷送了性命。夏桀喝醉了以後，還喜歡拿人當馬騎著玩耍，他想玩騎馬的時候，不管你是僕人還是身居要職的大官，必須馬上俯身做「馬」，要是不願意，就會挨一頓痛打，如果遇上他心情不好，甚至會被殺頭。

夏桀偏愛能夠給他出主意享樂的官員，討厭向他進諫的正直的賢人。有一個名叫趙梁的小人，專門投其所好，經常給夏桀出餿主意，教他如何享樂，如何勒索百姓，夏桀把他視為自己的心腹。到了晚年的時候，夏桀更加荒淫無道，他命人挖了一個大池，稱為「夜宮」，並帶著一大群男男女女在池中嬉戲，一個月都沒有上朝。太史令終古哭著進諫，夏桀很不耐煩，斥責終古多管閒事，終古知道夏朝氣數將盡，就投奔了商湯。

另外一個叫做關龍逄（逄ㄆㄤˊ）的臣子聽到老百姓的怨言，覺得大事不妙，便進諫說：「天子謙恭而講究信義，節儉又愛護賢才，天下才能安定。現在大王奢侈無度，弄得百姓都盼望你早些滅亡。大王您現在已經失去了民心，請您趕快改正過錯吧，這樣才能挽回人心。」夏桀怒罵關龍逄危言聳聽，下令將他殺死。從此，忠臣都不敢再親近夏桀，而奸臣則成群地圍著夏桀轉，夏朝的統治也越來越腐敗了。

正當夏朝勢力日漸衰落的時候，商部落的勢力卻逐漸強大起來，而且正在積極準備進攻夏朝。

夏桀得到消息，帶兵趕到鳴條（今山西運城安邑鎮）。兩軍交戰，夏桀登上附近的小山頂觀戰。忽然天降大雨，夏桀急忙從山頂奔下避雨。夏軍將士原本就不願為夏桀賣命，看到夏桀這樣的表現更加失望，紛紛逃走。夏桀制止不住，只得倉皇逃入城內。商軍在後緊追不放，桀帶上妺喜和金銀珠寶，匆忙登上了一艘小船，渡江逃到南巢（今安徽巢縣）。後來他被商部落的首領湯追上後治罪，被放逐到南巢的臥牛山。到了這個時候，夏桀仍然沒有悔悟，只是惡狠狠地說：「真後悔當時沒有把湯殺死在夏台的監獄裡！」

夏桀和妺喜被放逐到這荒山野嶺，沒有人服侍，自己又不願勞動，沒有多久就活活餓死了。夏朝就這樣滅亡了。

1 選自《史記·夏本紀》。

2 妺喜：中國古代四大妖姬之一，另外三個是妲己、褒姒、驪姬。

奴隸社會的發展——商朝

夏朝末年，夏桀荒淫無道，殘害百姓，百姓怨聲載道；湯順應民意，率兵討伐夏桀，最終推翻了夏朝的統治，建立了商朝。

網開一面①

遠古時候，五帝之一的帝嚳娶了一個妃子叫簡狄。有一天她和另一個人到河裡去洗澡，看見一隻玄鳥飛過，掉下了一顆蛋。簡狄就把這顆蛋撿起來吃了，結果竟然懷孕了，並生下了一個男孩，帝嚳給這個男孩起名叫做契，而契就是商部落的祖先。

契長大後跟著大禹治水，立下了汗馬功勞。後來舜召見他說：「契，現在天下百姓之間經常鬧衝突，現在我命令你做司徒，去向他們宣傳和睦相處的規矩和道理，教他們學會友善和寬容。」契為百姓做了很多好事，使得人們彼此之間不再爭鬥，社會變得更加和諧。為了表彰契的功績，舜把契封在了一個叫做商的地方。

在舜和大禹統治的時代，契的家族已經開始興盛起來了。契去世之後，他的兒子接替了他，又過了*14*代，湯成了部落的首領。

湯是一個仁慈善良的人。一天，他帶領隨從外出，在郊野一個樹木茂盛的地方看到一個獵人正在捕獵。他在東南西北四個方向都掛著捕捉獵物的大網，自己則跪在地上，口中念念有詞：「自天下四方皆入吾網。」這句話的意思就是說，求老天爺保佑，網都已經掛好了，願天上飛的，地上跑的，四面八方的鳥獸們，都快快進入我的網裡邊吧。

湯聽到了，馬上命令手下把掛好的網撤掉三面，只留一面。他對那個獵人說：「你這樣做太殘忍了吧？這樣不是把鳥獸都趕盡殺絕了嗎？」然後他又教獵人這樣祈禱：「欲左，左。欲右，右。不用命，乃入吾網。」意思就是，鳥啊，獸啊，你們願意往左就往左，願意往右就往右，想去哪裡就去哪裡，如果你們不聽從命令，那就鑽進我的網中吧。

湯又和顏悅色地對獵人和隨從說：「我們對待鳥獸也要有慈愛之心，我們只捕捉那些不聽天命的，怎麼能把牠們全殺了呢？」獵人和隨從都心悅誠服地點頭稱是。這就是著名的網開一面②的故事。這個事蹟很快在諸侯之間傳揚開來，人們紛紛稱讚湯對待禽獸都能這樣關愛，仁慈已經達到了極點。

從此，湯的名聲傳揚四

方，許多有才幹而得不到朝廷重視的人都來投奔他。有了這些人的幫助，湯最終推翻了夏朝。

湯所在的年代，正是夏桀最荒淫無道的時候，當時甚至有民謠這樣唱道：「這個太陽什麼時候滅亡，我寧願跟你同歸於盡！」因為夏桀自比太陽，所以百姓指著太陽咒罵他。那時候各個諸侯也都看到夏朝氣數將盡，紛紛起兵作亂，其中最有勢力的就是昆吾氏了。湯首先帶兵討伐昆吾，然後進攻夏桀。在戰爭之前，湯舉行了誓師大會，他手持大斧鼓舞士氣，並許諾戰爭結束後一定會論功行賞。

受到夏朝壓迫的民眾都紛紛加入湯的軍隊，最終他們把夏桀的軍隊打得落花流水，並在鳴條（今山西運城安邑鎮）取得了決定性勝利，湯登上大位，定國號為「商」。後來湯的後裔盤庚把商朝都城遷到「殷」這個地方，所以後人也把這個朝代稱為「殷商」。

湯即位後，改變了曆法，更改了衣服的顏色，開始崇尚白色，並且規定白天必須舉行朝會，由百官向湯彙報全國正在發生的事情。湯統治的時代，政治清明，經濟和文化也有了一定的發展，百姓安居樂業，生活安穩。

1 選自《史記·殷本紀》。

2 網開一面：把捕獵的網撤去三面，只留一面。比喻採取寬大態度，給人一條出路。

名相伊尹①

一位賢明的國君身邊必然會有一位德才兼備的丞相輔佐，對商湯來說，這個人就是伊尹。伊尹還有一個名號，是中國廚師的祖師爺，那麼他是怎麼從一名廚師變成丞相的呢？

伊尹還有個名字叫做阿衡，傳說他是有莘（莘）氏部落的人在桑樹林中撿到的棄兒，因為這個部落生活在伊水（今河南省境內）邊上，所以就以「伊」作為自己的姓氏。伊尹身材矮小，相貌也並不出眾，卻是一個有謀略、有抱負的人。

商湯的賢名傳揚四方，因此伊尹很想投靠到他的門下成就一番事業，但是沒有人為他引薦，他自己也沒有任何門路。忽然有一天，他聽說商湯要娶有莘氏的一個女子為妻，於是他就去這戶人家做了一個陪嫁的奴隸，希望能夠藉此機會見到商湯。

剛開始的時候，他的身分是一個廚師。伊尹手藝很好，商湯很喜歡吃他做的飯菜，有一天商湯忽然很想見見這位大廚，於是伊尹就背著飯鍋、砧板來和商湯見面。他一開始談論的是烹調技藝，後來逐漸把話題引向了如何治理國家。他的見解與商湯不謀而合，兩人都有相見恨晚的感覺，於是商湯就邀請他來朝廷做官，幫助自己管理國家。

這不正是伊尹一直期待的機會嗎？但是他拒絕了。

他對商湯拜了一拜，說道：「我只是一個小小的廚師，所知道的知識也只是與做菜有關，怎麼能登上朝堂參與政事呢？」其實，伊尹只是想試試商湯是不是真的有誠意。後來商湯派人帶著厚禮共請了五次，他才肯出來做官。

伊尹為商湯歷數了從前那些賢明君主的事蹟，講了很多治國的方法，商湯深為嘆服，很快就任命伊尹為丞相。在伊尹的幫助下，商部落的力量逐漸壯大起來。而此時的夏桀還沉浸在吃喝玩樂中，完全沒有意識到自己已經處於危險的邊緣。他仍舊胡作非為、橫徵暴斂、建造宮殿，讓夏朝的百姓們苦不堪言。

為了充分瞭解夏朝內部的情況，伊尹主動提出到夏桀身邊去做臥底，而糊塗的夏桀絲毫沒有意識到伊尹到他身邊的目的。伊尹在夏宮住了很長一段時間，獲得了關於夏朝的一切機密情報，包括內政外交、軍隊強弱以及百姓的態度等，然後他帶著這些珍貴的資料回到了商的都城亳（亳ㄅㄛˊ）。

商湯親自出城迎接他，兩個人默契地配合，最終打敗了夏桀，建立了商朝。商朝建立初期，湯和伊尹廣施恩惠，得到了百姓的支持。商湯去世後，伊尹又輔佐他的後代。後來湯的孫子太甲即位，伊尹是看著他長大的，非常瞭解他。他害怕太甲破壞了商湯辛苦建立的王朝，特地寫了幾篇文章來勸誡太甲。但是太甲仍然昏庸無道，伊尹生氣地把他流放到商湯的陵墓所在地，自己執掌政權。太甲在那裡生活了三年，終於棄惡從善，改過自新。於是伊尹又把他接了回來，笑著請他坐到國君的寶座上，自己則告老還鄉，去過悠閒自在的生活了。

太甲復位之後，重新發揚商湯的治國之道，諸侯又來歸順他，百姓也開始愛戴他了。整個商朝繁榮昌盛、國泰民安。伊尹知道了這一切，十分欣慰，特地作了一篇名叫《太甲訓》的文章來讚揚他。

1 選自《史記·殷本紀》。

盤庚遷都①

商朝曾經廢除了嫡長子繼位的制度，從那以後，王位之爭異常激烈。內亂不斷，水患連年，為了鞏固政權，商朝多次遷都。每次遷都，百姓都要跟著遷移，因此民間怨聲四起。

雖然說開國君主商湯是一個非常賢明的國君，但是他的後代並不都是像商湯一樣仁慈、處處為天下百姓著想的好君主。其中一個叫做仲丁的繼承人甚至廢除了嫡（**嫡**ㄉㄧˊ）長子繼位的制度，使得商朝君主的兒子、兄弟以及兄弟的兒子們之間經常為了王位進行激烈的鬥爭，而這種混亂的局面一直延續了9代。

當王位傳到盤庚手裡時，商朝已經處於岌岌（岌岌ㄐㄧˊㄐㄧˊ）可危②的境地了。國內水患頻發，經濟水準下降，但是王族的人們都忙著爭權奪位，根本沒有人真正關心百姓的疾苦。他們為了穩定政權，採取了最簡單的方法，就是搬家，一個地方發生洪水，那就搬到沒有洪水的地方。

從仲丁開始，商朝的都城多次遷徙（徙ㄒㄧˇ），仲丁時候是隞（隞ㄠˊ）（今河南滎陽），後來是相（今河南內黃）、邢（今山東定陶），盤庚即位的時候，首都是奄（今山東曲阜）。多次遷都，讓商朝的百姓飽受遷徙之苦。

盤庚是一位很有抱負也很有魄力的君主，他有一個夢想，就是恢復商湯時候的盛世景象。於是他決定把都城搬到殷（今河南安陽小頓村），因為那裡地勢平坦，土地肥沃，有山林可以獵取猛獸，還有河流可以灌溉農田，而且距離經常氾濫的黃河很遙遠。

確定了都城地點，盤庚頒佈了遷都的公告。百姓一聽又要搬家，非常不滿。盤庚一次又一次地向人們耐心解釋，並且承諾遷都後會給每個人分發土地。百姓在這裡的土地都已經被貴族瓜分，聽到會分發土地，才勉強答應了遷都。貴族們聽說遷都後會重新劃分土地，都不願意離開舊都，他們煽風點火，造謠生事。盤庚把他們召集到一起，略帶威脅地對他們說：「從前我的祖先和你們的祖先共同創造了太平的天下，先祖任用你們的祖先，對他們發佈命令，誰也不敢違抗，所以先王也非常尊重他們，他們也從來沒有做過散佈流言蜚語的事情，如今你們丟棄了這樣的良好品質，那麼是不是我也不必像先祖一樣尊重你們的家族了？從今天起，你們必須恪盡職守，做好自己分內的事情。」那些貴族聽到這樣帶有威脅性的話後，果然收斂了很多。

盤庚把都城遷回來之後，修葺（葺ㄑㄧˋ）了商湯時期的政令施行仁政，提倡節儉，減輕賦稅。他還告誡大臣們一定要體恤百姓，不能隨便剝削百姓的財物。

在盤庚的領導下，百姓的生活變得越來越富裕，人民越來越愛戴他，而諸侯們看到商朝重新振興也紛紛向盤庚納貢。

1 選自《史記．殷本紀》。

2 岌岌可危：岌岌，山高陡峭，就要倒下的樣子。形容非常危險，快要傾覆或滅亡。

武丁中興①

盤庚之後的幾個國君雖然心地善良，但是顯然都不是治理國家的材料，因此商朝又慢慢地衰落了。這一次，力挽狂瀾②的是一個叫做武丁的君主。

在武丁年幼的時候，他的父親就不允許他在王宮裡玩耍，而是把他送到民間去體驗生活。武丁在民間從來沒有擺過王族的架子，幾乎沒有人知道這個幹起活來十分嫻熟的人就是王位的繼承人。但是武丁卻在體驗生活的過程中瞭解到百姓的疾苦，下定決心要恢復商朝的輝煌。

不過武丁即位後，人們並沒有看到一個勵精圖治的好國君。相反，他事事不肯自己拿主意，全都讓大臣們去決定。這種情況一連持續了三年，大家逐漸對這個國君失去了信心。實際上，武丁並不是沒有作為，他只是在觀察大臣們的辦事能力，希望從中找到一個真正能幫助自己的人。

一天，武丁做了一個夢，夢中出現了一位聖賢，他說自己的名字叫做「說」。上朝的時候，他在文武百官中間看來看去，一邊看還一邊搖頭嘆息，人們都覺得大王可能是生病了。他把這些文武大臣來來回回地端詳了好幾遍之後，大聲對侍從說：「快去給我叫個畫師來！」畫師來了之後，武丁把夢中人的樣子描述給他，讓他按照這個樣子畫出一個頭像來。

後來士兵們拿著這幅頭像在全國尋找，皇天不負苦心人，終於在一個叫做傅險③的地方找到了與畫像酷似的人。他們把這個人帶進王宮，武丁一看見他的臉，就激動地從寶座上跑了下來，圍著他繞了好幾圈，嘴裡還嘟囔著：「沒錯，就是他！」然後又問了他的名字，巧的是，這個人剛好也叫「說」，武丁開心極了。與他徹夜長談之後，武丁認定這個人的才幹可以和伊尹媲美。武丁任命他為朝廷的輔相，還用傅險這個地方的地名「傅」給他做了姓。

傅說沒有辜負武丁的期望，充分發揮了自己的才華，商朝又重新興旺發達起來，歷史學家把這次興盛稱為武丁中興。

不僅武丁本人是一個有抱負的人，他的妻子婦好也不是等閒之輩④。她是中國歷史上有記載的第一位女英雄和軍事家。婦好曾經多次擔任統帥出征，帶兵打敗了周圍二十多個小國家。最有名的一次是征討西北的蒙古一帶，這次戰爭對於商朝和整個中華民族都有重要的意義。

可惜的是，武丁之後，再也沒有出現過賢明的君主，之後繼位的君主一個比一個昏庸無道。其中有一個叫做武乙的國君喜歡和木偶人下棋，武乙命令別人替這個木偶落子，如果木偶輸了，他就對這個木偶冷嘲熱諷；又有一次，他派人製作了一個皮口袋，裡面裝滿了鮮血，他讓人把口袋吊起來，還狂妄地說這是射天。可能是他的倒行逆施真的惹怒了老天，在一次他去打獵的時候被天給射死了——天空中一道炸雷把他劈死了。

1 選自《史記．殷本紀》。
2 力挽狂瀾：挽，挽回；狂瀾，猛烈的大波浪。比喻盡力挽回危險的局勢。
3 傅險：也叫傅岩，在今天山西省平陸縣東邊的聖人澗。
4 等閒之輩：等閒，尋常，一般。無足輕重的尋常人。

在河南博物院裡陳列著一個貓頭鷹形狀的「婦好」鴞尊，「婦好」鴞尊1976年出土於河南安陽殷墟婦好墓，屬於商代晚期青銅器，這座幾千年前的青銅器做工精緻，具有極高的歷史文化意義，它不但是最早發現的鳥形酒尊，也見證了一位古代奇女子的豐功偉績。

暴君商紂①

商朝的最後一個帝王非常有名，但是他的名氣並不是來自他的賢明，而是來自他的荒淫殘暴，他就是歷史上出了名的暴君商紂王。

紂王的父親有兩個兒子，長子叫做啟，但是因為他的母親身分卑微，不能繼承王位；於是他的父親就立了正妃所生的小兒子辛為太子，辛繼承王位後就是商紂王。

其實紂王天資聰穎，口才很好，接受能力強，而且力氣大得驚人，能夠赤手空拳和野獸搏鬥。如果他能夠把這些才能用在正確的地方，也許也會成為一代明君。可惜的是，紂王走向了另一面。他聰敏善辯，卻用來和大臣們辯論，為自己的錯誤行為開脫，那些一心勸諫他施行仁政的大臣都被他駁得啞口無言；他自恃才幹過人，從來不把那些大臣放在眼裡，他覺得在這個世界上，只有自己是最厲害的，沒有一個人能夠比得上他。

紂王喜歡喝酒，喜好女色。宮中有一個妃子名叫妲（妲ㄉㄚˊ）己，紂王十分寵愛她，對她言聽計從。為了滿足自己的私欲，紂王不斷地增加賦稅，在全國各地搜刮奇珍異寶，然後把它們堆在自己的宮殿裡。他還命人挖了一個坑，裡面灌滿酒，又派人堆起幾座沙丘，插上很多樹枝，樹枝上掛滿肉，他給這個地方起名叫酒池肉林；又找來很多年輕男女，命令他們赤身露體地在裡面追逐打鬧。從此以後，他就天天和妲己在酒池肉林裡尋歡作樂，不再過問國家大事。

宮廷裡的糧食都溢出了糧倉，甚至腐爛，金銀珠寶也堆得到處都是，而宮外的老百姓卻餓殍（殍ㄆㄧㄠˇ）遍野②，人們對紂王的行為充滿了怨恨。但紂王不是反思自己的行為，而是發明了很多的酷刑來懲罰那些對他不滿的人。比如炮烙，就是架起一根銅柱，上面倒上油，銅柱下面燃起炭火，受刑的人要爬過銅柱，如果堅持不住，就會掉進火堆裡燒死。

紂王非常喜歡那些給他出餿主意尋歡作樂的人，任由他們陷害忠良，搶奪財富。很多大臣看到這種情況，覺得前途渺茫，紛紛逃離國都，只有紂王的叔叔比干還堅持不停地勸諫，希望紂王可以改邪歸正。

最後紂王終於煩透了比干的說教，大聲咆哮著：「聽說人們都把你稱作聖人，所以你才整天擺著一副聖人的面孔來對我指指點點！據說聖人的心都是七竅玲瓏心，我倒要看看你到底是不是真正的聖人！來人，把比干的心給我挖出來！」左右護衛面面相覷（覷ㄑㄩˋ）③，沒有人動手。紂王更加生氣了：「怎麼？你們也不想活了？」護衛無奈之下只好動手。看到同是皇親國戚的比干死於非命，紂王的另一個叔叔箕子覺得自己也很難逃過一劫，於是開始裝瘋賣傻，去給別人做奴隸，希望能用這種方式逃離紂王的魔爪，但最終還是被紂王抓了回來，關進了大牢。

在紂王漸漸失去民心的同時，西伯侯姬昌卻在不斷地壯大實力。他死後，他的兒子繼承了他的位置，他就是周武王姬發。武王看到紂王眾叛親離，認為推翻紂王統治的時機已經成熟，於是他起兵伐商。牧野（今河南淇縣南）一戰，紂王的部隊潰不成軍。紂王見大勢已去，覺得自己即使投降也難逃一死，於是命人把皇宮裡的珠寶全都搬到鹿臺④之上，自己則穿上最華麗的衣服，登上鹿臺，躺在金銀珠寶中，自焚而死。

武王攻進王宮後，釋放了箕子，重新厚葬了比干，對那些遭受迫害的大臣禮遇有加，懲處了妲己和其他奸臣，天下人都拍手稱快。

商朝就此滅亡，另一個朝代的傳奇故事拉開了帷幕。

1 選自《史記．殷本紀》。

2 餓殍遍野：出自《孟子．梁惠王上》，意思是到處是餓死的人，形容老百姓因饑餓而大量死亡的悲慘景象。

3 面面相覷：覷：看。你看我，我看你，不知道如何是好。形容人們因驚懼或無可奈何而互相望著，都不敢說話。

4 鹿臺：紂王貯藏珠玉錢帛的地方，故址在今河南省湯陰縣朝歌鎮南。

八百年風雲變幻——周朝

姬昌即位後，遵循祖輩先賢的方法治國，很多有才能的人都來投奔他。紂王知道周地日益興起之後，恐怕西伯侯會威脅自己的統治，便找了個理由把他關了起來，姬昌最後脫險了嗎？

文王興周①

姬昌原本是周地的西伯侯，武王建立周朝之後才追封他為周文王。姬昌對大臣們非常好，從來不會惡言相向，總是非常恭敬地聆聽大臣的意見。

有一次，一個僕人走進姬昌的房間，看起來很著急的樣子，但是一看姬昌正在吃飯，就恭恭敬敬地要退下去。姬昌放下手裡的飯碗，叫住他：「有什麼事情嗎？」那人支支吾吾地說：「外面有大臣求見，我看見您正在吃飯，想讓他過一會兒再來！」

「這怎麼行，你說是國家大事重要還是吃飯重要呢？快去把那位大人請進來！」大臣們聽說了這件事情後，都更加忠心耿耿地侍奉姬昌，其他諸侯知道了這件事情之後也紛紛投奔他，甚至長期隱居於孤竹（今河北盧龍、遷安一帶）的賢人伯夷和叔齊也前來歸附。

商朝的奸臣崇侯虎看到文王受到這麼多人的愛戴，心裡很是嫉妒，於是他在紂王面前打小報告：「如今西伯侯處處積德行善，很多諸侯都聽他的話，這簡直沒把大王您放在眼裡嘛！他們這些人經常湊在一起商議事情，恐怕以後對您不利啊！」

紂王聽信了他的話，就把文王召到都城，囚禁在羑（羑ㄧㄡˇ）里（今河南省安陽市湯陰縣）。文王的長子伯邑考非常擔心父親的安危，他知道紂王荒淫奢侈，就準備了幾十匹駿馬和九輛戰車，還有幾十個美女來到了商朝的都城想要救出父親。紂王看到這些寶貝和美女眼睛都亮了，哈哈大笑說：「光有這幾個美女就可以換回西伯侯了！」

可是崇侯虎不想就這麼放過文王，就又給紂王出了一個餿主意。他說：「大王您一定要確定這個西伯侯是真心地歸順您啊！這樣，您賜他一些食物，如果他肯吃就是真正地效忠於您，如果他拒絕，您還是不要養虎為患②了吧！」原來崇侯虎出的餿主意就是讓商紂王殺死伯邑考，然後把伯邑考的肉做成肉餅送給文王吃。文王擅長推演八卦，很快他就知道這是自己的兒子。但是為了保存實力，也為了不辜負兒子千里迢迢來救他的一片苦心，他還是含著淚吃下了肉餅。

眼見姬昌吃掉了用兒子的肉做成的肉餅，紂王便放心地釋放了他。回到周地以後，文王繼續施行仁政，周的國力進一步增強，而他也成為諸侯最尊敬的人，無論出現什麼矛盾都會來找他裁定。慢慢的，文王成為人們心目中的聖人，人們都這樣說：「這樣的人可能是上天派來承受天命的君主啊！」

一年之後，姬昌開始出兵攻打周圍的一些小國，還派兵征討了崇侯虎。商朝的大臣們聽到消息急忙地報告紂王，紂王滿不在乎地說：「西伯侯這個人我信得過，再說我天生就有天命，他還真能反我不成？」

姬昌還把國都遷到了更加富饒的豐邑，使周地百姓的生活更方便。西伯侯去世後，他的兒子姬發繼承了王位，史稱周武王。

1 選自《史記．周本紀》。

2 養虎為患：比喻縱容敵人，留下後患，自己反受其害。

武王伐紂①

文王廣施仁政，尊敬老人，愛護晚輩，經過他的治理，國家日益繁盛起來，諸侯也非常尊敬他，視他為首領。武王繼承了文王的賢德品質，最終他帶領諸侯推翻了商紂王的殘暴統治，建立了新的王朝。

姬昌去世後，他的兒子姬發接替了他的位置，就是周武王。他重用父親非常信任的太公望，就是我們常說的姜子牙，讓他做太師，又任命了同樣賢德的弟弟周公旦為宰相，他立志要像父親一樣把國家治理得井井有條。

有一年，武王前往文王陵祭祀，然後又帶著父親的牌位前往東部的盟津（今河南洛陽孟津東北）檢閱軍隊。在那裡，他宣稱要遵守父親的遺願討伐暴君商紂，為自己的哥哥報仇。他說這次行動並不是心血來潮，為了這一天，父親和他都已經準備了很久。他召集軍中的首領，嚴肅地對他們說：「我本來只是一個無名小輩，但是因為祖先高尚的德行，我幸運地繼承了祖業。現在我制定了賞罰分明的制度來保證我們能夠完成祖先的遺命，建立不朽的功業！」首領們摩拳擦掌，躍躍欲試。出發前，姜太公號令三軍：「各位首領，你們組織好自己的隊伍，握好自己的船槳，準備出發！最後到達目的地的人就地斬首！」士兵們聽後個個精神振奮。

於是，武王率領軍隊橫渡黃河。船行到河中間的時候，忽然有一條白魚跳進了武王的船艙，武王很意外，便把牠撿起來祭祀上天。渡過黃河以後，忽然又有一團火從天上落下，掉在了武王居住的屋頂上。大家驚慌失措，議論紛紛。忽然，這團火又變成了一隻紅色的烏鴉，「嘎嘎」地叫著從他們頭頂飛走了，人們覺得更加奇怪。

這時候，來到黃河岸邊與武王會盟的諸侯已經有八百多個了，其實武王並沒有通知他們要起兵造反。實際上，這次行動只是武王計畫中的一個環節，他只是想藉這個機會來查看一下自己軍隊的鬥志和戰鬥能力，並試探一下諸侯國的態度。他看到自己的軍隊服從命令，進退有序，非常滿意。

但是諸侯國的態度並不那麼明確，他們有的是真心想要參戰的，有的只是來打探一下風聲。武王看到這個情況，又考慮到商朝的內部應該還有一定實力，就說道：「船行到河中間，有一條白魚跳進來，後來又有一隻紅色烏鴉飛走，我不知道上天的意願到底是什麼，我們還是各自回國，從長計議吧。」

回國後，武王繼續擴充軍隊，積極備戰，並派出人員去打探紂王的反應。紂王似乎絲毫沒把武王的軍隊放在眼裡，變得更加暴虐，他殺了比干，還把箕子關了起來。商朝已經不得民心了，太師和樂師也抱著祭器和樂器投奔了武王。

見時機已經成熟，武王便再次召集諸侯起兵討伐紂王。在一個叫做牧野（今河南省新鄉市）的地方，武王與紂王的軍隊進行了最後的決戰。武王左手持黃色大斧，右手揮動軍旗舉行誓師大會，誓師完畢，便向紂王發起了最後的挑戰。此時的紂王仍然懷抱著妲己在鹿臺吃喝玩樂，聽說武王在牧野列陣，他匆匆忙忙調集了宮內的武士，並把大批的奴隸和俘虜編進了隊伍。

到了牧野，激烈的戰鬥一觸即發。這時，紂王的軍隊臨陣倒戈，轉而為周軍開路，朝商朝的都城衝去。最後，紂王逃到鹿臺，自焚身亡。

第二天，武王派人清掃道路，修復紂王的王宮和祭祀用的社廟。社廟修復後，武王就在這裡完成了登基儀式，成為周朝的第一個統治者。

1 選自《史記・周本紀》。

不食周粟的伯夷和叔齊①

伯夷和叔齊因為仰慕周文王的德行而投奔了周國，但是他們卻因為一件事對周武王十分不滿，不但離開了周朝，還發誓以後再也不會吃周朝的糧食。到底是什麼事情讓他們如此憤怒呢？

伯夷和叔齊是兩兄弟，他們都是孤竹國②國君的兒子，兩個人都非常賢能。孤竹國國君本來想把王位傳給叔齊，但是他死了以後，叔齊死活不肯繼承王位，堅持說王位應該傳長不傳幼，非要把王位讓給哥哥。而哥哥伯夷則說父親的遺命是讓叔齊繼位，父親的命令不能違抗。兩個人各執一詞，相持不下。無奈之下，伯夷只好悄悄地離開了孤竹國。哥哥離家出走了，叔齊該繼承王位了吧？叔齊卻沒有這麼做，叔齊聽說哥哥走了，當天晚上也離開了孤竹國。兩兄弟都離開了，孤竹國的百姓只好擁立孤竹國王其他的兒子繼承王位。

伯夷和叔齊所處的時代正是商朝末期，那時候商紂王昏庸無道，而周地的西伯侯姬昌則是一個重視人才的人，於是兩個人一起去投奔姬昌。不幸的是，他們到了沒多久，姬昌就去世了。他的兒子周武王後出兵攻打紂王的時候，為了鼓舞士氣，把周文王的木製靈牌安放在戰車的前面。

看到這種情況，伯夷和叔齊很不滿意，他們拉住周武王的馬韁繩，大聲斥責他：「您的父親剛剛過世沒多久，還沒來得及好好安葬，您卻在這個時候發動戰爭，作為兒子，這是最大的不孝啊！商紂王是您的君主，您卻要發兵討伐他，作為臣子，這又是最大的不忠！您最好還是撤兵吧！」

武王身邊的侍從看到這兩個人竟然如此膽大妄為，想阻礙大軍的前進，就衝上去想殺了他們。但是姜子牙讓他們退下，然後轉頭對周武王姬發說：「伯夷和叔齊是有高尚氣節的人，我們應該恭敬地對待他們才是。」武王信服地點了點頭。於是姜子牙下車，親自攙扶著他們離開了軍隊。伯夷和叔齊最終還是沒能阻止周武王伐紂的步伐，他們對此很懊惱。

周武王順應民心，滅掉了商紂王，平定了天下，建立了周朝。但是伯夷和叔齊卻始終認為周武王是一個不忠不孝的人，因此繁榮昌盛的周朝在他們看來只是一個不忠的臣子篡位建立的國家。生活在這樣一個名不正言不順的國家對他們來說是一種莫大的恥辱。

因此，自從周朝建立以後，他們就再沒有吃過周朝的糧食，兩個人相伴隱居在首陽山（今河北省遷安市境內），每天採些野菜來充饑。不久，他們乾脆連野菜也不吃了，很快兩個人就餓得奄奄一息。臨死之前，

他們還作了一首詩歌來諷刺周武王：「我們登上西山，只能採摘那裡的薇菜維生。這都是因為殘暴的臣子替換了他的君主，這個臣子卻不以此為恥。我們再也沒有希望看到三皇五帝時期的太平盛世了，我們的歸宿在哪裡？恐怕只有一死了，命運就是這樣不公平啊！」

1 選自《史記．伯夷列傳》。

2 孤竹國：今河北遷安市大部以及遼寧省西部遼河流域的一個小國，從立國到滅亡存在九百四十多年。

封邦建國①

伯夷和叔齊的斥責以及自己內心的道德感讓周武王坐臥不安，他始終覺得周朝是靠背叛自己的君主才建立起來的國家，因此對周朝的未來感到忐忑不安。

結束商朝統治之後，為了表示周朝推翻商朝是天命所歸，周武王採取了一連串安撫民心、穩定社會的措施。

為了安慰那些商朝遺留下來的居民，他不但沒有殺掉紂王的兒子武庚，還派他去管理商朝的遺民；為了爭取原來商朝大臣的支持，他放出了被紂王關在監獄中的賢臣箕子，還賜予他一塊封地。另外，武王還派人重新修整了比干的陵墓，讓這位忠臣得到應有的歸宿，並親自去祭拜了比干。武王非常尊重這些先朝的賢臣，從不勉強他們做自己不願意做的事情。

一次，武王與箕子坐在一起聊天，武王忽然問道：「箕子啊，你能說說商朝為什麼滅亡嗎？」本來聊得興致勃勃的箕子，眼神一下子黯淡下來，他低著頭使勁搓著手指頭，不肯說話，肩膀一聳一聳的，似乎在抽泣。過了好一會兒，他才抬起頭支支吾吾地說：「我實在不忍心藉由講殷商的故事來告訴您有關國家生死存亡的道理。」武王也頓時覺得自己問得不大合適，趕緊轉換了話題，改問他一些關於天地萬物的問題。

武王還釋放了被紂王抓進監獄的無辜百姓，並拿出鹿臺的錢財，打開糧倉，發放給缺衣少食的人們。做完這一切之後，原來商朝的人民都打消了顧慮，也越來越敬重新王朝的統治者。

為了宣揚周朝統治的合法性，武王向人們展示了從商朝獲得的象徵權力的九鼎寶器和鎮國玉器。百姓們看到這兩樣東西，都說：「這是上天要把權

力轉移給周朝啊！要不然他們是得不到這些東西的！」

穩定了民心之後，周武王開始獎勵功臣，分封諸侯②。第一個獲封的就是姜子牙，他的國號是齊；然後是武王的弟弟周公旦，國號為魯；召公奭（奭 ㄕˋ）封到燕，管地分給弟弟姬鮮，蔡地分給弟弟姬度。姬鮮和姬度的封地離武庚的封地非常近，實際上，武王是想讓這兩個弟弟幫他監視武庚的行動，但是後來這兩個弟弟竟然幫助武庚來奪取王位，不過這是後話了。除了這些功臣謀士，武王為了弘揚古代明君聖王的功績和美德，還給這些明君聖王的後代分發了土地，黃帝的後代被封在祝地，堯帝的後代在薊（薊 ㄐㄧˋ）地，舜的後代封在陳地，禹的後代在杞地，其他的功臣也各有封賞。分封完畢，武王向這些諸侯賞賜了象徵權力的祭器。

後來武王讓周公旦選擇了一塊風水寶地作為陪都，又讓百姓們把馬匹養在華山南面水草豐美的地方，在桃林塞（今河南西部一帶）一帶的廢墟上放牧羊群，最後解散了士兵，讓他們放下武器，回家與家人團聚，享受天倫之樂。藉由這些舉動，武王向全天下表示以後不會再發動戰爭，百姓們只要開開心心地生活就好。

武王心裡裝著百姓，始終為天下蒼生操心，最終積勞成疾，剛剛登上王位沒有多久就不幸去世了。

1 選自《史記·周本紀》。

2 分封諸侯：把功臣和王族的重要成員分封到全國各地做諸侯，協助天子治理國家。

周公吐哺①

武王早逝，臨終前交代自己的弟弟周公旦輔佐年幼的兒子周成王，但是有人說周公旦有篡位之心，這是真的嗎？

周公旦，姓姬名旦，是文王的兒子，武王的弟弟，是一個忠厚仁慈的人。武王即位的時候，他就一直幫助武王處理政務，武王十分信任他，因此在彌留之際②把年幼的成王託付給他。

成王繼位的時候年紀很小，還不懂得治國的道理，再加上周朝剛剛建立，周公旦唯恐有人趁機作亂，於是他親自代替成王處理政務，行使國家權力。

看到這個情況，被封到管地的姬鮮懷疑周公旦另有所圖，於是就在宮裡散佈謠言說：「周公旦是個陰謀家，他想採取對成王不利的行動，自己登上王位。」周公旦聽了傳聞，就找到了姜子牙和召公奭說：「我之所以不避嫌地來代理政務，只是害怕諸侯們趁機背叛周朝，毀了祖先的家業。現在武王早逝，成王年幼，為了保住周王朝，我才不得已這樣做。」雖然受到兄弟的詆毀很傷心，但是他還是堅持留在成王身邊，沒有到自己的封地——魯地。他派了自己的兒子伯禽代替他前往封地，臨行前，他對兒子說：「我是文王的兒子，武王的弟弟，成王的叔叔，地位已經很尊貴了，但是我為了不錯失賢人，仍然會一沐三握髮，一飯三吐哺③。你到了封地以後，一定不要因為自己的身分而看不起別人。」

紂王的兒子武庚覺得周公旦受到猜忌是一個可乘之機，於是聯合管叔和蔡叔準備起兵反叛。周公旦親自領兵平定了這場叛亂，殺了管叔和武庚，流放了蔡叔，又重新派了微子啟去管理商朝的遺民，使殷商的宗族能夠繼續享受祭祀。經過兩年的努力，諸侯終於都心悅誠服地歸順了周王朝。

周公旦代理政事7年之後，成王長大成人，他把政權還給了成王。代理朝政的時候，朝堂之上，他面向南面接受諸侯的朝賀；還政之後，他退回到臣子的位置上，謙虛恭謹，從來沒有因為自己曾經輔佐過成王就居功自恃。

但仍然有人在成王面前詆毀周公旦，他不得已逃到了楚國。有一次成王到府庫翻閱文書，看到一篇周公旦祈禱的文章，感動得淚流滿面。原來成王年幼的時候有一次生病，周公旦就剪下了自己的指甲，扔進河裡，然後向神禱告說：「成王現在只不過是個孩子，如果有什麼過錯，都不是他的本意，如果他確實犯了不可饒恕的錯誤，上天不肯原諒他，那您就處罰我好了。」沒多久，成王就痊癒了。周公旦沒有向別人提起此事，只是把禱文封存到府庫中。「這麼一個願意用性命來保護自己的人怎麼可能覬覦我的王位呢？」想到這，成王立刻派人接回了周公旦。

回來之後，周公旦就像什麼都沒有發生過一樣，仍然盡心盡力地輔佐成王，他怕年輕的成王沉溺於聲色，於是寫下了一系列的文章來告誡成王，希望他能成為一代明君，不要毀掉周朝祖先辛辛苦苦創下的基業。

周公旦死後，成王十分謙恭地把他葬在了文王陵墓的附近，表示對他的尊重。此外，他還特許魯地國君可以演奏天子的禮樂。

1 選自《史記．周本紀》。
2 彌留之際：彌留，本指久病不癒，後多指病重將死；際，時候。病危將死的時候。
3 一沐三握髮，一飯三吐哺：每次洗頭髮的時候，一遇到賢人求見，就停下，把頭髮握在手裡去辦事；每次吃飯的時候，如果有人來見，就把沒咽下去的飯吐出來去見來求見的人。比喻殷切的求賢之心。

周召共和①

如果做錯了事，有人指出你的錯誤，你會怎麼對待這個人呢？聰明的人都會感謝他，因為人家是為了讓你更快地進步才指出你的錯誤。但有這麼一個人，他受不了別人給他提出意見，結果會怎麼樣呢？

周厲王是一個心胸狹窄的人，一個叫做榮夷公的人卻非常會討他的歡心，總是想方設法地在民間搜羅各種寶貝獻給他，被厲王視為心腹。有些正直的大臣實在看不下去了，就向厲王進諫：「大王，那些寶貝本來是神創造出來給所有人享用的，並不是為您一個人準備的。現在您一個人霸佔著這麼多寶物，恐怕會招致民怨，引起禍患的！」周厲王則不屑地說：「我是這個世界上最尊貴的人，這些好東西本來就應該是最尊貴的人享用的，不是嗎？」周厲王不但沒有收斂自己的行為，反而派榮夷公給自己找更多的稀世珍寶。

除了貪財，周厲王還是一個殘暴的君主，漸漸的，他的行為遭到了全天下人的不滿和議論。召公②一臉焦急地對周厲王說：「大王，您不能再這樣下去了，街頭巷尾的百姓都在議論您，他們對您越來越不滿意了！」

厲王挑起了眉毛，瞪著眼睛說：「是嗎？這幫人竟敢議論我的政策？」不過他馬上又很開心地對召公說：「你放心吧，我知道怎麼做能夠減少民怨。」召公以為厲王意識到了自己的錯誤，要改變自己的行為作風了，因此很欣慰地走了。

可是第二天的一紙公告打碎了召公的夢想。原來厲王頒佈了一條公告：以後再有議論本王行為的人，殺無赦！不僅如此，他還派無數的密探前往各地，只要聽到有人說厲王的壞話，格殺勿論。這樣一來，果然沒有人議論朝政了，熟人在路上碰見也不敢打招呼了，只能用眼神交流一下，大家都生怕一不小心引來殺身之禍。

周厲王揚揚自得地對召公說：「你看我的辦法高明吧！再也沒有人在背後說我的壞話了！」

召公嘆了口氣說：「防民之口，甚於防川。您不讓百姓講話，就像是堵塞了河流一樣，被堵塞的流水一旦崩潰，造成的危害更大。您的政策一直執行下去，恐怕會出大亂子啊。」厲王不聽，仍然我行我素地執行自己的命令。國內的大臣和百姓們三年都不敢發表評論，終於人們再也受不了了，聯合起來發動了叛亂，把周厲王趕到了周朝的邊界。

處理完周厲王，人們聽說太子姬靜藏在召公的家中，於是聚集到召公門口，要求他交出太子。召公為了保住太子，忍痛把自己的兒子交了出去，讓太子逃過了這一劫。

太子長大之前，周公和召公一起負責管理國家的政務，歷史上把這段時間稱作「周召共和」。14年後，躲在邊境的厲王去世，太子姬靜也已經長大成人，於是召公和周公擁立太子姬靜做了天子，是為周宣王。宣王即位後，在周公和召公的輔佐下，整頓朝綱，周朝又有了一點起色，各國的諸侯又開始來朝拜周天子了。

但是周宣王不重視農業生產，還大肆徵兵，最終周朝也沒有重新崛起。

1 選自《史記·周本紀》。

2 召公：周朝掌管國家政事的官，始於召公奭。這裡指的是召公奭。

烽火戲諸侯①

我們都知道撒謊會給自己帶來很多麻煩，君王就更要以身作則，不能欺騙百姓。偏偏中國歷史上就出了這麼一個喜歡撒謊的統治者，最終他的謊言毀掉了祖先的基業，這個人就是周幽王。

周幽王是周宣王的兒子，他有一個妃子叫做褒姒。褒姒生得如花似玉，幽王十分寵愛她。

民間都傳說這個來歷不明的褒姒是上天派來滅亡周朝的。傳說夏王朝開始沒落的時候，有兩條巨龍在宮廷內不肯離去，自稱是褒國的兩位天子。國王不知道如何是好，只好派人去占卜。占卜的結果顯示，這兩條龍既不能殺也不能趕走，必須要設法收集到它們的唾液。於是國王派人擺上祭品，誠心祈禱，最後神龍吐下唾液飛走了，人們趕緊找了一個精緻的盒子把這些唾液收藏起來。

夏朝滅亡後，這個盒子傳到了商朝，而後又傳到了周朝，歷代的國王都不敢打開它，直到周厲王末年，厲王禁不住誘惑，打開了盒子。這一看就闖了大禍，龍的唾液流了出來，變成了一條黑色的蜥蜴。厲王很害怕，於是派宮女們趴在地上大聲叫嚷嚇唬這條蜥蜴，後來牠爬向了後宮，被一個小婢女看見了，這個小婢女長大後沒有嫁人就生下了一個女孩，因怕別人笑話，就把孩子扔掉了。

後來一對夫婦看到了這個孩子，看她哭得可憐，就收養了她，並且把她帶到了褒國，取名褒姒。長大後的褒姒出落得亭亭玉立，十分漂亮。後來褒國人犯了罪，為了免除處罰，就把褒姒獻給了周幽王。

幽王看到褒姒的第一眼就非常喜歡，馬上把她立為妃子，後來褒姒給他生了一個兒子叫伯服。幽王十分偏愛褒姒和伯服，經常賞賜給他們很多好東西。但是他覺得這還不夠，最後他不顧大臣們的反對，廢掉了原來的申王后和太子宜臼，改立褒姒為王后，伯服為太子。

雖然褒姒在宮中生活得衣食無憂，要風得風，要雨得雨，但是她看起來總是不快樂。幽王對她說：「愛妃，你有什麼不滿意的地方嗎？如果你有什麼想要的，一定要告訴我，我一定竭盡全力滿足你的要求。」

「我沒有什麼不滿意的地方啊。」

「那你為什麼總是愁容滿面，不肯笑一笑呢？我覺得你笑起來一定會更加嫵媚。」

「臣妾從小就不喜歡笑，大王不要費心了。」

但是周幽王不死心，仍然千方百計地逗她笑。他在全國發佈告示稱誰能夠讓王后開懷大笑，一定重重有賞。這時一個叫虢（ㄍㄨㄛˊ）石父的奸臣給周幽王出了一個主意。

這天幽王帶著褒姒鑼鼓喧天地來到都城附近的烽火臺上，褒姒不知道周幽王要做什麼，依舊板著臉。不一會兒，只見遠處的烽火臺上一處接一處地冒起了烽煙。這烽煙原本是向諸侯告急的信號，看到烽煙升起，各路諸侯連忙派兵遣將，奔到國都。到了國都，眼前的景象卻讓他們驚呆了，哪裡有什麼敵軍，只有幽王帶著褒姒在尋歡作樂。看到諸侯尷尬的表情，褒姒哈哈大笑，幽王更是欣喜萬分。為了博取褒姒的歡心，烽火戲諸侯的故事又上演了幾次，後來諸侯再也不相信幽王的烽火信號了。

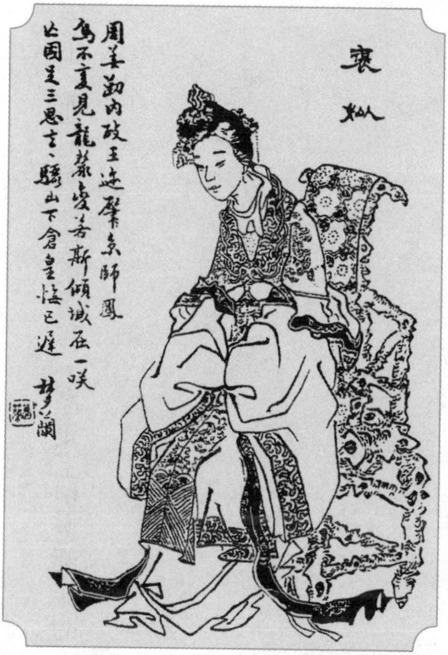

不久犬戎來攻打國都，幽王趕緊命人點起烽火，可是已經沒有人相信這烽火是在傳遞敵情了。犬戎迅速攻進王宮，在驪山（今陝西臨潼縣境內）殺死了幽王，活捉了褒姒，把幽王的財寶瓜分殆

盡。

後來諸侯擁立原來的太子宜臼為天子，就是周平王。他把國都往東遷移，歷史上把遷都後的周朝叫做東周。

1 選自《史記·周本紀》。

第三章　諸侯爭霸的春秋時期

東周時期，周天子的威望已經漸漸減弱，各路諸侯雖然還會給天子供奉財物，但是不再聽從天子的領導，彼此之間戰爭不斷。其中湧現出了齊桓公、晉文公、楚莊王、吳王闔閭和越王勾踐五位霸主，歷史上把這個時期稱為春秋時期。

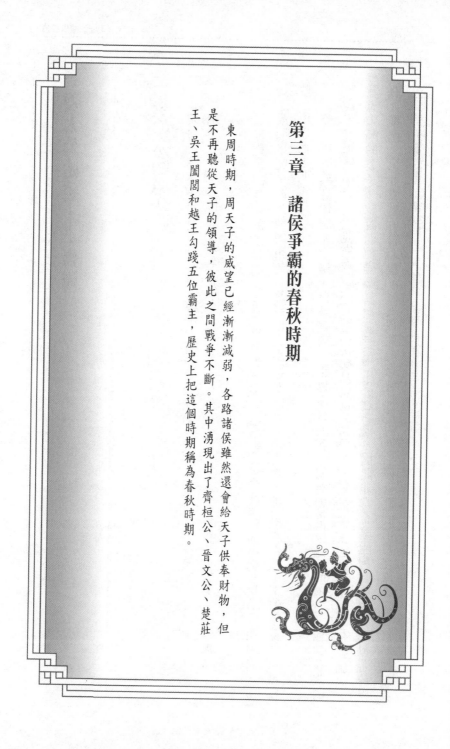

姜太公始建——齊國

姜太公釣魚①

渭河（今陝西省境內）河邊，常年坐著一位釣魚的老人，他的魚鉤非常奇特，是直的，人們都非常不解。即使釣不上來魚他也毫不在乎，好像是在等待什麼人似的，他究竟在等誰呢？

這位釣魚的老人就是我們非常熟悉的姜子牙。姜子牙本來姓姜，他還有個名字叫呂尚。這是怎麼回事呢？原來他的祖先曾經幫助大禹治水，立下過大功，被封在呂地，他的子孫就以呂為姓，所以他也叫做呂尚。

姜子牙雖然身懷雄才大略，但是直到老年也沒有遇到一個能夠重用自己的國君。他70多歲的時候，紂王殘暴昏庸，而周國的國君西伯侯姬昌廣施仁政，大力發展國家的經濟，國勢日益強大。壯志未酬的姜子牙聽說西伯侯姬昌仁義愛民，求賢若渴，因此非常希望能夠為他效力。但苦於沒有人推薦，只好默默等待時機。一次偶然的機會他聽說西伯侯喜歡到渭河北岸打獵，於是他就天天到渭河邊釣魚，希望有一天能夠見到西伯侯。

這天西伯侯打獵路過這裡，遠遠地看見一位老人在釣魚。旁邊的人給他介紹：「聽周圍的人說，這個老頭成天在這裡釣魚，從來也沒有魚上鉤，因為他的魚鉤是直的，真是個奇怪的人！」西伯侯對這個怪老頭產生了濃厚的興趣，就和他攀談起來，兩個人談得十分投機。西伯侯見他知識淵博，通曉國事，就向他討教治理國家的良策。

「要成就大事，首先要學會用人。」

西伯侯高興地說：「我國的太公跟我說會有聖人來周，到時候周國就會興旺起來。我想這個人一定就是您了！我等您好久了！」說完他恭敬地把姜子牙扶上了自己的馬車，兩個人一起回宮了。回宮後，他立刻把姜子牙封為太師，還尊敬地稱他為太公望，懷才不遇的姜子牙終於有了用武之地。

後來姬昌被紂王關押在羑里，還是姜子牙想出了進獻美女和財寶給紂王的計策救出了他。姬昌回來後，就與姜子牙一起悄悄謀劃討伐紂王和推翻商朝的大事，還向姜子牙請教用兵的策略，所以姜子牙也被視為「兵家始祖」。周國的實力越來越強大，這其中姜子牙功不可沒。

後來姬昌去世，姜子牙繼續輔佐武王。武王出兵伐紂的時候，找人算了一卦，但是結果不太吉利。眾大臣有些遲疑，姜子牙堅持立即出兵。最終武王聽從了他的意見，率領軍隊前進，最終建立了周朝。

武王建國後分封功臣，姜子牙作為第一功臣被封在營丘（今山東昌樂縣），國號為齊。姜子牙覺得天下太平，所以前往封地時，一路悠閒自得，走走停停，總是要養足了精神遊玩夠了再趕路。

一天，他在旅店碰到一個人，這個人語含譏諷地對他說：「我聽說時機轉瞬即逝，這位客人睡得如此安穩，一定不是去封國就任的！」他聽到這些話，猛然醒悟，立刻穿上衣服趕路，天剛亮的時候就到了齊國。他趕到的時候，商朝分封的萊國（今山東省黃縣東南）首領萊侯正在攻打營丘。營丘與萊國接壤，萊侯想趁著新王朝剛剛建立無暇顧及遠方的時候佔領營丘。萊侯打聽到姜子牙的狀態後就更加放心地來進攻了，不過出乎他意料的是，姜子牙竟及時趕到了封地，萊侯的入侵就這樣失敗了。

姜子牙根據當地的風俗，最大限度地簡化了禮儀，發展工商業，齊國的經濟很快發展起來，人們也紛紛搬到這裡來，很快，齊國就發展成為一個實力不凡的大國。

1　選自《史記．齊太公世家》。

公孫無知政變

姜太公活了一百多歲，去世後傳位給兒子齊丁公。就這樣王位代代相傳，到了齊襄公的時候，齊國已經開始出現混亂的跡象了。

齊襄公的父親非常寵愛公孫無知，也就是齊襄公的堂弟，給他的待遇和車馬的等級很高，有些甚至和太子一樣，這讓當時還是太子的齊襄公非常生氣。齊襄公繼位之後，降低了公孫無知的待遇等級，公孫無知因此心懷怨恨，決心推翻齊襄公的統治，自立為王。

一年，魯桓公和夫人來到齊國訪問。齊襄公和魯桓公的夫人本來就關係曖昧，這次相見讓他們舊情復燃。沒想到這事竟然被魯桓公發現了，魯桓公斥責夫人行為不端，齊襄公知道之後，竟然對魯桓公起了殺心。

齊襄公邀請魯桓公到府內赴宴，把他灌得不省人事，然後派彭生送他回去。彭生把魯桓公抱上馬車之後，在車內折斷了魯桓公的肋骨，後來找了個藉口下車逃走了。齊襄公假惺惺地給魯國發了一封信，說魯桓公得了急病去世了，通知他們來人迎回靈柩。但是魯國全國上下都對齊襄公的做法非常不滿，要求處死彭生。這剛好合了齊襄公的意，他本來就想殺了彭生滅口，所以就順水推舟地處死了彭生。

齊襄公曾經派出連稱等人去守衛邊疆，並承諾到了秋天收穫的時候就會派人去接替他們。但是期限到了，齊襄公根本沒有換人的意思。連稱見齊襄公不講信用，就找到了公孫無知，想要密謀造反。連稱有個堂妹是齊襄公的妃子，但是不受寵愛。於是連稱讓她偷偷在宮裡打探消息，尋找合適的時機幹掉齊襄公，還許諾事成之後讓妹妹做公孫無知的夫人。

這年冬天，齊襄公出去打獵的時候遇到了一頭野豬，隨行的人指著這頭野豬驚恐地大叫：「這是彭生啊！」起初齊襄公並沒有害怕，還拉開了弓箭射向那頭野豬。不料，這頭野豬中箭之後竟然站了起來，還不住地流淚。齊襄公也害怕了，嚇得從馬上掉了下來，扭傷了腳，還丟了一隻鞋。齊襄公逃回王宮後，越想越氣，於是把負責製鞋的官叫來鞭打了一頓。

公孫無知和連稱聽說齊襄公受了傷，覺得這是一個起兵的好機會，就帶兵來到王宮門口。剛好撞上了走出門的製鞋官，那製鞋官一看公孫無知的架勢就猜到了他的意圖。於是製鞋官故作冷靜地說：「你們進去的時候要小心，裡邊有很多的衛兵。」一見公孫無知懷疑，製鞋官拉起自己的衣服，露出累累的傷痕。公孫無知知道這也是一個與襄公有仇的人，就派他進去打聽情況。

製鞋官進到王宮就趕緊把齊襄公藏了起來，公孫無知等了很久不見製鞋官出來，就殺進了王宮。但是他們沒有發現齊襄公，搜遍了整個宮殿也沒有發現齊襄公的蹤跡。就在他們離開的時候，有人在門後發現了一雙腳，拉開門一看，齊襄公正在那裡瑟瑟發抖。公孫無知毫不猶豫地殺死了他，自立為齊國國君。

但是公孫無知在國君這個寶座上沒有坐多久，就被自己的仇人殺害了。這些人後來告訴齊國的大臣：「公孫無知殺害齊襄公，大逆不道，現在已經死了。請你們在其他的公子中選擇君主，我們一定服從新君的領導！」

小白繼位①

公孫無知被殺後，齊國大臣打算從公子小白和公子糾之中選擇一位來繼承君主之位。這兩個人當時都流亡在外，聽到這個消息，兩個人都拚命趕回國。

公子小白和公子糾都是齊襄公的弟弟。齊襄公在位的時候，朝政混亂，弟弟們都害怕禍及自身，紛紛躲到了別的國家。公子糾的母親是魯國人，他就逃到了魯國，而公子小白與自己的謀臣商量一番後決定躲到莒（莒ㄐㄩˇ）國，因為莒國離齊國很近，萬一齊國有什麼事情發生，可以在一日之內趕回國都。兩位公子都很賢明，而且身邊都有一位富有謀略的人，輔佐公子糾的是管仲，幫助公子小白的則是鮑叔牙。

齊國有一個大夫與小白是好朋友，知道要選新君的事後，悄悄地通知了小白。而魯國也得到了這個消息，馬上派兵護送公子糾回國。魯國國君擔心路途遙遠被公子小白搶了先，於是派管仲帶著士卒到莒國至齊國的必經之路上阻攔小白。管仲果然等到了公子小白的隊伍，於是拉弓射箭。管仲遠遠地看到公子小白栽倒在地，他向公子糾覆命說公子小白已經死了。

事實上，公子小白並沒有死，管仲的箭只是射中了他腰帶上邊的小鉤子。小白假裝中箭身亡，騙過管仲之後快馬加鞭地趕回了齊國。而公子糾以為小白真的死了，再也沒有人跟他爭奪王位了，所以就放慢了回國的速度，用了六天才到達齊國的境內。不料，到了邊境卻不能進入齊國。原來小白已經即位，現在是齊桓公，他不允許公子糾進入齊國。

魯國國君知道這個消息後非常生氣，因為他當年收留公子糾是有私心的。他非常看好公子糾，希望公子糾即位之後，兩國可以結盟，不想卻功虧一簣②，大怒之下，他派兵攻打齊國。不料只打了一仗，魯國軍隊就潰不成軍了。之後齊桓公給魯國國君送去了一封信，信上說：「公子糾與我爭奪王位，本來是大逆不道的，但他是我的親兄弟，我不忍心殺他，請魯國代為動手。另外，召忽和管仲這兩個輔佐公子糾的人，是我的仇敵，請魯國國君把他們活捉了交給我，我要把他們碎屍萬段才甘心。否則，我就派兵攻打魯國。」

魯國國君見到信後，非常害怕，就派人去捉拿這兩個人。謀士召忽害怕自己到了齊國之後慘遭毒手，就自殺了；管仲卻選擇了被遣送回齊國。實際上，管仲早就得到了消息，他已經被赦免了，救他的正是自己的至交好友鮑叔牙。

本來齊桓公想起管仲射殺自己的那一幕，很想殺掉管仲報仇的。但是一直跟隨在桓公身邊的鮑叔牙攔住了他，對他說：「主公請息怒。能夠跟隨您流亡是我的榮幸，但是我的能力有限，已經不能讓您的大業更進一步了。如果您只是想讓齊國國泰民安，那麼有我和這一幫大臣就夠了；但是如果您還有更大的野心，想要稱霸天下，那麼必須要得到管仲的輔助才行，您可千萬不要失去這個人才啊！」於是兩個人商量怎樣才能讓魯國放人。他們害怕魯國國君起疑心，就假意說要殺管仲洩憤，實際上卻是想讓管仲幫助齊桓公成就大業。

管仲進入齊國時，鮑叔牙親自到邊境迎接。等他進入齊國國境，魯國士兵看不見之後，鮑叔牙便為管仲除去了枷鎖，帶著他沐浴更衣拜見齊桓公。齊桓公任命他為大夫，負責主持齊國的政務。管仲與齊國大臣共同治理國家，完善制度，發展經濟，招募賢才，齊國很快呈現出一派繁榮昌盛的景象。

在管仲的輔助下，齊桓公成為春秋時期的第一位霸主。

1 選自《史記·齊太公世家》。

2 功虧一簣：虧，欠缺；簣，盛土的筐子。想堆很高的山，因為只缺一筐土而不能完成。比喻做事情只差最後一點沒能完成。

齊桓公稱霸①

齊桓公是春秋時期大國爭霸過程中湧現出來的第一位霸主，他建立了一個名副其實的泱泱大國，其他的國家都尊齊國為盟主。那麼他是怎麼稱霸的呢？

齊桓公繼承王位後，管仲和鮑叔牙一起輔佐齊桓公。管仲擔任國相後，整頓政治，發展商業，選用了大批的賢人，在他的努力下，齊國上下呈現出一片欣欣向榮的景象，國力十分強盛。

齊桓公即位的第二年就出兵消滅了郯（郯ㄊㄢˊ）國，因為在桓公逃亡的時候，郯國國君對他十分傲慢。

後來桓公又出兵攻打魯國，魯國戰敗，魯莊公向桓公求和，並且答應把遂邑（今山東寧陽縣）割讓給齊國。齊桓公答應了他的條件，決定在柯地（今山東東阿縣）訂立盟約。魯國國君正要簽下屈辱的協議時，忽然有一個人躥上臺來，把匕首架在桓公的脖子上，這個人就是魯國大夫曹沫。

桓公驚恐地問：「你想要幹什麼？」

曹沫說：「魯國是小國，齊國是大國，大王您恃強凌弱，您說應該怎麼辦？」

於是桓公答應歸還魯國的土地，聽到這句話，曹沫退回大臣的隊伍中，平靜得就像什麼都沒有發生過一樣。看到這種場景，桓公氣不打一處來，就想殺了曹沫，不再退還魯國的土地。管仲看出桓公的心思，走上前去耳語道：「大王，您已經答應人家了，就不要違背誓言。只為這一口惡氣就失掉了在諸侯面前的誠信，是得不償失的行為啊！」齊桓公聽罷，無奈地嘆了口氣，歸還了土地。

後來諸侯聽說了這件事情，都誇齊桓公講信用、重名譽，都願意來歸附他。後來諸侯們與齊桓公在甄（**甄**ㄓㄣ）地（今山東菏澤境內）會盟，從這時候起，齊桓公開始稱霸天下。

後來北方邊境的少數民族山戎攻打燕國，燕國向齊國求救，齊桓公出兵救燕，齊國士兵狠狠打擊了山戎部落，一直深入山戎境內很遠才返回。燕國國君非常感激齊桓公，送他的時候一直捨不得離去，後來發現自己竟然送到了齊國境內。桓公說：「按照周朝的禮節，諸侯之間相送是不能跨過地界的，我不能違了這個禮啊！」燕國國君非常驚恐，不知道怎麼辦才好。只見齊桓公命令手下軍官：「派一隊士兵在這裡挖溝！」說完又轉頭看著燕君，說：「既然古禮不可違，那我們就把這裡作為兩國的國界吧，你回國去吧！」聽說桓公把燕君足跡所到的地方都割讓給了燕國，諸侯更加佩服齊桓公了。

齊桓公在位的第35年，召集諸侯在葵丘（今河南蘭考縣）會盟。周天子也派人出席了會議，還給齊桓公帶來了禮物，有祭祀用的肉、紅色的弓箭，還有天子才可以用的車駕，並且下令桓公可以不下跪來接受禮物。桓公也覺得自己實力不凡，可以不必下跪，管仲又一次勸阻了他，說：「大王，這樣不合適！天子畢竟是天子，不要給別人攻打我們的藉口。」桓公覺得有道理，仍跪在地上接受了賞賜。這就是歷史上的「葵丘會盟」，是齊桓公霸主地位正式確立的標誌。

後來類似的會盟齊桓公又召集過好多次，他的表現也越來越傲慢無禮，他說：「現在哪個國家有事，都得我親自過問，去給他們主持公道，就是以前夏、商、周的天子也沒法和我比啊！我要去泰山祭天，一切都要按天子的規格辦！」

管仲聽聞，極力阻止：「大王，您畢竟不是天子，這樣做不合適，否則那些一直蠢蠢欲動的諸侯就有藉口來討伐您了！」齊桓公不理睬管仲的勸說，堅持要去封禪。最後管仲不得不撒謊說：「要去封禪，必須有遙遠地方的金銀珠寶才行。否則，您這樣貿然前去，天一定會怪罪您的。」齊桓公這才作罷。

後來管仲年邁，桓公問他誰能接替國相的位置。管仲說：「您才是最瞭解臣子的人啊！」桓公推薦了易牙、開方和豎刁，管仲說他們都是為了迎合國君不擇手段之徒，萬萬不可以重用。管仲一死，桓公便忘記了這些話，重用了這三個人。

後來桓公病重，這幾個人挑撥幾個公子互相攻擊，宮中一片混亂，誰都不敢來裝殮（殮ㄌㄧㄢˋ）桓公的屍體，直到67天後，公子無詭即位才為桓公舉行了葬禮。一代霸主就這樣悲慘地結束了自己的一生，而桓公死後，齊國也開始衰落。

管鮑之交①

管仲和鮑叔牙的友誼一直被世人所傳頌。如果你的朋友總是想佔點小便宜，而且膽子很小，你會看不起他嗎？管仲就是這樣一個人，不過鮑叔牙沒有嫌棄過他，因為鮑叔牙非常瞭解管仲這樣做的原因。

管仲名叫夷吾，是潁上（今安徽省西北部）人。他年輕的時候就有非凡的才幹，但是家裡很窮。而與他關係很好的鮑叔牙家境比較優越，所以管仲經常佔鮑叔牙的小便宜，但是鮑叔牙對此從來沒有抱怨過。

有一次兩個人一起做生意，鮑叔牙出本錢，管仲出力，賺錢之後，管仲理直氣壯地對鮑叔牙說：「這次生意我出的力不少，我要多分一些錢。」鮑叔牙沒有說話，點點頭同意了。旁人紛紛指責管仲，說：「鮑叔牙出了本錢，做生意的時候他出的力也不比你少，你憑什麼這麼理直氣壯地要求多分錢呢？」「大家不要生氣，其實管仲出的力是比我多一些，他多分些錢也是應該的。」鮑叔牙勸說周圍的人。

管仲 圖像

回家後，鮑叔牙的僕人也抱怨說：「這個管仲真奇怪，本錢都沒有出，分錢的時候卻拿得比您還多，主人您為什麼害怕管仲呢？為什麼總是要讓他佔便宜？」鮑叔牙卻對僕人說：「不可以這麼說！管仲家裡窮又要奉養母親，多拿一點沒有關係的。」

又有一次，管仲和鮑叔牙一起去打仗，每次進攻的時候，管仲都躲在最後面，大家就罵管仲說：「你這個貪生怕死的人！」鮑叔牙馬上替管仲說話：「你們誤會管仲了，他不是怕死，他得留著他的命去照顧老母親呀！」

後來，管仲和鮑叔牙都開始參與政事。鮑叔牙投奔了公子小白，管仲則去輔佐公子糾。後來公子糾與公子小白爭奪王位的時候，管仲想替公子糾殺掉小白，可惜管仲把箭射偏了，射到了小白的腰帶上，小白不僅沒死還當上齊國國君。公子小白即位後，要任命鮑叔牙為國相，鮑叔牙卻推薦了管仲，自己甘願做管仲的手下，幫助他管理政事。

管仲成為齊國的國相之後，果然不辱使命。他充分利用了齊國瀕臨大海的地理優勢，積累財富，富國強兵，很快齊國就成為春秋時期最強大的國家。管仲也絲毫沒有委屈自己，他家裡非常富有，幾乎可以和諸侯王室相比，但是齊國人並沒有絲毫的怨言，他們覺得這是管仲應得的。

鮑叔牙死後，管仲在他的墓前大哭不止，想起鮑叔牙對他的理解和支持，他感嘆說：「當初貧窮時，我曾和鮑叔牙一起做生

齊相管仲之墓

意，分錢財，自己多拿，他不認為我貪財，他知道我貧窮啊！我曾經替鮑叔牙辦事，結果使他處境更加艱難，他不認為我愚蠢，只說時運有利有不利。我曾經多次做官，多次被國君辭退，他不認為我沒有才能，他知道我沒有遇到時機。我曾經多次作戰，多次逃跑，他不認為我膽怯，他知道我家裡有老母親。公子糾失敗了，召忽為之自殺，我卻被囚受辱，他不認為我不懂羞恥，他知道我不以小節為羞，而是以功名沒有顯露於天下為恥。生我的雖然是父母，但是最瞭解我的是鮑叔牙啊！」現在天下的人很少讚美鮑叔牙的才幹，而常常誇獎鮑叔牙善於識人。

管仲和鮑叔牙之間深厚的友情，已成為代代流傳的佳話。人們常常用「管鮑之交」來形容好朋友之間彼此信任的關係。

1 選自《史記．管晏列傳》。

崔慶之亂①

齊桓公死後，他的兒子們相繼繼位，最後一個是齊頃公。頃公死後，齊靈公成為齊國國君。而齊靈公因為寵愛小兒子，廢了原來的太子，最後是誰繼位了呢？

齊靈公有兩個兒子，夫人生下的公子光和仲姬生下的公子牙，不過公子牙是另一個妃子戎姬撫養長大的。本來公子光是太子，由高厚輔佐，但是深受齊靈公寵愛的戎姬卻希望改立牙為太子。仲姬認為這樣並不合適，但齊靈公主意已定，就把公子光發配到遙遠的東部邊疆，改立牙為太子，仍然由高厚輔佐。

齊靈公生病之後，一個叫做崔杼（杼ㄓㄨˋ）的大臣把公子光接了回來，擁立他為國君，這就是荒唐的齊莊公。莊公一即位就把戎姬殺了，接著又殺死了公子牙。

崔杼的妻子非常漂亮，齊莊公見過一次就被她深深地迷住了，不久兩個人就勾搭在一起。齊莊公不僅經常明目張膽地來到崔家，還把崔杼的東西拿出去送給別人，以此來侮辱他。崔杼敢怒不敢言，只想等到晉國和齊國打仗的時候，與晉國合謀毀掉齊國。齊莊公在崔家還得罪了另外一個人，就是崔杼的僕人賈舉。賈舉曾經被莊公毒打，打完之後還若無其事地要賈舉伺候他。賈舉因此懷恨在心，一直在尋找機會報仇。

終於崔杼和賈舉報仇的機會來了。這一天，崔杼假裝生病沒有上朝，齊莊公藉口探病前來與崔夫人私會。兩個人在崔府追跑嬉戲，忽然崔夫人跑進了崔杼的房間，崔杼關上了門。齊莊公在外邊怎麼叫都沒有人開門，齊莊公就在門口倚著柱子唱起歌來。這個時候，賈舉領著一幫人拿著兵器來到這裡，他們看到齊莊公，二話不說就開始打。莊公嚇得四處逃竄，邊跑邊說：「有話好說，我請求和解。」眾人不聽，繼續追打，他又喊道：「我跟你們簽訂盟約還不行嗎？」家丁們都說：「在崔府我們只聽崔大人的話，現在我們奉命捉拿淫賊，別人的命令我們一概不聽！」

「那崔杼呢？把他叫出來，我跟他說！」

「崔大人現在有病在身，不能與你談判。」齊莊公知道大事不妙，就想爬牆逃跑，但剛剛爬上牆頭，就被射中了大腿，然後重重地摔在了地上，被崔杼的家丁們打死了。

崔杼擁立莊公的弟弟為國君，也就是齊景公。景公即位後，任命崔杼為右丞相，慶豐為左丞相。兩個丞相雖然表面上看起來很和睦，但是私下裡關係並不好。慶豐挑撥崔杼的親生兒子殺了他的繼子和小舅子；還悄悄尋找那些和崔杼有仇的人，唆使他們去攻擊崔家，幾乎殺掉了崔家所有的人。崔杼看到自己家破人亡，知道慶豐肯定也不會放過自己，就自殺了。

殺掉了右丞相，慶豐這個左丞相獨攬大權，越來越飛揚跋扈（**跋**ㄅㄚˊ**扈**ㄏㄨˋ）。他整天遊山玩水，不理政事，為了應付差事，他讓兒子代替自己管理政務。但久而久之，父子之間就產生了矛盾。看到這種情況，齊國人議論紛紛：「完了，看來齊國要出大亂子了！」

果不其然，沒有多久，田氏、鮑氏、高氏和欒氏四家聯合起來攻打慶豐，他最後逃到了魯國。魯國國君收留了他，但是遭到了齊國上下的譴責。無奈之下，慶豐只好又逃到了吳國。吳國分給慶豐一塊地，還把他的後代遷了過來。在那裡，慶豐生活得比在齊國還要好。

崔慶之亂結束後，齊國人把齊莊公的墓地遷到了齊國國君的祖墳，為了安慰他的在天之靈，還把崔杼的屍體挖出來扔在街上供人們嘲笑取樂。

1 選自《史記．齊太公世家》。

良相晏嬰①

管仲死後一百多年，齊國又出現了一位有名的丞相——晏嬰，他身材矮小，其貌不揚，卻深得齊國百姓的尊敬，其他國家的人也都稱讚他的賢能。他究竟有什麼過人之處能讓全天下的人都尊敬他呢？

晏嬰又叫晏平仲，後人為了表示對他的尊敬，也稱他晏子。晏子輔佐了齊國的三代國君，分別是齊靈公、齊莊公和齊景公。

有關晏子的故事很多，其中最有名的就是「晏子使楚」了。

一次，晏子奉命出使楚國。楚靈王知道晏子要來，就對大臣們說：「我聽說晏子是齊國一位能言善辯的大臣，但是身材矮小。寡人要狠狠地羞辱他一番，讓他知道我們楚國的厲害！」於是楚靈王命人連夜在城門旁邊開了個小門，並吩咐士兵一旦晏子到來，就把大門關上讓他從小門進來。

第二天，晏子來到楚國城門外。士兵們按吩咐打開了小門，並說：「聽說齊國使臣身材矮小，可以從小門進入，因此就不用打開大門了吧？」晏子聽後，指著小門嘲諷地笑道：「出使狗國才從狗門進去。如今我出使楚國，卻讓我從狗門進，不知道是什麼意思？」士兵們聽了趕緊報告楚王，楚王只好恭恭敬敬地打開了大門。

晏子進宮拜見楚靈王，靈王輕蔑地說：「你們齊國沒有人了嗎？」

「大王怎麼這麼說呢？我們齊國國都的居民就有很多，人們張開袖子就能遮住天空，每個人抹一把汗就像下雨一樣，街上走路的時候都是摩肩接踵（**踵**ㄓㄨㄥˇ）②，怎麼能說齊國沒有人呢？」

「那怎麼派了你這樣的人來呢？」

晏子聽了，不慌不忙地說：「大王，是這樣的。我們齊國有個規矩，出使別國是有一定標準的，高等國家派高等使臣，低等國家就派低等使臣。因為我沒有什麼才能，只能出使楚國了。」楚靈王聽了非常惱怒，但又不能發作，只好忍下了這口氣。

第二年，晏子又來到了楚國。想到前一年受到的污辱，楚靈王下定決心一定要羞辱他一番。楚靈王讓人擺好酒宴，熱情地招待晏子。大家喝得正開心的時候，有兩個士兵押著一個囚犯從這裡經過。楚靈王佯裝大怒，吼道：「你們這是幹什麼？沒看見寡人正在招待貴客？」然後又裝作漫不經心地問道：「這個罪犯是哪來的啊？犯了什麼罪？」

兩個小兵回答：「是齊國人，犯了偷盜罪。」

「齊國人？」楚靈王故意加大了聲音，然後困惑地盯著晏子說道：「你們齊國人都善於偷盜嗎？」

晏子早就看出了楚靈王的用意，他深深地鞠了一躬，說道：「大王，橘生淮南則為橘，橘生淮北則為枳（**枳**ㄓˇ）。它們雖然看起來很相似，但是果實的味道卻大不相同，您知道這是怎麼回事嗎？這是因為水土不同啊！同樣的道理，齊國的百姓在齊國不偷不盜，一到楚國就變成了盜賊，該不是楚國的水土適合培養盜賊吧？」

楚靈王羞辱晏子的計畫再次落空，還吃了個啞巴虧。沉默了很久之後，楚靈王對晏子說：「和聖人是不能開玩笑的，寡人這是自討沒趣啊！」

晏子不僅能言善辯，還善於發現人才。晏子貴為國相，他的馬車夫就非常驕傲。其中有個馬車夫天天載著晏子來來去去，非常得意，吆喝的聲音越來越大。

一次，他的妻子看見了他的行為，就要求回娘家，不想再跟他過下去了。馬車夫很奇怪，就問原因。這位馬車夫的妻子說：「你看人家晏相國，擔任著國家的要職，還非常謙虛深沉，而你只不過是一個馬車夫，還整天揚揚自得，神氣十足，你這樣的人能有什麼前途！」

馬車夫聽了妻子的話，覺得非常慚愧，就改掉了這個毛病，還變得熱愛學習。晏子發現了車夫的變化，就詢問原因。車夫恭恭敬敬地把事情敘述了一遍，晏子很佩服那位妻子的賢慧，加上車夫也變得賢能，就推薦他做了大夫。

1　選自《史記．管晏列傳》。

2　摩肩接踵：肩碰著肩，腳碰著腳。形容人多擁擠。

威武大國——晉國

最貴的梧桐葉①

晉國位於黃河和汾河東邊，也就是今天的山西省南部。晉國是春秋時期稱霸時間最長的一個國家，但是這樣一個泱泱大國，最初只是一片小小的梧桐葉換來的。這到底是怎麼回事呢？

商朝末年，紂王荒淫無道，很快被周武王滅國。但是武王滅商之後兩年就英年早逝，他的兒子姬誦繼承了王位，史稱周成王。

成王繼位的時候只有13歲，因為年紀太小不能處理朝政，所以武王的弟弟周公旦攝政，幫助他管理國家。

這個時候，汾河（今山西省境內）流域的唐國發生了叛亂。這個唐國的領導者不是別人，正是商紂王的兒子武庚。為什麼當時武王沒有殺死紂王的兒子，反而賞給他一個封地呢？事情是這樣的：

牧野之戰結束後，武王宣佈周朝建立，他準備將商地分封給其他人。可是他轉念一想，周本來是商王朝的一個屬國，現在取代了紂王的地位，商朝遺留下來的臣民會不會不服從周的統治呢？這時候周公旦給他出了一個主意，對於商朝的大臣，罪大惡極的殺掉，沒有罪的應該拉攏，但是要注意監視。武王聽了非常贊同，於是命紂王的兒子武庚來統治商朝的遺民，並在原來商朝的都城附近又設置了邶（ㄅㄟˋ）、鄘、衛三國來監視他。

武王去世後，武庚看到成王年紀小，覺得這是恢復商朝統治的大好時機；而與此同時，周公旦攝政讓管叔和蔡叔等大臣極為不滿，於是武庚聯合了這兩位大臣討伐周公旦。周公旦在姜子牙的建議下以成王的名義率兵出征，最終平息了這場叛亂，結果武庚和管叔被處死，蔡叔被流放。

周公旦回國覆命的時候，正好碰上成王姬誦和他的弟弟姬虞在一起玩遊戲，他只好站在一旁等候。成王看到周公一臉平靜的樣子，知道唐國的叛亂已經平息了，於是他順手從地上撿起一片梧桐葉子，三兩下就把它剪成了玉圭②的樣子，然後若無其事地對弟弟說：「這玉圭給你，把唐國作為你的封地好不好啊？」弟弟開心地接過葉子，拍著手笑道：「好啊好啊！」然後就跑到一邊去玩了。

站立在一旁的周公旦聽到這句話，連忙走上前去，跪在地上對成王說：「請天子您選擇良辰吉日宣佈姬虞為唐國的首領！」成王聽了，滿不在乎地擺擺手說：「您不要當真，我和他鬧著玩，開玩笑的！」周公旦聽了，嚴肅地對成王說：「自古以來天子無戲言。天子說出的話，史官是要如實記錄在史冊中的，樂工要唱誦它，士大夫要傳揚它，怎麼能說自己是開玩笑的呢？請您以後謹言慎行③。把唐地封給姬虞這件事既然您已經說出來了，就不能再更改了。」周成王紅著臉低下頭，無可奈何地選擇了一個吉日，把自己的玩伴送到了唐地，之後姬虞就被人稱為唐叔虞。

唐叔虞去世後，他的兒子燮（燮ㄒㄧㄝˋ）父繼承了他的爵位，後來他知道堯帝舊都的南面有一條叫做晉水（今山西境內）的河流，於是就把唐地改名叫做「晉」，自己則是晉侯，後來他的子孫一直繼承著晉侯的爵位。經過幾代人的努力，唐叔虞一族的領土不斷擴大，成了一個大的諸侯國，這就是晉國。

1 選自《史記．晉世家》。
2 玉圭：古代帝王、諸侯舉行分封禮儀時所用的器皿。
3 謹言慎行：說話小心，行動謹慎。

驪姬之亂①

深受晉獻公寵愛的驪姬為了能讓自己的兒子名正言順地成為太子，採取了一連串惡毒的手段來對付原來的太子申生，她是怎麼陷害太子的呢？晉獻公相信了嗎？

晉獻公出兵攻打驪戎，勝利之後娶了驪戎國君的兩個女兒為妻，其中一個就是驪姬。

晉獻公的妻子是齊桓公的女兒，她的兒子是太子申生；另外晉獻公還娶了翟（翟ㄓㄞˊ）族的姐妹兩人，其中姐姐的兒子叫重耳，妹妹的兒子叫夷吾。這三個兒子都非常賢能，晉獻公非常喜歡他們。

後來驪姬也生了一個兒子取名奚（ㄒㄧ）齊。因為寵愛驪姬，晉獻公也很溺愛這個小兒子，不知不覺中就慢慢疏遠了三個賢能的兒子，後來他還打算廢掉申生，改立奚齊為太子。

為了疏遠申生，獻公說：「曲沃（今山西曲沃縣）是我們祖先宗廟所在的地方，蒲邑（今山西隰（ㄒㄧ）縣）靠近秦國，屈邑（今山西呂梁）靠近翟族，這幾個地方很容易發生動亂，如果不讓我的幾個兒子去守衛，我總是感到不安。」於是，申生被派往曲沃，重耳駐守蒲邑，夷吾去了屈邑，而奚齊則留在了晉國的都城。晉國百姓都說：「恐怕太子不能繼位了。」

為了討好驪姬，晉獻公把改立奚齊為太子的計畫告訴了她，驪姬聽後裝作很可憐的樣子哭著對獻公說：「太子是早已經定好的，諸侯們也都知道，而且太子多次率兵擊退敵人的進攻，百姓們都很愛戴他。現在您因為寵愛我而廢掉長子改立幼子，這不是陷我於不仁不義嗎？如果您一定要這樣做，那我只好自殺謝罪了。」實際上，驪姬只是害怕晉國百姓反對而給自己招來殺身之禍。

確定了晉獻公的心思之後，驪姬開始為自己的兒子成為太子鋪平道路。

一天，驪姬對太子申生說：「獻公昨天夢見了齊姜夫人，你趕快到曲沃的齊姜祠去祭祀吧，記得把祭祀用的肉帶回來獻給君主。」申生不知道這是驪姬的詭計，就去曲沃祭祀了。申生回來的時候，晉獻公正在外邊打獵，他就把肉放在了宮中，驪姬趁機在肉中下了毒。獻公打獵回來後，廚師把肉獻給他。獻公正準備吃，驪姬阻止了他：「這肉是從很遠的地方來的，還是先試一試吧。」說完就把肉扔在了地上，肉落下的地方竟然隆起了一個小包，狗吃了馬上就死了。驪姬假惺惺地哭道：「沒想到太子這麼狠心，竟然要害死自己的父親！為了國君的位置連父親都想殺，何況是別人呢？太子原來是這麼殘酷的人，當初您想廢掉他，我還反對，現在想想真是大錯特錯啊！」

太子得知這件事情後，便逃到了其他地方。有人很奇怪地問他：「是驪姬在肉裡下了毒，您為什麼不去向父親解釋清楚呢？」太子苦笑著說：「我父親年紀大了，如果沒有驪姬照顧，他就吃不下睡不著；即使我能夠跟他解釋清楚，他也會生驪姬的氣，這樣對他的身體沒有好處，我不能這樣做。」這個人又勸太子逃亡到其他的國家，將來有機會再回來繼承大位，申生說：「帶著謀殺父親的罪名逃跑，哪個國家願意接納我呢？」躲了一段時間後，太子申生絕望地自殺了。

獻公臨死之前把國君之位傳給了奚齊。

1 選自《史記．晉世家》。

秦晉之爭①

獻公的遺命是把大位傳給奚齊，並讓一個叫荀息的人輔佐他，但是大臣們都反對。一個叫里克的人殺死了奚齊，荀息又立奚齊的弟弟悼子為國君，一個月後，悼子也被里克殺死了。那麼晉國的國君之位要交給誰呢？

里克連續殺死了奚齊和悼子之後，準備迎接重耳回國繼位，但是重耳拒絕了。於是里克又派人去接公子夷吾，夷吾很高興，在準備回國的時候，一位謀士對他說：「晉國國內有很多可以繼位的公子，為什麼里克要千里迢迢地接您回去呢？說不定有什麼危險，我覺得您最好尋求秦國的幫助。」夷吾聽取了他的意見，並對秦國許諾如果自己能夠順利即位，就把晉國黃河西岸的土地送給秦國。在秦國的保護下，夷吾順利回國繼承了國君之位。

夷吾繼位之後，沒有遵守自己的諾言，他派人對秦穆公說：「我本來答應給您土地，但是我回國之後大臣們都說土地是祖先留下的，我沒有資格把它擅自給別人，無論如何我也說服不了他們，只好向您道歉了。」此外，夷吾不僅沒有重用擁護他的里克，還因為害怕他再幫助重耳，而找了個藉口讓他自殺了。

晉國發生嚴重的饑荒，夷吾向秦國購買糧食，秦穆公本不想賣給他們，但最終相國百里奚說服了他。秦國賣給了晉國很多糧食，解除了夷吾的困難。但第二年，秦國也發生了大饑荒，他們派人到晉國購買糧食。夷吾和大臣們商量對策，一個叫慶鄭的大臣說：「您是依靠秦國的力量才登上了今天的國君之位，可是剛剛即位，您就違背了自己的諾言；去年我們國家鬧災荒，秦國不計前嫌地幫助了我們，如今秦國有難，我們當然應該把糧食賣給他們，這麼簡單的事情還需要開會商議嗎？」

但是另一個大臣則站出來反對：「去年是上天給了秦國機會來吞併我們晉國，可他們沒有抓住機會；如今上天要把秦國賜給我們晉國了，我們千萬不能放棄這個大好機會啊！應該馬上派兵攻打他們！」夷吾聽取了後者的建議，不僅拒絕賣給秦國糧食，還派兵攻打秦國。

秦國的百姓聽說了這件事後，都對夷吾這種恩將仇報的舉動感到十分憤怒，私下裡都偷偷咒罵他。秦穆公震怒之下親自帶著大軍抵抗晉國的進攻，一路所向披靡②，並打到了晉國的境內。夷吾非常害怕，只好親自指揮戰鬥。他想找一個信得過的人來幫助自己駕駛戰車，占卜的結果顯示慶鄭是最合適的人選，但是夷吾知道慶鄭一直都對自己的做法不滿意，擔心他在戰場上不聽指揮，於是選擇了一個家僕做護衛。最終晉軍戰敗，夷吾成了俘虜。與此同時，原本在秦國做人質的太子姬圉（圉ㄩˇ）偷偷逃回了晉國，被立為晉懷公。

1 選自《史記．晉世家》。

2 所向披靡：所向，指力所到達的地方；披靡，潰敗。比喻力量所達到的地方，一切障礙全被掃除。

齊姜醉夫①

驪姬害死太子申生之後，又把目標轉向了公子夷吾和重耳，從那以後，重耳一直過著流亡的生活。夷吾繼位之後，重耳的處境也沒有好轉。因為害怕他搶奪王位，夷吾一直派人追殺他。

重耳從小的時候起就喜歡交朋友，身邊有很多賢人輔佐。驪姬在獻公面前詆毀重耳和夷吾，重耳知道後沒敢見父親就逃回了蒲邑。晉獻公非常生氣，派了一個刺客去殺他。重耳嚇得跳牆逃跑，剛剛爬上去，刺客就來到了牆邊，舉劍便刺，重耳趕緊跳下牆，但還是被砍斷了衣袖。他意識到自己再也不能在晉國待下去了，於是就帶著身邊的五位賢臣和幾十個隨從開始了長達19年的逃亡生涯。

他先來到了狄國，剛好狄國俘虜了兩個美女，就把其中一個嫁給了他，生下了兩個兒子；另一個嫁給了他手下的趙衰，生下了趙盾。重耳在狄國住了5年，奚齊和悼子死後，里克來接他回國繼位，他拒絕了，因為晉國政局還很動盪，回國後很容易招致殺身之禍。但是即使他沒有回國，夷吾仍然把他視為「眼中釘」，派出了刺客來殺他。

重耳得知後和五位賢臣商量說：「我躲到狄國只是為了就近觀察晉國形勢，現在我們應該去大國。我聽說齊桓公有稱霸的決心，願意收留各國逃亡的諸侯。況且管仲已經死了，現在正是他用人的時候，我們為什麼不去齊國呢？」幾個賢臣和隨從都表示願意追隨重耳。

去齊國的路上，他們路過衛國，衛國是個小國，不敢得罪夷吾，就很無禮地對待重耳一行人，重耳憤怒地拂袖而去。路上大家都餓得受不了，只好去向農民討飯吃。一個農民不喜歡貴族，就拿了一塊土放在了盤子裡，端給重耳吃。重耳看到盤子裡的土塊，便憤怒地拔劍想殺了這個侮辱自己的農民。

趙衰勸阻他：「這是大吉之兆啊，那人向您獻土是表示您將擁有國家啊！公子應該行大禮接受。」重耳聽了，立刻拜天拜地，恭恭敬敬地接過了盛土的盤子。農民們看到這個情景，都說他是個瘋子。

重耳來到齊國之後，齊桓公不僅為他舉行了非常隆重的歡迎會，還把家族裡一位美貌的少女嫁給了他，這位少女被稱作齊姜。重耳非常滿意，就在這裡生活了下來。

齊桓公去世後，齊國內亂，但是重耳迷戀齊姜，不管齊國環境多麼動盪他都不願離去。趙衰等人認為不能再讓重耳這樣沉迷下去了，就偷偷地商量怎麼能讓重耳離開齊國。不料這一切都被在樹上採桑葉的侍女聽了個一清二楚，這個侍女就把趙衰等人的想法告訴了齊姜。齊姜擔心侍女再到別的地方去說，就把她殺了，還催促重耳趕快上路。

重耳說：「現在的生活很好啊，我已經決定了，我要在這裡和你恩恩愛愛地過一生。」妻子見勸說無效，就找到了趙衰等人，和他們一起謀劃怎樣才能讓重耳安全地離開。最後他們宴請重耳，不斷向他敬酒，把他灌醉後放進車子裡，然後馬不停蹄地離開了齊國。重耳睜開眼睛的時候，發現自己已經被帶到了荒郊野外，離齊國已經很遠了。

重耳非常生氣，就想要殺掉離自己最近的狐偃。狐偃沒有躲避，還說：「殺了我成全公子的大業是我一直以來的夢想啊！」看著他認真的樣子，重耳的怒氣消了一大半，但還是惡狠狠地說：「如果成不了大業，我就要吃掉你的肉！」

狐偃笑著說：「就算不能成就大業，也請您不要吃我，我的肉又腥又騷，不好吃！」重耳聽完忍不住笑了，為了自己的大業，他老老實實地向前趕路。最終他在秦穆公的支持下成為晉國的國君，就是後來稱霸天下的晉文公。

1 選自《史記．晉世家》。

退避三舍①

兩軍對陣，晉國的軍隊竟然主動退後了90里，這是怎麼回事呢？這場戰爭的結果怎麼樣呢？

重耳在逃亡的途中，先來到了宋國，宋襄公對重耳一行非常尊敬，還送了他們80匹馬。但是一位與狐偃私交很深的宋國大臣對他們說：「宋國是個小國，又剛剛被楚國打敗了，絕對沒有實力幫助您成為晉國國君，您還是早做打算比較好。」聽了這一席話，他們啟程離開了宋國，輾轉來到了楚國。

楚成王非常看重重耳，用接待諸侯的禮節來接待他，重耳再三辭謝，不敢接受。趙衰說：「這十多年來，我們逃亡在外，路過的那些小國都看不起你，別說大國了！現在楚國以諸侯之禮來接待，這是上天要幫助您擁有國君的位置啊！請您不要再推辭啦！」於是重耳就按照諸侯的禮節會見了楚成王。

楚成王見重耳從容不迫、氣度不凡，料想他將來必成大事。楚成王就故意問重耳：「等公子回國後，打算怎麼感謝我呢？」

重耳聽到這話一愣，他考慮了一下說：「珠寶玉器、錢財綢緞這些東西，您貴為楚國之君一定不會稀罕；珍禽羽毛、象牙獸皮又都是楚國的特產，我還真想不出來晉國有什麼東西能夠拿來報答您！」楚成王聽了，笑著說：「公子太過謙虛了。話雖如此，可是您總該對我有所表示吧。」重耳聽後，對著楚成王一鞠躬：「這樣吧，假如有一天，楚國和晉國不得已在戰場上相見，那麼我願意退避三舍②。如果這樣您還不能原諒我，我再和您交戰。」

晉文公即位後的第五年，楚成王派兵攻打宋國，想到宋國對自己的禮遇，晉文公想要幫助宋國；但是逃亡過程中，楚成王對他也很好，晉文公左右為難，不知道怎麼辦才好。這時候一個謀士出了個主意：「我們可以去圍攻與楚國交好的曹國和衛國，這樣為了幫助曹國和衛國，楚國一定會從宋國撤兵的。」

知道晉國要圍攻曹國和衛國後，這兩個國家的君主情急之下宣佈與楚國斷交，認為這樣晉國就不會圍攻自己了。楚成王一聽晉國竟然逼得兩個國家與自己斷交，怒不可遏，便派兵大舉進攻晉國。

晉文公急忙召集朝中大臣商量對策，一個人說：「我們一定要出兵，楚國圍攻宋國已久，現在必然是人困馬乏，這是打敗楚國的大好時機，千萬不要錯失良機。」狐偃則有些憂慮：「您還記得以前逃亡到楚國時許下的承諾嗎？您當時說一旦兩國交戰，要為楚王退避三舍。現在與楚軍交戰，恐怕有違信義。」

晉文公聽了兩人的話，還是決定出兵，但是兩軍相遇之後，晉文公下令：後退90里。90里正是三舍的距離，晉國軍隊一直退到城濮，晉文公才讓軍隊紮營。

楚軍一看還沒動手晉軍就自動撤退了，一個個都高興得不得了，變得大意起來。不料一上戰場，形勢呈現一面倒的趨勢，楚軍全面潰敗，晉軍乘勝追擊。這時候，晉文公想起了楚成王昔日的恩情，下令停止追殺，楚軍的殘兵敗將這才得以逃回楚國。

城濮大戰是中國歷史上一次很有名的戰爭，這次戰爭改變了中原各國的形勢，晉文公也由此開始成為霸主。

1 選自《史記．晉世家》。

2 退避三舍：舍，古代行軍三十里為一舍；退避三舍，就是退讓九十里。比喻不與人相爭，主動退讓和迴避以避免衝突的發生。

寒食節的由來

你聽說過「寒食節」嗎？它是在清明節前一天，這一天要禁火、吃冰冷的食物，所以也稱為「冷節」。傳說晉文公為了紀念被大火燒死的介子推而下令那一天不准生火，時間久了就成了現在的「寒食節」。

介子推是誰呢？他是重耳的臣子，是歷史上著名的賢人。晉文公逃亡的時候，他追隨左右，不離不棄。

本來晉文公剛剛開始逃亡的時候，是準備了很多的錢財和糧食的。但是走了沒有多久，負責管理糧食和錢財的官員便起了賊心，趁著大家不注意帶著這些財物逃跑了，晉文公一行人的生活因此陷入了困頓。

有一次，晉文公餓得受不了，只能躺在地上休息，他氣息微弱地說：「如果這時候有一碗肉湯該多好啊！」

聽了這句話，介子推找到一個晉文公看不見的角落，拿出刀從自己大腿上割下了一塊肉交給了另一個大臣，他們熬了一碗湯送給晉文公喝。晉文公恢復了力氣，滿意地說：「是誰弄來的野味啊？這湯真是太好喝了。」沒有人回答，晉文公很奇怪地掃視了這幾個大臣，忽然發現介子推臉色蒼白，腿上還有鮮血流下，他一下子就明白了，衝過去抱住介子推：「將來我若繼承大位，一定好好報答你！」

後來秦穆公派兵送晉文公回國繼承大位，一行人剛剛走到黃河岸邊看到晉國邊境的時候，狐偃就對晉文公說：「這麼多年來，我一直跟您在外奔走，這期間也犯了很多錯誤，以後您飛黃騰達①就與我無關了，我要離開您了。」

其實他是在用這種方式向晉文公邀功。晉文公馬上回答：「我回國之後，如果不跟你同心同德，就讓這黃河水吞沒了我吧！」說著就把身上的寶玉扔進河裡，表示自己與眾大臣同甘共苦。介子推非常清楚狐偃的意圖，打心眼裡看不起他。

晉文公回國後，果然封賞了很多人，就連那個攜款逃跑的官員都得到了封賞，還把狄國和齊國的妻子都接了過來，但是唯獨忘記了介子推。介子推的母親說：「你怎麼不和那些臣子一樣去向國君要些封賞呢？」

介子推說：「晉獻公有九個兒子，現在只剩下國君一人，本來他就要繼位的。那幾個人卻覺得是自己的功勞，這是多麼可笑的事情啊！我不屑與這樣的人為伍。如果我再去討要封賞，豈不是錯上加錯？」於是他就帶著母親隱居起來。

介子推的隨從為他抱不平，就寫了一個條幅：「龍要飛天需要五條蛇輔佐，如今龍飛到了天上，四條蛇得到了封賞，一條蛇受到了冷落。」晉文公看到條幅，忽然想到對自己有恩的介子推還沒有封賞，就去找他。聽說他躲在一座山上，就請他下山受封。介子推卻沒有出現，山高林密，士兵尋找了幾天也沒有找到。為了逼他下山，晉文公下令放火燒山，但是大火燒了好久也沒見到介子推的影子。火撲滅後，人們在一棵樹下發現了他和母親的屍骨。

後來晉文公為了紀念介子推，就把他隱居的山更名為介山（今山西介休縣），以此向世人承認自己的罪過。晉文公還命令當天禁火，不准生火做飯，久而久之，那一天就變成了「寒食節」。

1　飛黃騰達：飛黃，傳說中神馬名；騰達：上升，引申為發跡，仕途得意。形容駿馬奔騰飛馳。比喻驟然得志，官職升得很快。

介子推與母

趙盾弒君①

晉文公去世後，他的兒子繼位，即晉襄公。晉襄公沒有幾年也去世了，他去世的時候太子還小，一場王族爭權奪位的混戰近在眼前。長期遭受這種禍患的晉國人決定選擇一個年長的人來繼承王位，結果會怎麼樣呢？

晉文公的兒子晉襄公去世後，太子夷皋（皋ㄍㄠ）年紀還小，大臣們想要擁立一位年長的國君。趙盾推薦了晉襄公的弟弟雍，他溫和善良，深得晉文公和晉襄公的賞識，還和秦國的君主交情深厚，所以擁立雍繼位，秦國也會支持。這個趙盾就是追隨晉文公的趙衰的兒子，趙盾作為趙衰的繼承人，成為晉國最德高望重的一位大臣。

大臣們確定了王位繼承人後，準備去迎接在秦國的雍。秦王怕雍回國後遭遇不測，派了很多衛士護送公子雍回國。但是太子夷皋的母親繆（繆ㄇㄧㄠˋ）嬴對大臣們的這個決定非常憤怒。她抱著夷皋跑到朝堂上，一邊痛哭一邊指責他們：「國君屍骨未寒，你們就要廢了先王指定的太子，捨近求遠地去國外找一個人來做君主！你們告訴我襄公有什麼錯，他的兒子又有什麼錯，你們憑什麼不讓太子繼位？」大臣們無言以對，繆嬴就這樣在朝堂上哭了好幾天。她知道趙盾在大臣中很有威信，就抱著太子來到趙府，跪在趙盾面前哭訴：「我記得先君囑咐過您，讓您好好教導這個孩子，如今襄公剛剛辭世，您就忘了他的囑託嗎？」趙盾聽了心裡一震，覺得自己沒有理由拒絕繆嬴的請求。

於是太子夷皋繼位，是為晉靈公。可悲的是，這個晉靈公長大之後並沒有成才，反而成為一個臭名昭著②的昏君。他生活奢侈，在朝堂上只討論一件事，那就是怎麼從百姓手裡得到更多的錢。他還築了一個高臺，經常站在上面用彈弓射路上的行人，看到行人狼狽躲避的樣子就很開心。

晉靈公性情殘暴，有一次他要吃熊掌，催得很急，廚師只得把沒有燉爛的熊掌送了上去。他看到後很生氣，就殺了廚師，還讓宮女把廚師裝在大筐裡抬出去扔掉。宮女出宮的時候被趙盾看見了，趙盾怒氣沖沖地衝進宮裡警告晉靈公不要這麼兇殘，因為這已經不是他第一次濫殺無辜了。

晉靈公看到趙盾真的生氣了，很害怕。因為趙家的地位在晉國非常高，而且他明白是趙盾幫助自己當上國君的，趙盾有能力扶持他，也可以廢了他。想到這裡，晉靈公決定鋌而走險③先殺掉趙盾。

晉靈公派了一名刺客去趙府，這個刺客來到趙家時驚呆了。作為晉國最有權勢的家族，這個家非常簡樸，一看就知道趙盾是一個愛民如子的清廉之人。刺客默默地退了出來，感嘆道：「不管是殺忠臣還是違抗君命，最終的結果都是死啊！」說完他便撞向一棵大樹自殺了。

行刺的計畫失敗了，晉靈公又派人請趙盾來喝酒。他事先已經埋伏好士兵，等趙盾喝醉就下手。一個廚師知道了晉靈公的陰謀，決定保護趙盾。晉靈公不斷勸酒的時候，他上前對趙盾說：「君王賜酒，做臣子的最多可以喝三杯。」意思是催促趙盾快走。

趙盾意識到情況不妙，就準備告辭。晉靈公慌了，放出來一條惡狗去咬他。那個廚師奮力殺死了惡狗，帶著趙盾逃了出來。趙盾覺得很奇怪，就問廚師為什麼要捨命救自己。廚師說：「我就是當年桑樹下快要餓死的人！」原來趙盾在山中打獵的時候曾經救過一個快要餓死的大漢，而這個大漢現在做了晉靈公的廚師。

晉靈公發誓一定要剷除趙盾，趙盾只好逃跑。還沒有跑出晉國邊境，就聽說自己的弟弟趙穿殺死了晉靈公，還派人來接他回家。於是，趙盾恢復了原來的地位，擁立了襄公的弟弟做國君。

晉國的太史令董狐是一個正直的人，他記錄道：「趙盾弒其君。」趙盾辯解說：「不是我弒君，是趙穿啊！」董狐道：「你是執管朝政的卿相，雖然逃亡在外，但是沒有走出國境，所以弒君事件發生時你還在國內。只要在國內一天，政事就歸你管。而你回來之後，也沒有誅殺作亂的叛賊，弒君之人不是你，還能是誰呢？」

1 選自《史記．晉世家》。

2 臭名昭著：形容壞名聲遠揚，人人都知道。

3 鋌而走險：鋌，急走的樣子；走險，奔赴險處。指在無路可走的時候採取冒險行動。

一鳴驚人①

楚莊王是中國歷史上大器晚成的統治者，是楚國歷史上最有成就的君主。莊王之前，楚國一直被視為「蠻夷之地」，被排除在中原文化之外，是楚莊王改變了這一切。他是怎麼做到的呢？這就必須要講一下「一鳴驚人」的故事了。

楚莊王即位後三年，沒有頒佈一條政令，只是夜以繼日地和美人們飲酒作樂，遊山玩水，過著醉生夢死的生活。有大臣看不下去了，便向楚王進諫，他請莊王勵精圖治，不要辜負歷代先王和楚地百姓的信任。不料這充滿好意的一番勸告卻換來了楚莊王的勃然大怒：「寡人的事情，輪不到你來指指點點！來人哪，把他給我拉下去，捆起來狠狠地揍一頓！」

然後莊王頒佈了成為君主之後的第一道詔令：「以後再有敢來勸諫的，殺無赦！」他還把這道詔令做成了一個牌子掛在王宮的門口。

楚國有個賢士叫做伍舉，他為人勇敢又聰明，看到楚莊王這個樣子，很為楚國的未來擔憂。冥思苦想一陣之後，他想到了一個勸諫的好主意，於是入朝去覲見楚莊王。此時莊王正左手抱著鄭姬，右手摟著越女，盤腿坐在舞女中間隨著鼓樂聲搖頭晃腦。伍舉看在眼裡，急在心上，但是他不露聲色地對楚莊王說：「大王……」

「你不是來勸諫的吧？你應該知道那道禁令吧？」楚莊王眼睛瞪著伍舉，警告他。

「您多慮了，我來只是想向您請教一個問題。」聽說伍舉是來向自己請教的，楚莊王眼前一亮，正了正身子說：「你有什麼問題，說來聽聽。」「哦，臣聽說我國出了一件特別奇怪的事。有一隻鳥飛到了一個小山丘上，可是不知道為什麼，那隻鳥在那裡待了三年時間，竟然不飛也不叫。臣來只是想請教大王，這是一隻什麼鳥呢？」楚莊王聽出了伍舉是在用這隻大鳥比喻自己，他沒有生氣，哈哈大笑，說：「這隻鳥三年不飛，飛將衝天；三年不鳴，鳴將驚人②。請先生退下吧，我明白先生的意思了。」聽到楚莊王這樣說，伍舉高興地離開了王宮。

可是過了幾個月，楚莊王的行為依然沒有改變，反而更加放縱自己了。大夫蘇從覺得再不勸阻楚莊王懸崖勒馬③，楚國的命運就危在旦夕了。他走進王宮，直截了當地對楚莊王說：「大王您不能再這樣荒廢下去了！」

「我頒佈過禁令，你難道忘記了嗎？」

「臣不敢忘記，但是如果捨掉性命能夠換回您的醒悟，那蘇從就是死也值了！」

楚莊王死死盯著蘇從的眼睛，蘇從昂首正視，一點都不害怕。看著他視死如歸的樣子，楚莊王鼓掌大笑。莊王當即命人撤掉了鼓樂，屏退了歌女和宮娥，召集群臣商討政務；並殺了三年間不稱職的官員和行兇作亂之人，還提拔了數百名有賢德的人才，這其中就包括伍舉和蘇從。

楚莊王改過自新的消息傳到宮外，整個國家都歡欣鼓舞。從那以後，楚莊王就像變了個人一樣，生活簡樸，每天勤勤懇懇地忙於政務，表現出了傑出的政治才能。在他的治理下，楚國國力日益強盛，成為雄踞南方的霸主，贏得了周王朝和諸侯的尊重。

楚莊王即位17年後，出兵攻打鄭國，僅僅用了三個月時間就佔領了鄭國。他原本想吞併鄭國，但是鄭國國君赤裸著上身牽著一隻羊向楚莊王哀求，說自己願意服從楚國的領導，但是希望楚國不要吞併鄭國，楚莊王同意了他的請求。這時，晉國軍隊趕來救鄭國，晉楚兩國在黃河邊上展開大戰，最終晉軍潰敗，楚國稱霸中原。

楚莊王二十一年（前593年），宋國殺死了楚國派往齊國的使臣，楚莊王大怒，派兵把宋國的都城圍困了五個月，城裡糧草用光之後，宋國面臨著嚴重的危機。宋國的大臣冒著生命危險把城內的情況轉告莊王，當聽到城中的百姓用死人的骨頭做柴燒，交換孩子做食物的慘狀後，當即下令撤兵回國。莊王即位23年後去世，那時的楚國已經是一個威名遠播的超級大國了。

1 選自《史記．楚世家》。
2 一鳴驚人：比喻平時沒有突出的表現，突然做出驚人的成績。
3 懸崖勒馬：行走到陡峭的懸崖邊，將馬勒住，不繼續前進。比喻面臨危險及時醒悟回頭。

樊妃評虞邱子①

樊妃是楚莊王的一個妃子，虞邱子是楚莊王的令尹②，兩人都深得楚莊王的喜歡。但是樊妃對虞邱子卻頗有微詞，這是怎麼回事呢？

樊妃很受楚莊王的寵愛，身上卻完全沒有驕奢之氣。她的生活非常簡樸，還經常向莊王提出中肯的意見，提醒莊王勤政愛民，振興國家。

楚莊王剛剛即位的時候很喜歡去外面打獵遊玩，樊妃屢次勸阻，莊王依然我行我素。莊王打獵回來後，總是要把自己的戰利品做成鮮美的食物讓後宮的妃子們一起享用。樊妃見屢次進諫都不見成效，就再也不吃楚莊王帶回來的食物了。莊王見此情景，明白了樊妃的良苦用心，便不再沉迷於打獵，開始關注百姓生活。樊妃死後被葬在荊州，她的墓穴又被稱為「諫獵墓」。

當時的楚國令尹是虞邱子，他很愛護楚國百姓，辦事也很勤快，莊王十分器重他。樊妃知道楚莊王寵信虞邱子，還經常廢寢忘食③地跟虞邱子談論政事，心中又是高興又是憂慮。

一天下朝後，她特意走出去迎接楚莊王，看到楚莊王滿面春風的樣子，好奇地問道：「什麼事情讓您這麼開心啊？」楚莊王高興地說：「和賢能的忠臣說話，沒有比這更讓寡人開心的事情了！」樊妃明知故問：「不知道這位賢臣是哪一位呢？您對他的評價這麼高？」

「除了虞邱子還能有別人嗎？他可真是一個忠臣啊！哈哈！」楚莊王不假思索地回答。

樊妃聽完這句話，忍不住捂住嘴巴大笑起來，楚莊王非常不解地問道：「愛妃是在為寡人感到開心嗎？還是有其他的意思？」

樊妃非常認真地對楚莊王說：「如果您說虞邱子是一個聰明的人，我還能承認；但是您說他是一個忠臣，我就無法認同了。」

楚莊王緊鎖著眉頭，疑惑地問道：「愛妃何出此言哪？」

「我服侍君王，算起來也有十幾年了。這十幾年中，我曾經遍訪全國品貌俱佳的女子獻給君王，現在比我好的有兩個人，跟我一樣的也有七個人。我為什麼不千方百計地排擠她們，獨自一個人霸佔著您的寵愛，還主動找來這麼多人和我競爭呢？」樊妃一邊溫和地說出原因，一邊觀察著楚莊王更加疑惑的表情，頓了一下，她又說道：「這是因為我知道，您是一國之君，身邊需要更多的賢德女子來照顧您的生活，我不能只考慮自己而耽誤了選用賢德之人來輔助您和楚國。」

看到莊王心悅誠服地點了點頭，樊妃進一步說道：「現在虞邱子做楚國的令尹也已經十多年了，但是除了他自己的子弟以及家族的親戚之外再也沒聽說他推薦過其他有能力的人，也沒見他罷免哪個不賢德的人，難道賢能的忠臣是這個樣子的嗎？如果知道別人賢德而不舉薦，就是不忠；如果不知道別人賢德，就是沒有智慧。這樣解釋，大王覺得我剛才笑得有道理嗎？」聽了樊妃的一番話，楚莊王細細一想，確實有些道理。

第二天早朝，楚莊王把這一番話原原本本地轉述給虞邱子。虞邱子聽完這一番話後面紅耳赤，心裡萬分慚愧，站在那裡不知所措。下朝以後，他躲到家裡不敢出來，還派出了大批的人出去尋找人才，直到找到了孫叔敖並且親自推薦給楚莊王才甘休。

1 選自《史記．楚世家》。

2 令尹：相當於國家的丞相。

3 廢寢忘食：廢，停止。顧不得睡覺，忘記了吃飯。形容專心努力。

孫叔敖殺蛇①

孫叔敖是楚國的名相，他心地善良，做事認真，執法公平，政績斐然。正是有了他的幫助，楚國才能夠成為春秋時期的霸主。司馬遷很欣賞孫叔敖的清正廉明，把他列在循吏②列傳的第一位。

孫叔敖從小就是一個非常善良的孩子，一次他看到一條雙頭蛇，就用石頭把這條蛇砸死，然後埋了起來。回家之後，孫叔敖悶悶不樂，飯也不吃，一個人坐在那裡發呆。他的母親感到奇怪，就問他出了什麼事。他抬頭看了看母親，扯著母親的衣袖抽泣著說：「我今天看見了一條雙頭蛇，恐怕過不了多久我就要死了，我死了就再也見不到您了。」

楚國有這樣一個說法，看到雙頭蛇的人活不長。他的母親拍著他的頭說：「那蛇現在在哪呢？」孫叔敖說：「我怕別人再看見這條蛇，就把牠砸死埋了起來。」母親笑著安慰他：「孩子，你是一個善良的人，你做得對，我聽說一個人如果做了好事別人又不知道，上天會獎勵他的！你一定不會死的！」孫叔敖半信半疑地看著母親，點了點頭。後來孫叔敖埋蛇的那個山丘被稱為「蛇入山」（今湖北荊州境內）。

虞邱子把孫叔敖舉薦給楚莊王之後，把自己的國相之位也讓給了他。得到這個消息後，很多人都來祝賀，一個穿著白衣、戴著白帽像來送葬一樣的老人排在隊伍的最後面，孫叔敖看到老人後連忙整理了衣冠把他請了進來，向他鞠躬，並說：「老人家，我沒有什麼才能卻被任命為楚國的國相，其他人都來道賀，只有您是如此打扮，是不是有什麼話要告訴我呢？」

老人道：「沒錯，我是有幾句話要說。當了大官，變得驕傲自滿，百姓就會離開他；職位高，又大權獨攬，國君就會厭惡他；俸祿優厚，卻不滿足，禍患就可能降臨到他身上。如果你犯了這三條禁忌，那麼離給自己送葬的日子也不遠了，所以我今天才會打扮成這樣來見你。」孫叔敖向老人拜了兩拜，說：「我誠懇地接受您的指教。地位越高，我會越謙虛；官職越大越謹慎；除了俸祿不會再索取任何分外的財物。我一定會牢記這三點，請您放心。」

孫叔敖上任後，重視民生，制定和實施各項政策法令的時候會充分考慮各個階層的需要，儘量使農民、商人都能得到好處。在他的管理下，楚國呈現出一片富庶繁榮的景象。

一次，楚莊王覺得楚國的錢幣分量太輕了，沒多做思考就把小錢幣換成了大錢幣。因為大幣很重，攜帶不方便，所以市場上進行買賣的人越來越少，市場也變得日益蕭條③。因為是楚莊王的命令，沒有人敢有半句怨言。

最後百姓不願再在這裡居住，紛紛搬走了。這下管理市場的小吏急了，趕忙把情況告訴了孫叔敖。孫叔敖焦急地問：「這種情況出現多久了？」

「三個月了！」

「我得馬上讓它恢復原樣！」於是第二天朝會上，孫叔敖說：「大王，前段時間我們把原來的錢幣換成了現在的樣子，因為這個原因，百姓不能安居樂業，社會也很不穩定，我希望您能下令恢復使用原來的錢幣。」楚莊王十分信任孫叔敖，馬上點頭答應了。恢復錢幣的命令下達才三天，集市就恢復了原來的繁華。

孫叔敖擔任國相，曾經三上三下，升遷和恢復職位時，他從不沾沾自喜；失去權勢時也不悔恨嘆息。作為一人之下萬人之上的國相，他多次拒絕楚莊王的獎賞，不僅自己乘坐的車十分簡陋，妻子兒女也沒有好衣服穿，甚至他死的時候都沒有棺木安葬，他用實際行動信守了自己對白衣老人的承諾。

1　選自《史記．循吏列傳》。
2　循吏：指那些重農宣教、清正廉潔、政績卓越的官員。
3　蕭條：指政治、經濟等不景氣。

優孟哭馬①

楚國的興起孫叔敖功不可沒，但是他死後竟沒有棺木安葬，他的兒子也貧困潦倒，不得不靠打柴為生。楚莊王就是這樣對待一代賢臣的嗎？一個叫做優孟的人看不下去了……

優孟的名字是孟，是楚國的宮廷藝人，古代把藝人叫做「優伶」，所以他也被世人稱作優孟。他善於模仿，可以說是楚國著名的表演藝術家。

孫叔敖和優孟的交情很好，孫叔敖死後，家裡十分貧困。有一次，他的兒子在街上賣柴的時候碰到了優孟，優孟看到名相之子淪落到這個地步，心裡很不好受，他就說：「你千萬不要搬到遠處，我來想辦法幫你。」

優孟回家之後，馬上縫製了孫叔敖的衣服和帽子，開始模仿孫叔敖的行為舉止。這樣練習了一年多，他模仿得維妙維肖②。

在一次宴會上，優孟穿著孫叔敖的衣服去給楚莊王敬酒，莊王沒有認出來這是優孟，還以為是孫叔敖復活了，就邀請他做相國。優孟學著孫叔敖的樣子說：「我要回去與妻子商量，三天以後再來給您答覆。」楚莊王同意了。

三天以後，優孟來了，莊王連忙問他：「你妻子怎麼說？」

「她說千萬不要做楚國的相國。像孫叔敖那樣做楚國的相國，忠正廉潔治理楚國，楚王才得以稱霸。如今死了，他的兒子連個立足之地都沒有，還要靠賣柴維持生活。如果一定要像孫叔敖那樣，倒不如自殺。」他又說：「住在山野耕田受苦，難以得到溫飽；出外做官，本身貪贓卑鄙的，自己死後家室雖然富足，但又害怕貪贓之事暴露，家室也遭誅滅。貪官哪能做呢！想做個清官，奉公守法，盡忠職守，到死不敢做壞事。楚相孫叔敖堅持操守到死，現在妻子兒子窮困到靠賣柴餬口，清官也不值得做啊！」

楚莊王這才知道這是優孟扮成孫叔敖故意來諷刺他的。聽到孫叔敖的兒子生活悲慘，莊王也很傷心，向優孟表示歉意之後，給了孫叔敖的兒子一塊封地用來供奉孫叔敖。

楚莊王是一個特別愛馬的人，他特別喜歡的那幾匹馬，過著人們無法想像的奢侈生活。牠們住在豪華的宮殿裡，身上披著美麗的綢緞，睡覺的床也十分考究。食物是美味的棗肉，伺候馬匹的人數是馬的三倍。這些馬長期不運動，其中有一匹因過於肥胖死掉了。楚莊王十分傷心，為了紀念自己的愛馬，他要為這匹馬舉辦一個隆重的葬禮。有多麼隆重呢？

首先，全體大臣都要向這匹死馬致敬；然後要用安葬大夫的標準來安葬馬。

大臣們接受不了一匹馬的葬禮用這麼高的規格，紛紛進諫，最後莊王生氣了，說：「誰要是再敢來阻止我葬馬，我就把他殺了。」

優孟聽到這件事，不顧一切地跑進宮裡，見到楚莊王就痛哭起來。

「你為什麼哭得這麼傷心啊？」莊王奇怪地問。

「大王心愛的馬死了，我怎麼能不傷心呢？那可是大王最喜歡的馬呀，怎麼能只用大夫的葬禮來辦理馬的喪事呢？這太對不起這匹馬了。」

「還是你明事理，那你說應該怎麼辦呢？」

「依我看，應該用美玉做馬的棺材，再調動大批軍隊，發動全城百姓，為馬建造華麗的墳墓。發喪那天，要讓齊國、趙國的使節在前面開路；讓韓國、魏國的使節護送靈柩。然後，還要追封死去的馬為萬戶侯，為牠建造祠廟，讓馬的靈魂長年地接受封地百姓的供奉。這樣，天下的人才會知道大王愛這匹馬勝過一切。」

楚莊王說：「這樣未免太過隆重了吧？」

優孟沒有說話，過了一會兒，楚莊王明白過來了，非常慚愧地說：「原來我這麼重馬輕人啊！我的過錯真是太大了！你說我該怎麼辦才好呢？」見楚莊王醒悟過來，優孟俏皮地說：「這再簡單不過了，架起爐灶，用鍋做棺材，放進花椒、生薑和桂皮，把火燒得旺旺的，讓馬肉煮得香香的，然後全部填進大家的肚子就行了。」

楚莊王聽完這番話，哈哈大笑起來。從那以後，他改變了愛馬的方式，把那些養在廳堂裡的馬全都送到了前線，讓將士們使用，那些馬也因此變得勇猛矯健起來。

1 選自《史記．滑稽列傳》。

2 維妙維肖：描寫或模仿得非常逼真。

眾叛親離的楚靈王①

楚靈王是楚莊王的孫子，他陰謀奪取了自己侄子的王位。即位的時候，楚國和晉國還是平分天下，無限風光，但是楚靈王死的時候卻是眾叛親離，十分淒涼。

楚康王去世後，他的兒子郟（郟ㄐㄧㄚˊ）敖即位。除了這個兒子，康王還非常寵愛他的幾個弟弟，他們分別是公子圍、公子比、公子皙和公子棄疾。郟敖任命自己的叔叔圍管理楚國的軍事，但是公子圍居心不良，一直想要奪取侄子的王位。聽說侄子生病，正在去鄭國路上的郟敖趕緊回到了國都，進宮探望侄子的病情。一進宮，他就用帽子上的帶子勒死了侄子。為了斬草除根，他還殺掉了郟敖的兩個兒子。公子比見到哥哥如此狠毒，生怕自己慘遭毒手，趕緊逃到了晉國。公子圍做了國君，是為楚靈王。

楚靈王即位後總是想方設法地加重百姓的賦稅和兵役。一年冬天，他到邊關檢閱軍隊，天氣本來就十分寒冷，晚上又飄起了鵝毛大雪。站崗的士兵們穿的盔甲凍得冰涼，露在外邊的手還要握著兵器，而這位穿著毛皮大衣的君主則伸出手接住一片雪花，慢慢地說道：「這場大雪下得真好啊！多美啊！」一聽到這句話，士兵們的心變得比天氣還冷。

楚靈王覺得自己的國家強大無比，總是去侵略其他國家。有一次他率兵攻打吳國，捉住了在齊國作亂後躲到吳國的慶豐。楚靈王抓住慶豐後，遊街示眾，一邊走一邊教育自己的子民說：「大家都不要學慶豐，他殺死了自己的國君，欺壓老百姓，還強行讓大夫們都支持他。」

慶豐毫不示弱地回擊道：「大家也不要學楚共王的兒子圍，他殺死了自己的國君，那國君是自己親哥哥的兒子，還要強行讓諸侯們支持他。」街上的民眾聽了都掩嘴偷笑。楚靈王聽了又羞又氣，就殺了慶豐。

自視甚高的楚靈王總是想凌駕於其他國家之上，與晏子鬥智的就是他。他還舉行了多次諸侯會盟，在諸侯會盟的時候，他不顧手下的勸諫，羞辱了越國的大臣常壽過，還殺死了蔡國的大夫觀起，這兩件事為楚國的衰敗埋下了禍根。

觀起的兒子觀從悄悄聯繫了常壽過，兩個人一起勸說吳、越兩國攻打楚國；他們還把公子比接回了楚國。

這時候楚靈王正在郊外享樂，觀從率兵衝進了楚國國都，殺死了太子。然後他來到楚靈王遊玩的地方，說：「現在楚國已經有了新的國君，如果你們先返回國都，則可以恢復自己的職位，晚回去的全部流放。」聽到這句話，本來就不願意效忠楚靈王的人紛紛離開他回到國都。

楚靈王聽到太子被殺的消息，傷心得跌落車下，他哭著問身邊僅剩的兩名隨從：「別人也像我這樣愛自己的兒子嗎？我對兒子那麼好，怎麼會遭到這種報應啊？」隨從回答他：「您殺了太多別人的兒子才會有現在的結局啊！」楚靈王無言以對，後來這兩個人也離開了楚靈王。

楚靈王一個人在山裡遊蕩，快要餓死的時候遇到了大夫申無宇的兒子申亥。申無宇曾經正直地向他提過意見，他並沒有處置申無宇，所以申無宇臨死時叮囑兒子一定要報答靈王的恩情。申亥把靈王帶到家中，供他吃喝，但是沒多久，楚靈王就死了。

楚靈王死後，只有公子棄疾得到了消息，於是他嚇唬兩個兄弟說楚靈王回來了。那兩位公子被嚇得自殺，於是棄疾自己登上了王位，這就是楚平王。

1 選自《史記．楚世家》。

費無忌亂楚①

雖然楚平王代替窮兵黷武②、驕傲自大的楚靈王做了國君，但是他本人並不是一位明君，正是他埋下了吳國攻打楚國的禍根，而這一切都與一個叫做費無忌的奸臣有關。

楚平王時期，費無忌是太子建的少傅。少傅是個什麼官呢？少傅的職責是輔助、教導太子，也就是太子的老師，少傅在官員中是一個級別很高的官。少傅上面還有一個叫做太傅的官，是少傅的頂頭上司。

費無忌是一個善於阿諛奉承的人，太子建和太傅伍奢都看不慣他的行為，很討厭他。太子建一點都不信任他，有問題都是跳過他直接去請教伍奢，所以費無忌非常怨恨太子建和伍奢。

但是楚平王是一個很愛面子的人，只要有人誇他功績無雙，是千古明君，他就能高興上半天，所以善於溜鬚逢迎的人都很受寵倖，這樣費無忌就成了楚平王的心腹。費無忌因為記恨太子，所以常常在楚平王面前誹謗他，再加上太子的母親也不受平王寵愛，所以楚平王漸漸疏遠了太子建。

楚平王在位的時候已經是春秋晚期了，那時候大國爭霸的格局已經形成。秦楚多次交戰，楚國都落於下風；但是秦國也沒有佔到多少便宜，於是這兩個國家就想了個辦法來緩和兩國的矛盾，這就是聯姻。楚平王派出了自己最信任的費無忌到秦國去為太子建迎娶秦國公主為妻。

這個秦國女子長得非常漂亮，費無忌為了討好楚平王就出了個餿主意：「大王，這個秦國女子擁有傾國傾城之貌，您不如娶她為夫人，給太子建再另外娶一個。」平王貪圖秦女的美貌，就把這個女子留了下來，另給太子找了個夫人。

過了沒多久，費無忌又對楚平王進讒言說：「對於您扣押了秦國女子的事情，太子建一直都不太滿意啊，讓他繼續留在國都，恐怕對您不利啊！」楚平王本來就理虧，聽了這話，他馬上讓太子去守衛邊疆。

做了這些還不夠，費無忌心想：「太子早晚是要繼承大位的，到那時候還能有我的好日子過嗎？」於是決定害死太子，還有那個不知好歹的太傅伍奢。

一天他又對楚平王說：「大王，我把本該嫁給太子的女子推薦給您做了夫人，太子一定很怨恨我，也一定很怨恨您。現在太子在邊疆，手握兵權，又和各國結交，很有可能會發動叛亂，您要小心啊！」平王聽信了他的話，怨恨伍奢沒有教導好太子，就把伍奢叫過來痛罵了一頓。伍奢明白是費無忌在陷害太子，就勸告平王說：「您不能因為一個小人的話就懷疑自己的親兒子啊！」為了除掉這顆眼中釘，費無忌對平王說：「現在如果不除掉伍奢，將來後悔就晚了。」

於是平王把伍奢關進了牢房，還派人把太子建召回來想要殺死。太子得到消息便逃到了宋國，後來平王殺死了伍奢和他的大兒子，但是他的小兒子伍子胥（胥 ㄒㄩ）逃走了。

楚平王去世後，大家擁立他的兒子熊珍為君主，他是平王與那個秦國女子的孩子，是為楚昭王。昭王一即位，就下令殺死了費無忌，聽到這個消息楚國的百姓都非常高興。

1 選自《史記·楚世家》。

2 窮兵黷武：窮，竭盡；黷，隨便，任意。隨意使用武力，不斷發動侵略戰爭。形容極其好戰。

生不逢時的楚昭王①

楚昭王是一個頗有作為的君主，經過他的治理，楚國漸漸從楚靈王和楚平王所造成的衰落中復甦。這時的楚國雖然不再是春秋霸主，但依然是一個國力強盛的大國，這為楚國成為戰國七雄之一奠定了基礎。

昭王成為國君之後，為楚國的發展操碎了心，無奈生不逢時②。伍子胥逃到吳國之後，說服了吳國攻打楚國，楚軍大敗，伍子胥把楚平王的屍體挖出來狠狠鞭打，終於為父親和哥哥報了仇。

吳國佔領了楚國國都，楚昭王只好逃到了雲夢（今湖北雲夢縣）。雲夢的百姓不知道他是國君，還用弓箭射傷了他。後來昭王逃到了鄖（鄖ㄩㄣˊ）國，鄖公的弟弟說：「楚平王殺死了我們的父親，今天他的兒子來到這裡，是給我們機會報仇啊！」鄖公沒有同意，擔心弟弟私自殺害楚昭王，便派人護送他到隨國。吳國大軍知道他在隨國，馬上出兵，要求隨國交出楚昭王。隨國國小勢微，準備交出昭王。這時候昭王的一個手下知道了這個消息，就把昭王藏了起來，自己打扮成昭王的樣子，對隨國人說：「如果你們一定要交一個人，那就把我交出去吧。」隨國國君猶豫了，最終沒有把他交出去。

楚昭王逃離國都的時候派了一個叫申包胥的人去秦國請求救援，但秦國國君不願意攪進這件麻煩事裡，所以不想出兵。結果這個人就不吃不喝，在秦國的朝廷上哭訴了七天七夜，最終秦國國君被他的誠意打動，出兵援救楚國。秦國和楚國的聯軍戰勝了吳國，而吳國國內也剛好發生了內亂，所以吳王闔閭撤出了楚國國都，昭王得以返回楚國國都。

過了很久，吳國又一次進攻楚國。楚昭王親自帶兵出征，不料得了重病。天空也出現了奇怪的現象，紅色的雲霞像鳥一樣圍著太陽飛翔。太史令對他說：「天象顯示您要有大的災禍，不過可以轉嫁到大臣的身上去。」聽到這話，大臣們紛紛表示願意代替大王承擔災禍。但是楚昭王擺擺手說：「大臣們相當於我的手腳，我把災難轉移到自己的手腳上難道能治病嗎？」

昭王病情越來越嚴重，他把幾個弟弟叫到自己面前說：「我沒有什麼才幹，使得楚國接連受到其他國家的侮辱。現在我竟然能夠平靜地死去，已經非常幸運了。」說完，他要把自己的王位讓給大弟弟，大弟弟沒有答應；又要讓給二弟，二弟也沒有同意；最後又推讓給三弟，三弟連續推辭了五次才勉為其難地答應了。不久楚昭王就在軍隊中去世了。

三弟對其他幾個兄弟說：「昭王病情如此嚴重還在考慮我們幾個，絲毫沒有考慮自己的兒子，我當時答應他只是為了安慰他，現在他去世了，我絕不能繼承王位！」最後他們選擇了昭王的兒子作為新一任國君。

1 選自《史記．楚世家》。

2 生不逢時：生下來沒有遇到好時候。舊時指命運不好。

石奢自縛求罪①

如果你是一個主管刑罰的官員，當你看到犯罪的是自己的親戚，而周圍又沒有任何人證明他的罪過，你會做出什麼選擇？石奢就遇到了這樣的事情。

石奢是楚昭王時候的大臣，官至相位。他是一個清正廉潔的好官，在執法過程中，對於有權有勢的人物，從來也不會阿諛迴避，總是按照法律來判決。

可是這一次，他真的犯愁了。

一個天氣陰沉的下午，石奢到郊外去辦理公務。前方忽然閃出了兩個人影，他們正扭打在一起。猛然間，其中一個腳步踉蹌，軟軟地癱了下去；另一個一愣，丟下了手中的刀，倉皇向前跑去。石奢一個箭步衝上去查看傷者的傷情，用手探了一下鼻息，發現已經氣息全無了。殺人償命，看到罪犯逃竄，石奢馬上追了過去。那個殺人犯是個老人，看到後邊有人追了上來，起初還跑得飛快，但是漸漸地便上氣不接下氣，最後腳步越來越重，最終跑不動了，只好停下來站在那裡喘粗氣。

石奢從後面扭住了那個人的肩膀，那人轉過頭來一看，兩個人都驚呆了！殺人的竟然是石奢的父親！他父親見到是石奢，滿臉驚恐：「孩子啊，我是一時生氣殺了人，不是故意的！現在我非常害怕也十分後悔，看在我把你從小養到大的情分上，你就饒了我吧！」父親環顧了一下四周，靜悄悄的，因為要下雨了，路上空無一人，他又對石奢說：「現在神不知鬼不覺，你就把我放掉算了！」

石奢的第一反應就是：「殺人犯法，即使是誤殺，也要判刑，這是國家的法律啊！」可是看到父親驚慌的神色，他想：「要是把父親押進大牢，雖然可以說是大義滅親②，但始終是一個不孝的兒子啊！」

石奢站在那裡，左思右想，十分煩惱。最後，他長嘆了一聲，流下了兩行眼淚，對父親說：「你快逃走吧！」父親聽了這話，慌慌張張地朝著樹林深處逃去。看著父親的身影消失了，石奢拖著沉重的步子回到了城裡。這一夜，他輾轉反側，始終沒有睡著。

第二天一大早，他就讓手下人把自己捆得嚴嚴實實地來到楚昭王面前。一見楚昭王，他就「撲通」一聲跪在了地上。楚昭王大惑不解，上前就要扶起他：「你這是怎麼了？」

石奢跪在地上不肯起來，語氣沉重地說：「昨天下午，我父親與人鬥毆殺了人。我面臨著兩種選擇：抓住父親依法判刑，但這樣是不孝啊！還可以放了父親，這樣雖然是立下了孝順的美名，卻是對國君的不忠啊！對國君不忠，理應處死，請您判我不忠死罪！」

楚昭王聽完石奢的敘述，非常意外，沒想這個以剛正不阿聞名的人，竟然也犯下了這樣的過錯；但是要處死石奢，他也確實於心不忍。於是楚昭王扶起了石奢，暗示道：「你父親殺人，你沒有追上，怎麼能治你的罪呢？」在場的人都聽出了這是昭王有意為他開脫。但是耿直的石奢說：「不是我沒追上父親，而是我親手放掉了父親。現在大王您赦免我的罪，是您的恩惠；但是作為臣子，我失職理應得到懲罰。」楚昭王見拗不過這個「強脾氣」，就說：「你先回去，這件事情過幾天再處理。」

石奢回家後不久就在家拔劍自殺了。

1　選自《史記．循吏列傳》。

2　大義滅親：大義，正義，正道；親，親屬。為了維護正義，對犯罪的親屬不徇私情，使之受到應得的懲罰。

崛於東南隅——吳國

季札讓國①

季札是吳國的公子，是一位有德行的人，與孔子並稱「南季北孔」。他的父親和哥哥們想盡一切辦法讓他繼承王位，他都拒絕了。

吳國的建立者吳太伯和弟弟仲雍是周文王姬昌的伯父，當年文王的父親季歷很有才幹，周太王②就想把首領之位傳給他，但他不是長子，所以周太王一直很苦惱。瞭解到父親的心思之後，太伯和仲雍就逃到了落後的東南地區，剪掉了頭髮，身上刺滿了花紋，以此來表示不會與弟弟爭奪繼承權。雖然太伯居住在東南的蠻荒之地，但是他聰明能幹，當地的人都很敬重他，還主動歸附於他，尊稱他為吳太伯。太伯去世後，他的弟弟仲雍繼承了他的位置。

又過了好多年，壽夢繼位，那時吳國已經變得強大起來，所以他就自稱吳王。他有四個兒子，最小的兒子季札聰明伶俐，深得父親和幾個哥哥的疼愛。長大之後，季札成了一個博學多才、豁達賢能的人，父親就想把王位傳給季札，季札恭謹地對父親說：「我不是長子，這樣做不合適，還是讓大哥繼承王位吧！」父親又勸說了幾次也沒能改變季札的心意，無奈之下只好立大兒子為太子。

壽夢去世後，季札的大哥堅持要把王位讓給季札，季札仍然推辭。吳國的百姓也都知道季札的人品和學問，也一致擁立他做吳王。季札被逼得沒辦法，只好偷偷地離開了王宮，到鄉下種田去了。吳國人看到季札如此堅決，便不再勉強他。

季札的大哥一直沒有忘記父親的遺願，而且他知道只有季札才能讓吳國更加強大。於是他就交代自己的兩個弟弟，吳國的王位兄死弟繼，直到把王位傳給季札為止。他還稱讚季札讓國的情操，總是囑咐弟弟們要向季札學習。

季札見哥哥不再逼迫自己登上王位，就返回國都擔任國家的使臣。一次，季札出使晉國，途中路過徐國。徐國國君拿著季札的寶劍端詳良久，讚不絕口，嘴上雖然沒有說什麼，但是臉上透露出想要寶劍的意思。季札因為還有出使任務，不能把佩劍送給徐國國君，但是在心裡已經答應他了。季札在晉國，心裡總是記掛這件事，想要回去把寶劍送給徐國國君。但是等他完成任務再次來到徐國時才知道，徐國國君已經死了。於是季札解下寶劍送給徐國的新君主，新國君拒絕了：「我父親沒有留下這樣的遺命，我不敢接受您的寶劍！」季札只好來到徐國國君的陵墓，把寶劍掛在陵墓旁邊的樹上然後離開了。

季札還是一個非常有先見之明的人，他出使齊國的時候，勸導晏子要及時交出權力和封地，以免在日後的政治鬥爭中受到迫害；到鄭國遇到了子產，兩個人一見如故，季札說以後鄭國的政權一定會落在子產的手上，請他到時候一定要嚴謹治國。

季札不管出使哪個國家，都給人留下了非常美好的印象。後來，季札的三哥臨終前再次要求他繼承王位，他再三推辭後離開了。吳國人只好選了季札三哥的兒子為王，這就是吳王僚。

季札晚年的時候在延陵（今江蘇丹陽縣）居住，最後死在那裡。他死後，當地的人為他建了一座嘉賢坊來紀念這位歷史上傑出的人物。

1 選自《史記．吳太伯世家》。

2 周太王：周朝之先祖，周文王的祖父。因廣施仁政，令不少部落歸附。周滅商朝後，被追尊為「太王」。

魚腸劍奪權①

新繼位的吳王僚是季札三哥的兒子，這時候，季札大哥的兒子公子光十分不滿，他覺得按規矩他才是應該繼承王位的人，於是他就策劃了一次暗殺行動。

楚平王害死了伍奢和他的大兒子，他的小兒子伍子胥逃到了吳國。懷著對楚平王的憤恨，伍子胥一直鼓動吳王僚出兵攻打楚國。公子光私下裡對吳王說：「伍子胥是懷著家仇來到這裡的，他只是想利用你來為自己報仇，對付楚國對我們一點好處也沒有啊！」實際的情況是公子光知道伍子胥是一個性格剛烈、文武雙全的人才，想把他拉到自己身邊做事。伍子胥也看出了公子光的心思，決定先幫助公子光取得王位。

公子光對他抱怨說：「父親他們兄弟四個人中，王位本來要傳給季子②，可是他不肯接受，而我的父親是最先稱王的，如果季子堅決不接受，那麼最應該繼承王位的是我呀！」瞭解了公子光的心思，伍子胥假裝退隱山林，實際上是暗中召集賢能人士等待時機對吳王僚下手。

後來楚國邊境的婦女和吳國邊境的婦女因為採桑葉發生了爭執，彼此之間逐漸產生了怨恨，最後發展為兩個國家的戰爭。楚國攻佔了吳國邊境的一些城市，吳王憤怒地加派軍隊反攻，佔領了楚國的兩個城市，才心滿意足地收兵。

楚平王去世的時候，吳國趁著楚國國內辦喪事的機會，又派了兩個公子帶兵攻打楚國。吳王僚還派了季札出使晉國，去探聽各個大國對這次戰爭的反應。不料這次吳軍沒有勝利，反而被楚軍截斷了後路，退不回來。

公子光覺得這是一個奪權的大好機會，因為兵將都在楚國，短時間內趕不回來，國內也沒有忠於吳王的大臣，只有吳王僚年邁的母親和年幼的孩子。於是公子光找來了伍子胥推薦的刺客專諸，對他說：「我們不能再等下去了！機不可失，時不再來。我才是真正的王位繼承人，我要奪回屬於我的王位！」

這一天，公子光在地下室埋伏好士兵，然後擺下酒席，宴請吳王僚。吳王僚對公子光存有戒心，便穿了三重鎧甲，還把從王宮到公子光家的道路兩側都佈置了負責防衛的人，甚至在公子光家的大門、臺階和屋門前都站滿了吳王僚的士兵。吳王僚和公子光各自就座之後，兩個人推杯換盞，喝得好不痛快！

看到吳王僚已經微醉，公子光示意專諸把吳王僚最愛吃的烤魚端上來。專諸假意上菜，走到吳王僚的面前，忽然從魚肚子中拔出匕首向他刺過去。吳王僚的侍衛大驚失色，馬上拿起短刀刺向專諸，但是已經太遲了，吳王僚被刺中倒地，當場斃命。專諸受傷之後搖搖晃晃地走了幾步也倒地而死；隨後公子光事先安排好的士兵衝出來制伏了吳王僚的手下。

季札出使歸來後，知道國內變故，長嘆一聲：「只要能祭祀祖先和社稷之神、撫慰百姓，就是我的國君，這一切都是上天的安排！我只能哀悼死者，輔佐生者。」說完，季札來到了吳王僚的墓前，向他彙報了自己的出使情況，然後回到朝廷，站到自己原來的位置上，恭敬地聽命於新君，而公子光就是大名鼎鼎的春秋五霸之一吳王闔閭。

1 選自《史記．吳太伯世家》。

2 季子：對季札的尊稱。

四大刺客之專諸①

《史記》中不僅記載了帝王貴族的故事，還記錄很多視死如歸的刺客，其中有四名刺客的事蹟突出，合稱為「四大刺客」②。他們以自己的氣魄和壯舉，同樣在歷史上留下了輝煌的一筆。

專諸是吳國棠邑（今江蘇南京六合區）人。他原本是個屠夫，眼窩深陷，嘴很大，長得虎背熊腰，很有力氣。仗著自己力大無窮，他整天打架滋事，惹是生非，但是這樣一個身材魁梧、天不怕地不怕的壯漢，卻非常害怕自己的妻子。

據說有一次他和別人打架打得不可開交，眾人怎麼勸都勸不住，他的妻子出來只輕輕喚了一聲他的名字，他就馬上放了手，像個犯了錯誤的孩子一樣乖乖地跟著妻子回家了。久而久之，大家都取笑他是一個怕老婆的人。

伍子胥經過吳國的時候，聽說了專諸的故事，覺得他是一個有本事的人，就到棠邑來拜訪他。看到他的時候，他正跟在妻子身後往家裡走。

伍子胥說明來意，專諸請他進屋，邊喝酒邊聊天。兩個人越聊越開心，都微微有些醉了，這時候伍子胥拍著他的肩膀說：「像您這樣的大英雄，有萬夫莫當之勇，怎麼看見妻子就像老鼠見了貓呢？」

「你錯了，我並不是害怕我的妻子，我只是不想讓母親擔憂。你沒看見嗎？每次妻子去找我，手裡總是拿著母親的拐杖，我是不想讓母親著急生氣。」

「原來如此！眾人都以為您是被一個女人給管住了呢！」

「大丈夫能屈能伸，能屈服在一個女人手下，也一定能伸展於萬夫之上。」

伍子胥拜見吳王僚的時候，勸說他出兵攻打楚國，並且充分地說明了伐楚的利弊，公子光則極力地阻止了這項計畫。後來伍子胥得知公子光有殺吳王僚的打算，並且偷偷地在養謀臣和勇士伺機奪取王位，於是便把專諸推薦給了公子光。公子光和專諸相見恨晚，相談甚歡。

從那以後，公子光相當厚待專諸，並且非常敬重他的母親，時不時地派人去送錢送糧，有了好吃的飯菜也不忘給專諸的母親送上一份。

專諸對於公子光的厚待和知遇之恩非常感動，決心以死相報，唯一放心不下的就是自己的母親，他怕一旦自己死了，母親就沒有人照顧了。母親看到專諸天天坐立不安，滿腹心事的樣子，便猜中了七八分。她對專諸說：「大丈夫立於天地之間，理應做能夠名垂青史的事情，千萬不要因為家庭小事而遺憾終生。」專諸抬頭看了看母親，似乎下定了決心，但是很快又垂下頭去，母親這才知道兒子是不放心自己，於是她對專諸說：「兒啊，娘口渴了，你去幫娘取些清水來喝吧！」專諸聽罷去取清水，回來後發現母親已經在後堂上吊自盡了。專諸的母親以死斷絕了兒子的猶豫之心，免除了他的後顧之憂。

辦理完母親的後事，專諸就開始與公子光商議殺吳王僚的大事。專諸說：「我聽說吳王僚特別喜歡吃烤魚，我們可以利用這一點。」

「有道理，我們可以把劍藏在魚腹中，伺機行刺。」

「那我去學習烤魚的技術，等練好烤魚的手藝，您就請吳王僚前來赴宴，我們見機行事。」

為了練好烤魚的手藝，專諸特地到太湖邊學習技術，最終練得一手好手藝。一切準備就緒，公子光就邀請吳王僚前來赴宴，吳王僚也害怕會遭遇不測，因此穿上了三重鎧甲。專諸上前把魚奉上，趁剝開魚的時候，用魚腸劍刺殺了吳王僚，吳王僚當場斃命，而他的侍衛也殺死了專諸。

專諸死後，公子光自立為國君，厚葬了專諸，封專諸的兒子為上卿；而魚腸劍也作為一件神器被永久封存，不再使用。

1　選自《史記．刺客列傳》。

2　四大刺客：《史記．刺客列傳》中的四位著名刺客，包括專諸、豫讓、荊軻和聶政，他們的信條都是「士為知己者死」，也就是說為了報答對自己有知遇之恩的人可以奉獻自己的生命。

復仇人生①

公子光能夠成功殺掉吳王僚，最終成為春秋五霸之一，離不開伍子胥的幫助。伍子胥原來是楚國人，但是為了替自己的父親報仇，他帶領吳國軍隊攻進了故國的都城。

伍子胥的父親伍奢和哥哥伍尚被楚平王殺死，他背負著仇恨想要逃離楚國。但是楚平王和費無忌並不想就這樣放過他，就派了很多人來抓他。伍子胥想到要是逃跑，就要帶著妻子，但是這樣就會耽誤很多時間，很有可能誰都逃不走；但是如果不帶妻子，她定會慘遭毒手。怎麼辦呢？伍子胥的妻子看出了他的煩惱，便對他說：「大丈夫為父兄報仇事大，你快逃走吧，不要擔心我。」妻子說完竟進屋自縊而死。伍子胥大哭一場，草草掩埋了妻子，就收拾好行李離去了。

伍子胥聽說太子建逃到了宋國，他就到宋國找太子建。不巧宋國發生內亂，伍子胥就帶著太子建逃到鄭國，想請鄭國幫他們報仇，可是鄭國國君沒有同意。太子建報仇心切，竟然想奪鄭國國君的王位，結果事情敗露被鄭君殺掉了。

伍子胥逃出鄭國後想逃到吳國去。他白天躲藏，晚上趕路，來到吳楚交界的昭關（今安徽含山縣）時遇到了困難。原來楚平王早就令人畫了伍子胥的像，張貼在楚國各地，懸賞捉拿他。他在昭關躲藏了六天也沒有想出好辦法過關。情急之下頭髮和鬍鬚一夜之間全都變白了！伍子胥看到自己的樣子，痛哭流涕：「我一事無成卻已經兩鬢斑白了！難道這就是我的命運嗎？」但是也正因為他有了這一頭白髮，過關的時候衛兵沒有懷疑他就讓他出關了。

伍子胥出了昭關之後，繼續往前跑，卻被一條大江攔住了去路。伍子胥正在著急的時候，江上一位划船的老人看到了他，把他送過了江。過了大江，伍子胥往前趕了一段路，又跑了回來，拿下自己的佩劍交給老人：「這把寶劍值百兩黃金，現在送給你，請你無論如何對我的行蹤保密。」

老人接過寶劍，仰天長嘆：「楚王為了追捕你，出了五萬石糧食，還有爵位，我不貪圖賞金、爵位，難道會因為百兩黃金出賣你嗎？」說完竟然以拔劍自刎來消除伍子胥的懷疑。伍子胥見到這位老人如此剛烈，後悔不已。

他在路上饑困交加的時候，看到一位浣（浣ㄨㄢˇ）紗姑娘的竹筐裡有飯，也顧不得避嫌，上前去求姑娘給些飯吃。姑娘慷慨相贈，伍子胥飽餐一頓後，要求姑娘對他的行蹤保密。這時候，姑娘猛然想起「男女授受不親」這句話，抱起一塊大石頭就跳進了河裡。伍子胥咬破手指在河邊的石頭上寫上了這樣一行字：「爾浣紗，我行乞；我腹飽，爾身溺。十年之後，千金報德！」意思就是：「你在洗衣服，我來行乞，我吃飽了，你卻跳了河。十年之後，我要用一千兩黃金來報答你的大恩大德。」

後來，伍子胥幫助吳王闔閭奪權有功，在吳國當了國相，吳王調遣大量的精銳部隊在伍子胥的帶領下攻入了楚國的國都。戰爭勝利後，伍子胥挖開了楚平王的墳墓，狠狠地鞭打他的屍體，他的眼睛裡含著淚水，默默念道：「父親、哥哥，你們看到了嗎？我今天終於為你們報了大仇！你們可以瞑目了！」

大仇已報，伍子胥鬆了一口氣，過了一段時間，他想到要報恩，但是因為不知道姑娘家的地址，他就把準備好的一千兩黃金投入了當年那位姑娘跳水自盡的地方。這也是現在我們把女孩子稱作「千金」的由來。

1 選自《史記．伍子胥列傳》。

夫差亡國①

夫差剛開始登上王位的時候，勵精圖治，延續了父親吳王闔閭所創造的鼎盛局面，但是後期的他逐漸變得放縱，生活奢華無度，最終被越國所滅。

吳王闔閭論功行賞的時候，任命伍子胥為國相，伯嚭（ㄆㄧˇ）為太宰。伯嚭與伍子胥同病相憐，父親也是楚國有名的賢臣，同樣因為費無忌的陷害全家被殺，只有他一個人逃了出來。伍子胥很同情他，就把他推薦給了吳王，不過伯嚭的人品比伍子胥差遠了，所以兩個人的私交並不深。

楚國受到吳國的打擊之後，很長時間都沒有恢復過來，對吳國暫時也沒有重大威脅，所以伍子胥就建議吳王闔閭轉而攻打越國。

剛巧越王允常病死，他的兒子勾踐即位，闔閭想趁越國國喪期間發兵攻打越國。越王勾踐是一個勇敢有作為的人，他親自帶領軍隊抗擊吳軍。為了麻痹吳國士兵，他選出了一些勇士，衝向吳軍。這些勇士們大聲呼喊著衝到吳軍陣前，然後拔劍自殺而死。吳國的士兵不知道這是怎麼回事，一個個都看呆了。越軍這樣連續做了好幾次，吳國的士兵開始變得混亂，都是嘻嘻哈哈看熱鬧的樣子。

越國的軍隊抓住這個時機襲擊吳軍，把他們打得潰不成軍。越國的一位將軍還趁亂砍掉了吳王闔閭的一根腳趾，不久闔閭的傷口潰爛感染。臨終前，他把兒子夫差叫到面前說：「你是我的兒子，別忘了，是越王勾踐殺了你的父親，一定要為我報仇啊！」

夫差看著父親死去，悲痛萬分，為了給父親報仇，夫差命令伍子胥積極備戰，準備一舉消滅越國。第二年，吳軍和越軍在夫椒（今江蘇蘇州境內）大戰，結果越軍大敗。勾踐率領殘兵逃到了會稽山（今浙江紹興縣東南）。

經過文種和范蠡（ㄌㄧˊ）的勸說，勾踐準備投降，以圖日後重振雄風。文種知道伯嚭貪財好色，而吳王夫差也很信任伯嚭，於是就帶著美女和珠寶收買了伯嚭。

伯嚭收下了這些禮物後，就去拜見夫差，勸他同意越王投降。夫差大怒：「寡人與越人有不共戴天之仇，怎麼能和他議和？」伯嚭則冷靜地分析道：「越國雖然得罪了我們吳國，但是現在越國已經答應做我們的臣民了，這與佔領了越國是一樣的。既然這樣，我們何必逼人太甚呢？這樣對我們又有什麼好處呢？」

夫差聽了伯嚭的話覺得很有道理，就答應了越王的請降要求。伍子胥聽說了這件事，急忙前來阻止，並說：「大王，勾踐是一個有野心的人，現在饒了他，後患無窮啊！」但是夫差主意已定。知道了這是伯嚭的主意後，伍子胥更加看不起他，兩個人的關係達到了劍拔弩張②的地步。

在後來的一連串事件中，吳王夫差和伍子胥關於如何對待越國的分歧越來越大，雙方誰也說服不了誰。夫差對伍子胥的態度逐漸由不滿演變到冷落，並有了殺害伍子胥之心。夫差一直想攻佔齊國，發兵之前，他派伍子胥去下戰書，想以此激怒齊國，讓齊國人幫助自己殺了伍子胥。伍子胥看透了吳王的心思，覺得吳國最終會被越國消滅，就把自己的兒子寄養在齊國鮑氏的家裡，改姓王孫氏。

知道這件事之後，伯嚭故意進讒言說伍子胥有謀反之心，夫差也終於找到了殺死伍子胥的藉口，於是他就賜伍子胥自殺。伍子胥拿著寶劍，嘆了一口氣，又抬起頭來憤怒地盯著夫差，大聲說道：「我死後，吳國一定會被越王勾踐所滅。我要把我的眼睛挖下來掛在城門上，看著越國大軍進城！」

西元前*471*年，越王勾踐果然出兵伐吳，夫差自殺而死。

1　選自《史記．吳太伯世家》。

2　劍拔弩張：張，弓上弦。劍拔出來了，弓張開了。形容形勢緊張，一觸即發。

最後的霸主——越國

臥薪嘗膽①

蒲松齡有一副非常有名的對聯，上聯是「有志者，事竟成，破釜沉舟，百二秦關終屬楚」，下聯是「苦心人，天不負，臥薪嘗膽②，三千越甲可吞吳」。其中，臥薪嘗膽的主人公就是越王勾踐。

越王勾踐繼位的時候，國喪還沒有結束，吳王闔閭就趁亂入侵越國，勾踐帶領越國軍隊打敗了吳國，還使得闔閭因傷去世。夫差為了報殺父之仇，一直在訓練軍隊，尋找機會消滅越國。

聽說吳王夫差日夜操練士兵準備攻打越國，勾踐決定先下手為強，搶在吳國發兵前消滅吳國。大臣范蠡進諫說：「大王不可以先發動戰爭，兵器都是兇器，發動戰爭是違背道德的行為，倒行逆施的人，上天是會懲罰的。」

勾踐執意帶兵出戰，被圍困在會稽（**會稽** ㄎㄨㄞˋ ㄐㄧ）山上。勾踐悔恨地對范蠡說：「寡人不聽你的勸告落到這步田地，寡人難道就這樣完了嗎？」

大臣文種安慰勾踐說：「當初商湯被囚禁在夏臺，周文王被困在羑里，晉文公和齊桓公也曾經在外流亡，這些人最後都成就了偉大的事業，由此看來，現在的事情也未必是件壞事。」

范蠡則很平靜地說：「為今之計，只能是忍辱負重，等待機會東山再起③。大王應該派人給吳王送去豐厚的禮物，請求講和。如果他還不答應，您只能把自己作為抵押，親自去侍候吳王。」這次，勾踐聽從了范蠡的建議，派出文種去講和。

勾踐在吳國侍奉夫差時表現得非常謙卑，最終夫差赦免了他，放他回國。

勾踐回國後，勵精圖治，苦心經營，始終不忘在吳國所受到的侮辱。勾踐在座位旁邊懸掛了一顆苦膽，坐臥之際，吃飯之前，他都要先嘗一下苦膽的味道，以此來提醒自己。他睡覺的時候也不用床鋪和被褥，而是躺在柴草上面。

他還親自耕種莊稼，他的夫人則自己織布做衣服，飲食上也非常簡樸。對待賢臣，他彬彬有禮；對待百姓，他寬容大度；如果有老人辭世，他會真心地哀悼。在他的精心治理下，越國的國力變得日益強大。

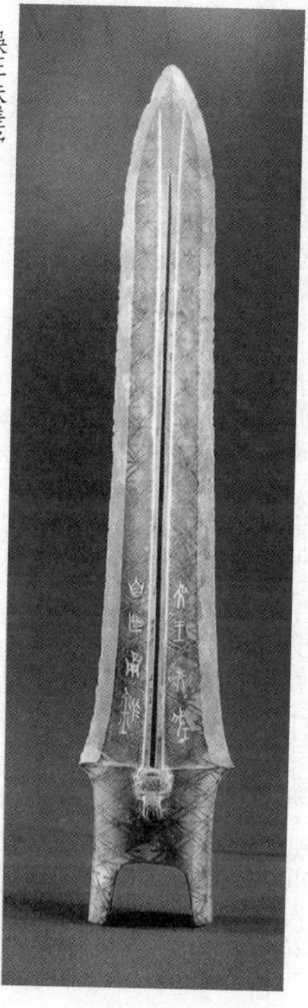

吳王夫差矛

中國春秋末期吳王夫差使用的一把青銅矛。於1983年11月在湖北省江陵縣的楚墓出土，僅存矛頭，現藏於湖北省博物館。矛頭為青銅鑄造，長29.5釐米，寬5.5釐米。劍身有黑色花紋，材料為銅和錫，正面有「吳王夫差自乍（作）用」銘文。矛刃鋒利。其鑄造工藝之精細為同類兵器所少見。

勾踐還準備任命范蠡管理國家事務，但是范蠡推辭了：「帶兵打仗，文種不如我；治理國家，我不如文種。」於是勾踐任命文種為國相。為了表明越國心悅誠服地歸順了吳國，勾踐還把范蠡派到吳國去做人質。

勾踐為了試探夫差的態度，派文種去吳國借糧食。夫差不聽伍子胥的勸告，把糧食借給了勾踐，於是勾踐知道夫差對他已經沒有了戒心。伍子胥看到這種情況，生氣地說：「君王不聽我的勸告，三年後，吳國將成為一片廢墟。」後來夫差聽信伯嚭的讒言，賜死了伍子胥。

又過了三年，勾踐問范蠡：「伍子胥已經死了，現在吳王身邊都是一些阿諛奉承之人，我們可以起兵了嗎？」范蠡說：「現在還不是最好的時機。」勾踐於是作罷。

第二年春天，范蠡來見勾踐，說道：「請大王發兵！」原來夫差率領著吳國的精銳部隊到北方去參加諸侯大會了，只留下太子和一幫老弱殘兵駐守都城。於是越國趁機攻打吳國，吳軍大敗，太子被殺。之後的四年裡，越軍不斷攻打吳國，後來越軍包圍吳國都城達三年之久，把夫差圍困在姑蘇山上。

夫差派人來講和，勾踐看到使臣可憐巴巴的樣子，動了惻隱之心，這時范蠡大聲說：「您忘記了當年在會稽山的自己了嗎？」范蠡轉身對使臣說：「現在越王已經把權力交給我了，你趕快回去吧，要不就對你不客氣了。」夫差走投無路最終自殺而死，死前他用衣服蒙住了自己的臉說：「我實在沒臉去見伍子胥啊！」

忍辱負重22年後，勾踐終於報了當年的滅國之仇，並且成為江淮一帶的霸主，同時也是春秋時期的最後一位霸主。

1 選自《史記．越王勾踐世家》。
2 臥薪嘗膽：睡在柴草上，嘴裡嘗著苦膽。形容人刻苦自勵，立志為國家報仇雪恥。
3 東山再起：比喻失勢後又重新恢復地位。

飛鳥盡，良弓藏①

勾踐能夠順利消滅吳國，范蠡和文種是最大的功臣。勾踐成為霸主之後，范蠡曾經邀請文種一起歸隱山林，但是文種沒有離開，他最後怎麼樣了呢？

越王勾踐滅了吳國之後，坐在吳國的朝堂裡等著接受吳國投降官員的跪拜。范蠡、文種和越國的官員則站在一旁。

這次的朝會，越王勾踐除了要接受吳國官員的朝拜，還要對滅吳的有功之人進行封賞。伯嚭也興高采烈地站在那裡等著受封，滿臉堆著諂媚的笑容，心想：「我也幫了越王不少忙呢！論功行賞肯定有我的一份！」

勾踐看著滿臉笑容的伯嚭，馬上給他潑了一盆冷水：「你是吳國的大臣，我不敢收你做我的臣子，你還是去陪伴你的國君吧！」伯嚭聽了之後先是一愣，然後垂頭喪氣地退出了王宮。最後勾踐還是找了個罪名殺了伯嚭。

勾踐滅了吳國之後，帶著大軍渡過淮河，在徐州與中原的諸侯會盟，周天子也派使臣送來祭祀用的肉，意味著承認了勾踐的霸主地位。從那以後，勾踐志得意滿，越國的兵馬總是在江淮一帶橫行，沒人敢惹，因為它是東南地區最有實力的國家。

勾踐看到越國的發展形勢一片大好，就開了個慶功會，再次封賞功臣，可是獨獨不見頭號功臣范蠡。原來范蠡已經離開越國隱居了，並改換了姓名，誰也不知道他現在在哪裡。

范蠡臨走前，曾經給好友文種寫了一封信，他說：「飛鳥打光了，好的弓箭也該收起來了；兔子打完了，追捕的獵狗也就沒用了，可以燒煮來吃了②。越王這個人可以共患難，但是不能同安樂！你還是儘快離開吧！」范蠡在看到越王勾踐對伯嚭下手那麼狠的時候，就已經有了離開越國的打算了。

文種不忍心拋下自己辛苦建立起來的功業，就沒有離開，但是他相信范蠡所說的話，就謊稱自己生病了，不再上朝。他以為這樣就可以避開爭權奪勢的鬥爭，不讓勾踐懷疑他。

但是那些嫉妒文種位高權重的人覺得這是一個陷害他的好機會，便總是對勾踐說：「文種不知道最近在謀劃什麼，一直不來上朝！大王您要小心提防他啊！」本來勾踐就知道文種和范蠡的才能不同尋常，范蠡辭官隱居其實正合了他的心思，但是對於文種，勾踐一直很害怕他密謀造反，再加上這些奸臣在他耳邊煽風點火，他更加確信了自己的判斷。

於是勾踐以探病之名來到了文種府上，文種也裝作病懨懨的樣子起來迎接他。勾踐落座之後，把佩劍取下來放在桌上，然後對文種說：「當時我們計畫打敗吳國的時候，我記得你說過你有七條方法可以用，但是我們只用了三條就把吳國滅了，剩下的四條你打算用在哪兒啊？」

文種知道勾踐的來意，就裝傻充愣：「臣不知道要用在哪裡，請大王指點。」勾踐指著桌上的佩劍說：「剩下的四條，你就到陰曹地府去對付夫差的祖上吧！」說完勾踐頭也不回地走了。文種知道自己難逃一死，就拿起了那把寶劍，一看正是夫差賜死伍子胥的那把，不禁悲從中來，他百感交集：「我因為沒有聽范蠡的話才遭此大禍啊！勾踐啊，你真是愚蠢至極啊！」

文種自殺後，勾踐的心情頓時輕鬆起來，他隱瞞了逼文種自殺的事實，將文種厚葬在臥龍山（今浙江紹興），大哭著悼念他：「淒茫上蒼，殺我忠良！」他把殺死忠良的責任全部推給了老天！

1 選自《史記．越王勾踐世家》。

2 「兔死狗烹」的出處。比喻為統治者效勞的人事成後被拋棄或被殺害。

范蠡三遷①

范蠡是聞名各國諸侯的軍事家和政治家，曾幫助越王勾踐登上霸主之位。但是後人給了他另外一個稱號叫「商聖」，他是怎麼得到這樣一個稱號的呢？

越王勾踐非常看重范蠡，視他為左膀右臂，還稱他為「王弟」，封他為大將軍。但是范蠡並沒有被這些話迷惑，他知道勾踐是一個只可以共患難難以同安樂的氣量狹小之輩，所以他沒有接受大將軍的官位，反而要求辭官回家養老。

勾踐裝出吃驚的樣子詢問原因，其實他心裡就好像一塊大石頭落了地那樣輕鬆。范蠡說：「當年是我們無能才讓您蒙受了會稽之恥，臣當時沒有一死了之，只是為了今天能夠幫助您報仇雪恨。現在大仇已報，我要請求您治臣當年無能之罪了。如果您願意赦免我的死罪，那就請批准臣辭官還鄉的請求吧。」

勾踐表面上極力地挽留：「寡人正想與你共享天下，你怎麼能離我而去呢？」「您願意留我共享天下，說明您已經赦免了我的死罪。但是我去意已決，希望大王成全。」

當天夜裡，范蠡就帶著自己的家人、親信，收拾了一些金銀細軟②離開了越國。越王勾踐為了顯示自己的惋惜之情，還派人做了一個范蠡的雕像，天天帶在身邊。

范蠡坐船離開了越國，來到齊國。他給自己改了個名字叫鴟（鴟ㄓ）夷子皮，在海邊做生意。因為他善於經營，不久就成了遠近聞名的大富翁。不過他從來沒有把錢看得多麼重要，總是去接濟周圍的窮苦人，所以人們都稱他「大賢人」。

這麼叫的人越來越多，齊國國君也知道了他的大名，於是就要用重金聘請他做相國。做了三年相國之後，范蠡想道：「作為一介布衣③，家裡富可敵國，做官又做到了卿相，這已經是平民百姓所能達到的極點了。長時間享受榮華富貴不是一件吉利的事。」於是他就退還齊國的相印，散盡萬貫家財，又帶上家人、親信悄悄地離開了。

這一次他來到了陶地（今山東定陶），改了個名字叫陶朱公，又做起了買賣。范蠡來陶地是因為這裡是幾個國家的交界地，地理位置好，交通便利，非常適合做生意，各地的商人在這裡的交易十分頻繁。范蠡不久之後再次賺得缽滿盆滿，當時天下人都知道陶地有一位善於經營的陶朱公。

雖然范蠡本人淡泊名利，超然物外，但是他的三個兒子卻各有各的缺點。大兒子吝嗇，愛錢如命；二兒子粗暴，愛打架；三兒子不懂事。

一天，二兒子在楚國闖了禍被判死刑。為了救兒子一命，范蠡決定請求很受楚王敬重的莊生幫忙。於是想讓小兒子帶著三千鎰（鎰）④去求莊生。但是大兒子非要代替弟弟去，范蠡無奈只得應允了，他再三囑咐：「到了楚國，說明來意，獻上金子，就趕緊離開，什麼也不要說什麼也不要問。」大兒子滿口答應。到了楚國他把金子交給莊生，但是沒有馬上離開，而是賄賂了其他幾個楚國官員。

過了沒多久，大兒子忽然從其他官員那裡聽說楚王要大赦天下，他想：「這樣莊生幫不幫忙我弟弟都有救了，我要去把金子要回來。」但是他不知道這個大赦天下的主意其實是莊生為了救范蠡的二兒子故意說給楚王聽的。所以當聽到范蠡的大兒子想要回金子的時候，莊生很生氣，就回到王宮對楚王說：「現在很多人都在議論陶朱公的兒子殺人這件事，他們說君王大赦天下，並不是在體恤楚國人，而是他家用金錢賄賂的結果。」楚王聽罷大怒，命令先殺掉陶朱公的二兒子，再下達大赦天下的詔令。

最後大兒子只帶了弟弟的屍體回到了故鄉，范蠡哭著說：「我就知道，老大救不了他弟弟。他從小就與我生活在一起，經受過各種苦難，把錢財看得很重，所以他不能棄財，最終害了自己的弟弟。」

1 選自《史記·越王勾踐世家》、《史記·貨殖列傳》。
2 細軟：指便於攜帶的貴重物品。
3 布衣：借指平民。古代平民不能穿錦衣。
4 鎰：一鎰等於二十兩。

西施與鄭旦①

西施位列我國「四大美女」②之首，在勾踐滅吳的計畫中起過非常重要的作用，鄭旦是與西施一起被送進吳宮的另一位美女，與西施是很好的朋友。

西施與鄭旦出生於苧（苧ㄓㄨˋ）蘿村（今浙江諸暨苧蘿村），兩個人是好朋友。傳說鄭旦比西施還要漂亮，鄭旦想與西施做好朋友，但是西施因為自卑總是不願意與鄭旦一起遊玩。鄭旦就千方百計地幫助她克服自卑心理，讓她變得自信起來。

西施說自己的腳大，鄭旦就幫她設計了長裙；西施說自己的臉不漂亮，鄭旦就帶她到河邊，說河裡的魚看到她的美貌都自卑得沉到水底不再出來了；西施說自己的眼睛小，鄭旦就帶她來到井邊，說兩個人的眼睛在水中看起來就像四條魚，魚不是身體長就好看的，同樣的道理，眼睛也不是越大就越美。後來西施終於克服了自卑，成了鄭旦的好朋友，從那以後她們兩個人經常一起到河邊浣紗，被人們稱作「浣紗雙姝（姝ㄕㄨ）」。雖然兩個人形影不離，但是性格各異，西施溫婉賢淑，鄭旦直率活潑，也許正是因為這兩種不同的性格造成了兩個人不同的結局。

一次浣紗的時候，她們遇到了已經回國的越王勾踐和范蠡，從此，她們的命運發生了巨大的改變。

越王把她們兩個人帶進宮中，進行了為期三年的嚴格訓練，然後把她們獻給了吳王夫差。臨行前，勾踐反覆交代任務：讓夫差沉湎於酒色歌舞，荒廢國政；讓夫差大興土木，對外用兵，消耗吳國國力；離間夫差與伍子胥的關係。這就是滅吳的重要一環——美人計。

果然，夫差一看到這兩位美麗的女子就再也移不開眼睛。西施和鄭旦進宮不久，就獲得了吳王的專寵，對於後宮的其他嬪妃，吳王連看都不看一眼。

西施性格溫柔，夫差喜歡西施多一些，還特地為西施建造了姑蘇臺，十多年夫差與西施都形影不離。鄭旦則留在了吳宮，配合西施的行動。這十餘年間，西施成功地把吳王夫差變成一個奢侈驕縱、沉迷酒色的昏君；她收買了佞（**佞** ㄋㄧㄥˋ）臣伯嚭，離間夫差與伍子胥的君臣關係，置伍子胥於死地；她還慫恿（**慫恿** ㄙㄨㄥˇ ㄩㄥˇ）吳王大興土木、對齊用兵，勞民傷財。這一切都為越國順利地滅掉吳國創造了條件。

夫差自殺之後，西施和鄭旦都下落不明，有人說西施被勾踐裝進皮袋子，沉入了大海滅口；有人

說她回到故鄉之後，落水而死；甚至還有人說與范蠡泛舟五湖的就是西施，但是這種說法無從考證，只不過是百姓們的心願罷了。不過對於剛烈的鄭旦，人們普遍認為她死於吳宮，但是死法卻眾說紛紜，莫衷一是③。

為了紀念西施，人們在西施的故鄉修建了西施殿。西施殿位於苧蘿山下，浣紗江畔，與西施殿相對的就是鄭旦亭，表示鄭旦一如既往地陪伴著西施。

1 選自《史記．越王勾踐世家》。

2 四大美女：西施、王昭君、貂蟬、楊貴妃。

3 莫衷一是：不能決定哪個是對的。形容意見有分歧，沒有一致的看法。

禮儀之邦——魯國

魯國是一個禮儀之邦，出了一個舉世聞名的講究禮、義的大思想家孔子。這並不是偶然的，魯國的精神核心就是禮、義，而這一精神則來自其創始人周公旦。

周公旦的後代①

前面在講周朝的故事的時候，我們已經知道了周公旦輔佐成王的故事。接下來我們就來看一下周公旦的其他故事。

周武王即位後，周公旦自覺地擔任了輔佐和保護武王的重任，朝廷的大多數政務也由他來處理。周武王發動牧野之戰之前，為了鼓舞士氣，發佈了《牧誓》來動員士兵們。周軍殺死紂王之後，他與召公手持武器保護武王進城，祭祀天地，告訴天下百姓周朝代替商朝是順應天意的。周武王本來想要殺掉紂王的兒子武庚，是周公旦勸阻了他，安撫了商朝的百姓。後來武王封賞功臣的時候，把周公旦封到了曲阜（今山東曲阜），也就是後來的魯國。但是周公旦沒有去自己的封國，而是繼續留在都城輔佐武王。

武王滅商朝的第二年，天下還沒有徹底安定，他卻忽然患了重病，群臣非常恐慌。古代的時候，人們一遇到困難就喜歡用占卜的方式來判斷吉凶。周公旦設立了三個祭壇，向太王、王季和文王的靈位禱告說：

「你們的長孫周武王姬發因為國事操勞不幸染上惡疾，如果三位先王欠上天一個兒子，就讓我代替武王去死吧。我靈巧能幹，一定能夠侍奉好鬼神，武王沒有我多才多藝，而且他的肩上還擔負著拯救天下蒼生的重任，只有他才能夠讓你們的子孫在人世間生活安定，有了他，你們才能長久地享受子子孫孫的祭祀。現在我藉由占卜的大龜聽從你們的命令，如果你們答應我的要求，我就獻上玉圭；如果不能答應，我就只好把玉圭收起來了。」

周公

禱告後，周公旦到祭壇前卜卦，得到了吉卦。周公旦看到這個結果非常開心，馬上進王宮對周武王說：「您的身體沒有大礙，我剛才已經得到了先王的旨意，您只要考慮天下如何長久就可以了，不要有其他的顧慮。」他一點也沒有提到對祖先說願意用自己的生命去換武王的生命的事情。

武王去世後，周公旦仍然沒有離開王宮，他繼續輔佐年紀尚幼的周成王。因為沒有辦法到封地上任，他只好派自己的兒子伯禽代替自己去魯國。臨行前他再三叮囑伯禽一定要禮賢下士，謙虛謹慎，不要驕傲自滿。周公旦的言傳身教，讓伯禽成為一個仁義愛才的首領。在伯禽的治理下，魯國成為一個禮儀之邦，形成了謙遜禮讓的淳樸民風。周公旦死後，周成王特許魯國可以演奏天子的音樂，供奉只有天子才可以祭祀的周朝列祖列宗。

在周武王分封的各個諸侯國中，魯國是與周王室關係最親近的一個國家，具有很高的地位。春秋時期，魯國保存並實施了周朝最典型的禮制，天下的人們都說：「周禮盡在魯矣！」

1 選自《史記．魯周公世家》。

哀姜哭市①

一個原本可以安度晚年的女人在魯國的街市上號啕大哭，這到底是怎麼回事呢？原來是她的丈夫去世後，本來應該繼承王位的大兒子卻在政治鬥爭中被殺害了。

一大清早，齊國都城臨淄（今山東淄博市東北）鬧市區的人們就被一個女人淒慘的哭聲驚醒了。人們紛紛前去觀看，只見一個女人披頭散髮地坐在街道中間，號啕大哭：「老天爺啊，你怎麼這麼不長眼？讓惡人在這個世界上橫行，襄仲殺死了魯文公的長子，立他的庶出兒子為國君，他真是一個作惡多端的人啊！上天怎麼容許這樣悲慘的事情發生呢？」

忽然一個人說：「這不是嫁到魯國的公主出姜嗎？怎麼發生了這麼慘無人道的事情啊？」周圍的人瞭解了出姜的故事後，十分同情她的遭遇，也不由自主地跟著她哭起來。魯國的人聽說之後，十分傷感，從此他們就稱出姜為「哀姜」②。

事情的來龍去脈是這樣的：魯文公有兩個妃子，正妃就是這個被稱為哀姜的齊侯的女兒，她有兩個兒子，長子是姬惡，次子叫姬視。次妃叫做敬嬴（嬴ㄧㄥˊ），她也有一個兒子叫做姬俀（俀ㄊㄨㄟˇ）。魯文公偏愛敬嬴，也更喜歡小兒子姬俀。仗著父親的溺愛，公子姬俀一直想要謀取國君之位，但是按照規矩，他是沒有這個資格的。魯文公死後，姬俀開始拉攏魯國的一些重臣想要繼承王位。當時的魯國朝政主要落在襄仲和叔仲兩個重臣手裡。姬俀贏得了襄仲的支持，襄仲也希望姬俀即位，這樣他就可以繼續把持朝政。襄仲又擔心大臣和百姓不服，就去找叔仲商量對策。

叔仲是一個正直的人，他一口回絕了襄仲的要求：「自古以來，都是長子繼承父位，只有極其特殊的情況下才可以變通。如今國君的長子已經成人，沒有理由廢長立幼。」襄仲憤憤而歸。

但是他沒有放棄，而是啟動了另外一個計畫，他轉而去請求齊國國君支持廢長立幼。齊國國君齊惠公當時剛剛即位，他有著自己的如意算盤：齊國與魯國是鄰國，如果能夠和魯國國君有良好的關係，那麼有利於成就自己的霸業，所以他答應了襄仲的請求。

有了齊國的支持，襄仲更加肆無忌憚了，他想：立姬俀為新的國君並不符合規矩，怎麼才能封住國人的口呢？一不做，二不休，乾脆殺掉另外兩個公子，斬草除根。他就率領親信殺死了毫無防備的公子姬惡和姬視，隨後擁立姬俀為魯國國君，這就是魯宣公。

襄仲殺嫡立庶，廢長立幼的行為違背了傳統的禮法，遭到了魯國人的譴責，但是也無可奈何，因為魯文公只剩下姬俀一個兒子了。而此時最為傷心的就是公子姬惡和姬視的母親了，丈夫剛剛去世，自己又痛失兒子，這個打擊太沉重了，哀姜決定離開這個傷心的地方，回到自己的國家齊國去。

路過齊國的都城時，她抑制不住滿腔的悲痛，號啕大哭，於是出現了文章最開始的一幕——哀姜哭市。

1　選自《史記．魯周公世家》。
2　哀姜：春秋時期有兩個女人被稱為「哀姜」，一個是魯莊公的夫人，一個是魯文公的夫人，此處指後者。

公儀休拒魚①

公儀休因為才學優秀做了魯國的國相，據說他在治國方面頗有遠見卓識，但是讓他名垂青史的卻是他和魚的故事。

公儀休是一個博學多才的儒生，在春秋時期這樣的人也被稱為「博士」。因為學富五車，他被提拔為魯國的國相。成為國相之後，他遵守法律，按原則辦事，從不改變規則，他還命令做官的人不能與百姓爭奪利益，做大官的更不許佔百姓的便宜。他做國相期間，百官的品行都非常端正。

公儀休不僅這樣要求百官，自己也是以身作則。據說有一次公儀休吃了自己家裡種的蔬菜，覺得味道很好，吃完飯就下令把自家菜園中的菜全都拔掉了；他又看見自己家的布織得好，就狠狠地批評了妻子，還燒毀了織布機。有人問他為什麼要這樣做，他回答道：「難道要讓農民和紡織婦女沒有地方賣掉他們生產的貨物嗎？」

公儀休做了國相之後，總有人想要找他幫忙，但是無奈公儀休清正廉潔，不接受任何財物，這可難壞了那些想要討好他的人。不過很快他們就得到了另外一個有用的情報，據公儀休家中的廚師說，公儀休非常喜歡吃魚，每頓飯都離不開魚。

聽到這個消息，一個富翁馬上派自己的僕人去集市上買了兩條新鮮的大鯉魚送到了公儀休的府上，那個僕人滿臉堆笑地說：「聽說大人愛吃魚，我家主人特地命我到集市上買了這兩條魚來送給您！」公儀休對他擺擺手，嚴肅地說：「我不吃鯉魚，請你把魚拿回去吧！來人，送客！」

這個僕人回到家把情況告訴了富翁，這個富翁想：不吃鯉魚，是不是喜歡吃別的魚呢？於是第二天，這個僕人拿著另外一種魚又來到了公儀休的家裡，把魚獻給他。公儀休這次有些惱怒了，他不耐煩地說：「我從不吃魚，不管是什麼樣的魚，我都不喜歡吃！回去務必告訴你家主人不要再送魚來了！」那個僕人只好悻悻（**悻悻**）②地回去了。

公儀休的弟子子明看見這種情況之後，問公儀休說：「老師，您明明非常喜歡吃魚，為什麼卻對那些人說您從不吃魚呢？」

公儀休和藹地對子明說：「正是因為我愛吃魚，所以才不能收他們的魚。」看到子明不解的樣子，公儀休繼續解釋說：「現在我是國相，如果收了他的魚，看起來也不是什麼大事，可能天知地知，你知我知，神不知鬼不覺的，彼此相安無事。但是魚不是白送的，萬一某一天這個人有求於你，『吃人嘴軟拿人手短』，你肯定是要幫他的。從那以後，我的工作就會受到別人的牽制，不能再公正執法。如果有一天君主知道了，他龍顏大怒，就會罷免我的官職。那時候我再也沒有利用價值了，恐怕也不會再有人送魚給我了。

「現在我是國相，所得的俸祿還能買得起魚吃，但是我收了別人的魚被罷免了官職就真的再也吃不到魚了。想吃魚，還是自己花錢去買吧！」說完，公儀休就叫來廚師，從自己懷裡掏出了一些錢讓他去買魚。

1 選自《史記．循吏列傳》。

2 悻悻：怨恨失意的樣子。

魯昭公與三桓的爭鬥①

季孫氏、孟孫氏和叔孫氏是魯國顯赫的三個大家族，他們都是魯桓公的後代，所以也被叫做「三桓」。他們在政治上有時候互相支援，聯合執政，有時候大權被實力最強的家族獨攬。

西元前542年，當時是季孫氏獨攬朝中大權，他不顧大臣們的反對，擁立了年僅19歲的魯昭公繼位。魯昭公並不是嫡長子，而且在為父親送葬的時候沒有一點哀傷的樣子，態度非常隨便，居然多次更換喪服，人們都悄悄議論：「這個人一定不會得到善終。」

魯昭公渡過黃河去朝拜晉國國君，但是晉國國君非常看不起他，沒有見他，魯國百姓都覺得受到了侮辱。後來楚靈王為了慶祝宮殿的建成，召見了魯昭公，送了他很多珠寶，送完之後又後悔了，就想了一條詭計把珠寶騙了回去；魯昭公後來再次求見晉國國君，再次遭到拒絕；魯昭公第三次求見晉國國君的時候終於得到了見面的機會，不過晉國國君直接把他扣下和晉國的百姓一起為晉昭公送葬。所有的這些事件加在一起，讓魯昭公徹底失去了民心，魯國的百姓都對這個懦弱的昏君失望透了。

失去了民心的魯昭公後來又得罪了魯國的權貴，這次是因為一場鬥雞。季孫氏和郈（郈ㄏㄡˋ）氏進行鬥雞比賽，不過兩個家族的人都作了弊。季孫氏在雞毛上塗抹了芥末，郈氏則在雞爪子上裹了金屬製成的利爪。季孫氏的季平子發現了利爪勃然大怒，就出兵佔領了郈氏的土地；郈氏家族也很惱火，恨不得殺光季孫氏的人，於是就到魯昭公那裡告狀。魯昭公最後被郈氏說服，親自帶著人殺到了季孫氏的家裡，要殺死季平子。

季平子向昭公求饒，說：「國君您是聽從了奸佞小人的讒言才來討伐我的，不應該沒有查清楚問題就殺我。如果真的要治我的罪，那就請您允許我遷到一個貧窮的地方去生活吧！」

魯昭公沒有同意。季平子又請求魯昭公把他囚禁，還是遭到了拒絕，後來他又提出自己只帶五輛車到國外逃亡，依然被拒絕了。這時候魯昭公身邊的一個大臣說：「您還是饒了季平子吧，他們家族很有權勢，全國都有親信，如果您真的殺了他，他們一定會聯合起來為難您的！」然而魯昭公依然想要殺死季平子。

這時候叔孫氏的人聽到了這個消息，就商量對策。「從我們自己的利益考慮，是季孫氏被消滅好，還是不被消滅好？」

「當然是不被消滅好！」於是叔孫氏就帶領家兵去援救季孫氏。看到叔孫氏起兵，孟孫氏也起兵回應，殺死了郈氏家族的昭伯，然後三個家族的人一起討伐魯昭公。魯昭公抵擋不住「三桓」的攻擊，逃到了齊國。

齊國國君說：「我給您兩萬五千戶的封邑，你就應該滿意地留在齊國了吧？」

魯昭公很高興，但是大臣們卻說：「您是魯國國君，怎麼可以去做和您地位相同的諸侯國國君的臣子呢？」魯昭公聽後便沒有答應齊國國君的建議。後來大臣勸他離開齊國投奔晉國，但是魯昭公沒有同意。

後來齊國出兵佔領了魯國的一個城市，但是沒有送魯昭公回國，昭公一怒之下來到了晉國，請求晉國國君送他回國。但是晉國的六卿被季孫氏買通，晉國國君聽從六卿的建議打消了送魯昭公回國的念頭。於是魯昭公來到了被齊國佔領的那個城市，齊國國君送來一封信，信中的口吻儼然是國君在和大臣對話，很顯然齊國國君是想把魯昭公封在那個城市。昭公很生氣，又來到晉國，這次晉國國君打算幫他回國，不過想先瞭解一下百姓的看法，於是召見季平子。季平子穿著粗布衣服，光著腳打扮成一個百姓的樣子走進來，晉國國君覺得很奇怪，晉國的六卿連忙解釋：「即使我們願意，魯國百姓也不願意看到魯昭公回國。」晉國國君只好放棄了這個想法。後來魯昭公在齊國國君佔領的那個城市結束了自己的一生，再也沒有回到魯國去。

1　選自《史記．魯周公世家》。

春秋初期小霸主——鄭國

黃泉相見①

鄭莊公本來是一位非常孝順的君主，但是後來他憤怒地把母親軟禁起來，並且發誓：「不到黃泉不相見！」到底是什麼事情讓鄭莊公前後判若兩人呢？

鄭莊公是鄭武公的兒子，他的母親叫武姜。鄭武公很喜歡武姜，後來武姜生了個兒子，起名為寤（寤ㄨˋ）生，意思是睡覺的時候生的。傳說武姜生他的時候在睡覺，醒了之後被嚇了一跳；也有傳說是武姜生他時難產，不管哪個傳說是真的，結果都是武姜非常不喜歡這個兒子。雖然母親不喜歡他，但是他對母親非常敬重。

後來武姜又生了一個兒子叫做叔段，鄭武公和武姜都非常喜歡這個兒子，所以武姜一直對鄭武公說改立叔段為太子，鄭武公在這個問題上卻不肯讓步，他認為廢長立幼會造成國家動盪。於是，武公去世後，寤生繼位，是為鄭莊公。

莊公即位後，武姜建議把叔段封到京城（今河南滎陽東南）去，鄭莊公答應了母親的請求。

一個大臣進諫說：「您不能把京城封給叔段，因為那個地方比都城還要大啊！」莊公說：「母親讓我這樣做，我不敢違背母親的意願。」

叔段到了京城之後，覺得自己絲毫不比哥哥差，又有母親的寵愛，為什麼不能取代哥哥成為君主呢？於是他開始操練軍隊，策劃叛亂。有人警告鄭莊公說：「主公您要小心啊，趁著現在叔段勢力還不是很強大，把他叫過來警告一番吧。」

鄭莊公擺擺手對他說：「多行不義必自斃，子姑待之。」意思就是一個人若不仁義的事情做多了，必定會自取滅亡，你就等著看吧！其實這是鄭莊公的欲擒故縱②之計，他想等叔段犯的錯誤越來越大的時候，一舉消滅他。果然，叔段越來越放肆，竟然把自己的封地按照國君的標準來建造，還不斷地招兵買馬，與母親武姜密謀造反。

鄭莊公二十一年（前723年），叔段襲擊鄭國國都，武姜作為內應，但是莊公早有防備，所以他們的計畫沒有成功。叔段後來逃亡到共國，因此後人也把他叫做「共叔段」。

鄭莊公知道母親武姜也參與了這個陰謀之後，非常生氣也非常傷心，他沒想到母親竟然幫助弟弟來謀害自己，就把武姜趕出了都城，軟禁在潁（今河南臨潁西北），並發誓說：「不及黃泉，無相見也。」意思就是不死不相見。一年之後，鄭莊公又覺得自己做得有些過分，開始想念母親，但是又不能違背誓言。於是他就在面向母親軟禁的地方建造了一座高塔，經常登上高塔眺望母親所在的方向。

這時一個叫做潁考叔的人來拜見鄭莊公，說他有辦法既不違背誓言，又能讓莊公見到母親，莊公大悅。繼而考叔派人挖了一條地道，讓他們母子在地道中相見。見到母親的那一刻，莊公高興地唱著：「大隧之中，其樂也融融。」在兒子的攙扶下走出地道的武姜也熱淚盈眶：「大隧之外，其樂也泄泄（**泄泄**）。」③這兩句話的意思就是「在隧道中看到母親，孩兒心頭樂融融。跟著兒子走出隧道，娘的心頭樂泄泄。」母子二人冰釋前嫌④。

鄭莊公所處的時代是西周末年，後來周幽王被犬戎攻擊，鄭莊公去救駕的時候，不幸被犬戎殺死。

1 選自《史記．鄭世家》。
2 欲擒故縱：為了更好地控制，故意放鬆一步。
3 融融泄泄：形容大家非常高興的樣子。
4 冰釋前嫌：嫌，仇怨，怨恨。把以前的怨恨完全丟開。

搖擺的國家①

鄭國發展到後期，早期的強盛局面已經消失了。為了能夠繼續生存，鄭國的國君在晉國和楚國之間來回搖擺，時而親近晉國，時而親近楚國。

鄭文公做鄭國國君的時候，晉公子重耳逃難到了鄭國，鄭文公對他非常無禮。鄭文公的弟弟勸告他說：「重耳是一個賢能的人，如今受難到我們這裡來躲避，您不能對他無禮。如果您實在不喜歡他，那就把他殺了。否則，等有一天他回到晉國做國君的時候，鄭國就要有無窮的禍患了。」但鄭文公沒有聽從弟弟的意見。

鄭文公本來有五個嫡親的兒子，但是這幾個兒子不爭氣，都因為犯罪而早死了。鄭文公非常絕望，於是趕走了其他所有的公子，其中有一個叫子蘭的逃到了晉國。那時候的重耳已經是晉文公了，子蘭對晉文公非常尊敬，晉文公十分喜歡他。

後來，鄭文公幫助楚國攻打晉國，晉文公聽到這個消息很氣憤，又想起自己當年在鄭國受到的侮辱，於是就聯合秦穆公攻打鄭國。晉文公包圍了鄭國的國都，公子子蘭也和晉文公一起出征，到了鄭國，他就開始暗中拉攏鄭國的大臣，希望回到鄭國做太子。

晉文公想起自己當年流亡到鄭國的時候，鄭文公的弟弟曾經想要殺死他，於是就派使者對鄭文公說想要殺死鄭文公的弟弟。鄭文公沒敢把這個消息告訴弟弟，但弟弟還是透過其他人得知了這個消息，於是就對鄭文公說：「我曾經對您說過，若不殺死重耳他會成為我國的禍患，現在晉國因為我而包圍都城，如果我死了就能免除鄭國的災難，我願意去死。」說完他就自殺了。

鄭文公傷心地派人把弟弟的屍體送給晉文公，晉文公又說：「我一定要見到鄭文公當面羞辱他。」鄭國人沒有辦法，就派人去說服秦穆公退兵，瓦解秦晉聯盟。秦穆公被說服後撤了兵。於是晉文公又派人到鄭國，要求立子蘭為太子才肯撤兵，鄭國答應了他的要求。

子蘭即位後親近晉國，曾經幫助晉國打敗秦國。子蘭去世，他的兒子繼位，就是鄭靈公。有一年，楚國獻給鄭靈公一隻黿（黿ㄩㄢˊ），恰好子家和子公來朝拜鄭靈公，子公的食指動了一下，就對子家說：「我的食指一動，就能吃到珍貴的食物。」②兩人入宮後，果然看見鄭靈公在享用黿湯，子公得意地笑著說：「你看，我就說吧！」

鄭靈公知道了子公笑的原因，就故意不給他喝湯，子公很生氣，就用手指蘸了一下湯，然後就出宮了。鄭靈公也很生氣，派人去殺子公，不過子公和子家先動手殺了鄭靈公，並擁立鄭襄公繼位。

楚莊王因為鄭國與晉國結盟而討伐鄭國，圍困鄭國國都達三個月之久，最後鄭襄公出城投降才作罷。與此同時，晉國聽說鄭國被楚國攻打，連忙派兵救援，不料晉軍在黃河邊遭到了已經投降的鄭國的攻擊，鄭國幫助楚國把晉軍打得大敗。過了不久，晉國因為鄭國和楚國結盟而來攻打鄭國，鄭國無奈又與晉國結盟。鄭國就是這樣在這兩個大國之間周旋以求自保的。

1 選自《史記．鄭世家》。

2 「食指大動」的出處。意思是有美味可吃的預兆，現在形容看到有好吃的東西而貪婪的樣子。

子產治國①

鄭國夾在晉、楚兩個強鄰中間，日子很不好過。不過即使在這樣的艱難環境中，鄭國還是在大國的夾縫中樹立了一定的國威，而這都要感謝一個人——子產。

子產是子蘭的孫子，他的父親是子國。子產少年的時候就已經顯示出卓越的政治遠見。有一次，他的父親帶兵攻打蔡國大獲全勝，還活捉了蔡國的司馬，對鄭國這樣的小國家來說這是一個巨大的勝利，鄭國為此舉國歡慶。正當大臣們推杯換盞之際，子產皺起了眉頭，他的表情被父親發現，便詢問子產發生了什麼事。

子產滿面愁容地說道：「現在蔡國是楚國的附屬國，蔡國被打敗，楚國一定會為蔡國報仇。我們鄭國這樣的小國被楚國那樣的超級大國攻打能不打敗仗嗎？到時候我們又要與楚國結盟。這樣過不了多久，又該晉國來攻打我們了，鄭國恐怕四、五年之內都沒有安寧的日子了！」

眾人聽到子產的話，熱鬧的氣氛戛（ㄐㄧㄚˊ）然而止②，大家不約而同地看向子產的父親。父親感覺面子掛不住，就惡狠狠地訓斥他：「你懂什麼！國家發兵的大事，有執政的大夫決斷，小孩子家亂說話是要殺頭的！」但是子產的話應驗了，不到一年，晉楚果然都兵臨鄭國。

兩年後，鄭國爆發內亂。當時擔任正卿的子駟和擔任大司馬的子國同時被殺，鄭簡公也被叛徒劫持到北宮。子駟的兒子聽說父親被害，大怒，趕忙跑去追殺兇犯，而暴徒已經躲進了北宮。無奈之下，他只好回家搬救兵，但是回家後才發現家裡的奴僕和妻妾都已經跑得差不多了，逃走的時候還偷了他們家很多東西。而子產在聽說父親被害後，首先鎮定自若地派人把守門口，讓家人和奴僕排好隊，離開家門，隨後他帶著兵攻進北宮，殺死了作亂的叛徒，顯示出處亂不驚的政治家風範。

後來協助鄭簡公執政的子孔獨斷專行，簡公對此大為不滿，派人殺了子孔，任命子產出任少卿，還封賞給他六座城市，子產再三推辭，最後只接受了三座城市。

子產從此開始了他的政治生涯，不過這時候他的主要任務是從事外交活動。人們常說「弱國無外交」，這是因為弱小的國家沒有影響力，無論說出什麼話都沒有人聽從。但是子產改變了這種情況，他憑藉著對各國的瞭解，以自己的機智和善辯多次與大國交鋒，為弱小的鄭國贏得了尊嚴。

一次，晉國派人前來責問鄭國為什麼要與楚國親近。子產首先列舉了鄭國和晉國之間如何建立友好關係的歷史，特別是鄭國每年都向晉國納貢，尊敬有加，而鄭國不得不同時親近楚國完全是因為晉國保護不力。

子產表現出來的傑出才能得到實力派人物子皮的看重。當時鄭國是七大強族輪流執政，子皮是罕氏的族長，德高望重。子皮認為只有子產才能讓鄭國走出深重的災難，便極力推薦子產做國相。子產推辭說：「國家太小，而家族眾多，我太年輕，恐怕不能服眾。」子皮竭力勸他：「我帶頭聽你的，還有誰敢說三道四呢？」於是，子產擔任了多災多難的鄭國的國相。

鄭簡公去世後，鄭國又經歷了定公、獻公和聲公三代國君。鄭聲公時期，子產去世，鄭國的百姓知道這個消息後，都痛哭流涕，非常悲傷。

1 選自《史記·循吏列傳》。

2 戛然而止：戛，象聲詞。形容聲音突然終止。

商朝後裔——宋國

如果你看過電視劇《鐵道游擊隊》，一定記得這句歌詞：「西邊的太陽快要落山了，微山湖上靜悄悄，彈起我心愛的土琵琶，唱起那動人的歌謠……」歌詞裡的「微山湖」這個名字就來源於微子。

微子逃亡①

商紂王有個哥哥叫做啟，跟暴虐的弟弟不一樣，啟是個賢人。他原來的封地叫做「微」，「子」是他的爵位名，所以人們又叫他「微子啟」。漢景帝時期，為了避諱漢景帝劉啟的名字，人們又把他稱作「微子開」。

商朝末年，紂王殘暴成性，而且拒絕接受別人的意見，還口出狂言：「從我降生到這個世界上，上天就賦予我做國君的權利，我的地位誰都無法撼動！」

微子看到這個情況，非常擔憂，他覺得紂王無道不可能聽從忠臣的勸告，商朝的江山一定會斷送在他的手裡。微子心裡很糾結，作為一個忠臣，他應該以死報國，可是為了紂王這樣一個昏君，是不是值得呢？或許更好的選擇是離開這個國家，到其他地方去。他去找比干和箕子商量，對他們說：「我該何去何從呢？我們商朝還有保全的希望嗎？你們一定要為我指點迷津②，否則我就會陷入不仁不義的境地啊！」

箕子對他說：「這是上天要滅亡商朝啊！人力是改變不了的！你看看紂王的所作所為就知道了！假如能夠把商朝治理好，即使自己死了，那也是值得的；但是如今國家已經不能救治了，倒不如離開這個是非之地，遠走他鄉。」於是微子準備離開都城，但是仍有一點猶豫。

而比干與箕子有不同的想法，他認為如果君主犯下過失，臣子卻視而不見，不拚著性命去勸諫，那就不是一個好臣子。所以他冒死進宮勸諫，最終被紂王剖心。看到這種情況，微子知道紂王已經是一個絲毫不念及親情的人了，繼續留在這裡，極有可能會遭遇不測，所以微子逃離了商朝的國都。

果然，微子逃離不久，商紂王的統治就被周武王姬發推翻了。這個時候，微子覺得自己有義務保住商朝的子民，所以他帶著商朝祭祀用的禮器去拜見周武王。他袒露著臂膀，把雙手捆綁在背後，讓左邊的隨從牽著羊，右邊的隨從拿著茅草，自己則跪

在地上前行，懇求周武王不要斷了商朝的香火，放百姓一條生路。

周武王對微子的賢明早有耳聞，又感慨於他的忠誠和善良，於是上前扶起了微子，親自解開了綁在他身上的繩子，恢復了他原來的爵位。

武王為了安撫商朝的百姓，讓紂王的兒子武庚治理商朝遺民，不料武庚卻趁成王年幼造反，最終被滅。後來周公旦命令微子代替武庚供奉商朝的祖先，並讓他在宋地建立國家，治理商朝遺民。微子治國賢明，很快得到了宋國百姓的愛戴。他死後被葬在一個叫做微山（今山東濟寧市境內）的地方，後來的微山縣和微山湖的名字也都來自這個典故。他的墓上刻有「仁參箕比」四個大字，意思就是他的仁德與箕子和比干相比不相上下。大思想家孔子把他們三個人合稱為「三仁」。

1 選自《史記．宋微子世家》。

2 指點迷津：津，渡口；迷津，迷失渡頭所在。意思是針對事物的困難處，提供解決的方向、辦法或途徑。

仁義的宋襄公①

大敵當前，自己的軍隊已經準備好，而敵人的大軍還沒有完全渡過河，一片混亂，這是打敗敵人的最好機會，如果是你，你會馬上派兵攻打他們嗎？

宋襄公是宋桓公的小兒子，宋國的太子，但是他覺得自己的哥哥目夷才是合適的繼承人。不過宋桓公還是堅持了自己的意見，他死後，宋襄公繼位。繼位後，宋襄公馬上任命自己的哥哥做了國相。

霸主齊桓公去世後，齊國發生內亂，宋襄公通知各路諸侯，請他們和自己一起護送齊國公子昭回國繼位。因為宋國非常弱小，幾乎沒有人回應，只有三個小諸侯國帶了很少的人馬來配合他。但是宋襄公帶領著這幾個小國家的兵馬戰勝了齊國，公子昭順利繼位，即齊孝公。

齊國當時是諸侯的盟主，所以宋國幫助齊孝公登上君位後，地位大大提高。宋襄公的野心也開始膨脹，他決定要像齊桓公一樣成為霸主，於是宋襄公策劃了一次諸侯會盟。

宋襄公想到上次召集諸侯攻打齊國，只有三個小國聽命，這次他決定利用大國的影響來召集諸侯。於是他請求楚國出面召集更多的諸侯，楚國國君滿口答應。宋襄公的哥哥目夷勸告他不要因為自己的野心而使宋國面臨危險，但是虛榮心佔了上風的宋襄公哪裡還聽得進去這些話，秋天的時候他興致勃勃地準備去參加會盟。目夷再次勸告他：「你要是再執迷不悟，就要大禍臨頭了！參加會盟的有那麼多實力強大的國家，他們怎麼會允許你成為諸侯的霸主呢？」宋襄公不聽勸告，還是按計畫出發了。

果然不出目夷所料，在會盟中，楚成王和宋襄公都想當霸主，兩個人為此爭吵起來。楚國國力強大，大多數諸侯都站在楚成王一邊。楚國還強行扣押了宋襄公，並出兵攻打宋國。冬天的時候，諸侯又舉行了一次會盟，楚成王被推舉為盟主，經過魯國和齊國的調解，楚國把宋襄公放回宋國。

宋襄公後來打算進軍鄭國，鄭國向楚國求救，楚國出兵救援。宋襄公一直記恨楚成王奪走了他的霸主寶座，所以準備和楚國交戰。一位大臣進諫說：「楚國是大國，宋國沒有戰勝它的能力，現在停戰是最好的選擇。」但是宋襄公沒有採納他的建議。

於是這一年冬天，宋國和楚國在泓水（今河南省境內）拉開陣勢，準備開戰。楚國軍隊開始渡河的時候，目夷說：「楚國仗著他們人多兵強，竟然白天渡河，不把宋國放在眼裡，我們可以趁他們渡到一半的時候打他個措手不及，一定能戰勝他們！」

宋襄公卻搖搖頭說：「宋國是講究仁義的國家，敵人渡河還沒結束，我們去攻打他們，不符合仁義的原則。」

不久，楚軍全部上岸，正在排列陣勢，有些混亂。目夷又說：「現在可以進攻了吧？再不發兵就沒有機會了！」

宋襄公再次搖了搖頭，還批評了他的哥哥：「你太不講究仁義了！敵人陣勢還沒排列好，我們怎麼能乘人之危呢？」很快楚軍擺好了陣勢，宋襄公這才命令軍隊發動進攻。結果，宋

軍完全不是楚軍的對手，很快就敗下陣來。

混亂之中，宋襄公的大腿被弓箭射中，受了重傷，這箭傷最終要了宋襄公的命。歸根結底，宋襄公是死在了自己迂腐的仁義觀念中。

1 選自《史記·宋微子世家》。

第四章 群雄並起的戰國時期

春秋初期華夏大地分佈著140多家諸侯，經過360多年的戰爭，到戰國初期就只剩下了20餘家，其中又以西部的秦國，東部的齊國，中原的三晉（趙國、魏國、韓國），南方的楚國和北方的燕國實力最強，歷史上把它們稱為「戰國七雄」。

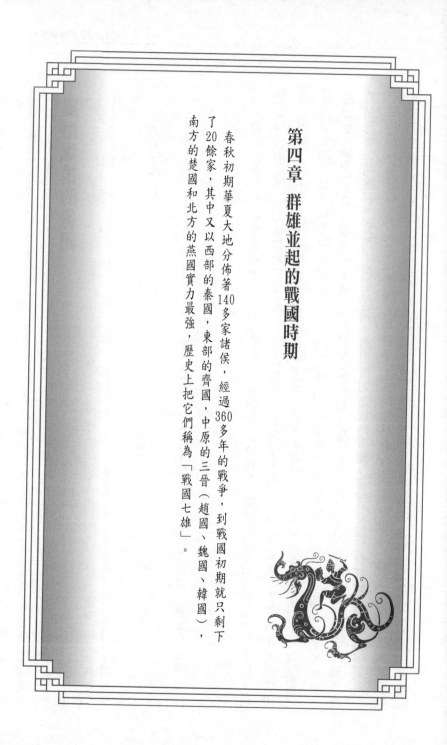

風雨飄搖的韓國

春秋時期，晉國是一個超級大國，也是稱霸時間最長的國家，但是到了後期，國家的政權落在了四個大臣手裡，並最終被韓、趙、魏三家瓜分。這些事是怎麼發生的呢？

三家分晉①

晉出公在位的時候派卿大夫智伯帶兵攻打鄭國，這時候本應該協助智伯的趙簡子生了病，只好派自己的兒子趙毋恤出兵協助他。智伯喝醉了酒愛鬧事，有一次喝醉之後，他強行用酒灌趙毋恤，還動手打了他。跟隨趙毋恤的大臣都很生氣，要殺了智伯，但是趙毋恤大度地說：「我父親之所以讓我繼承他的爵位就是因為我能忍辱負重，現在不能因為一時衝動而誤了大事。」話雖如此，趙毋恤心裡卻非常怨恨智伯。智伯酒醒後也害怕趙毋恤報復自己，所以回國之後他建議趙簡子廢掉趙毋恤，趙簡子則拒絕了他的建議。趙毋恤知道這件事情之後就更加怨恨智伯了。

趙毋恤繼承了爵位之後被稱為趙襄子。那時智伯聯合晉國的趙氏、韓氏和魏氏三個家族把原來范氏和中行氏的領地全部瓜分了，這件事並沒有請示過晉出公，所以晉出公很生氣，但是他自己又沒有能力來制伏他們，只好請求齊國和魯國的幫助。這四家大臣得到消息之後，先下手為強，聯合起來攻打晉出公。出公無奈之下，只好逃向齊國避難，但是還沒到齊國就死在了半路上。這四家大臣就擁立了晉懿（懿）公繼承國君的位置。

這個時候，智伯的權力和實力是四個家族中最大的，所以他恃強凌弱，不把其他三家大臣放在眼裡，總是要求魏氏和韓氏兩家割地給他，而這兩家也總是迫於壓力答應他的要求。後來智伯又要求趙氏割地給他，趙襄子本來就怨恨智伯，於是斷然拒絕了他的無理要求。智伯非常生氣，便聯合了魏氏和韓氏一起攻打趙氏。趙襄子知道抵擋不住他們，便逃到了晉陽（今山西永濟市）。

智伯和韓氏、魏氏圍攻晉陽，打了一年多也沒有攻下。他們把汾河的水引來，想要淹沒晉陽城。城內一片汪洋大海，百姓們只能把鍋掛起來做飯。歷經這麼長時間的戰爭，趙襄子的大臣也變得越來越不尊敬趙襄子了。看到這種情況，趙襄子急了，派出一個人暗中勸說魏氏和韓氏。最終韓、趙、魏三家達成了共識，由韓氏和魏氏兩家做內應，三家聯合起來消滅了智伯家族，共同瓜分了智伯的土地。

從這以後，韓、趙、魏三家包攬了晉國的大權。晉烈公的時候，周天子承認了韓、趙、魏的地位，封他們為諸侯。到了晉靜公時期，韓、趙、魏三家把晉國的土地徹底瓜分了，晉國就這樣消失了。

1 選自《史記．趙世家》。

申不害變法①

韓國在戰國時期是一個非常弱小的國家，所以在秦滅六國時成為第一個被滅掉的國家。如果說韓國曾經有過輝煌的時期，那就是在申不害變法的時候。

申不害是戰國時期著名的思想家，被尊稱為「申子」。申不害原本是鄭國人，是一個小官。西元前375年，韓國滅掉了鄭國，於是申不害就轉而成為韓國的一個小官。

韓昭侯時期，與韓國一向不和的魏國出兵攻打韓國。面對重兵壓境的局面，韓昭侯束手無策。在這個危急關頭，申不害站了出來。他建議韓昭侯拿著玉圭去見魏惠王，表示自己是魏國的臣子，向魏國示弱。他對韓昭侯說：

「現在魏國比我們強大，魯國和宋國都去朝見，如果您持玉圭去見魏惠王，那麼他的內心一定會產生巨大的滿足感，進而變得驕傲自大，這樣就會引起其他國家的不滿，他們就會幫助韓國。」

韓昭侯採納了申不害的建議，親自執玉圭去朝見魏惠王，表示敬畏之意。魏惠王果然十分高興，立即撤兵，並與韓國約為友邦。從那以後，韓昭侯對申不害刮目相看，申不害逐步成為韓國的重要謀臣，最終成為宰相。

成為韓國的宰相之後，韓昭侯和申不害準備實行變法。在申不害之前，韓國也曾進行過改革，但是並不徹底，還在政治上造成了一些混亂。一些貴族乘機欺上瞞下，導致官場腐敗，國弱民貧。申不害的變法主張是以法治國，還提出了一連串的改革策略。

申不害主張以「術」治國，這個「術」主要是講國君控制大臣，駕馭大臣的手腕和方法。其中不僅有任免、監督和考核臣子的方法，還有很多防範百官的陰謀之術，所以後人對申不害的評價褒貶不一。

申不害本人很善於察言觀色，因此他總能使自己站在君主的一邊。

有一次，魏國出兵攻打趙國，趙國向韓國和齊國求助。韓昭侯一時拿不定主意，就詢問申不害的意見。申不害這時候沒有看出國君的心思，擔心自己的意見萬一不合國君的心思極有可能害了自己，於是他就回答說：「這種國家大事，老臣要深思熟慮之後再給您答覆。」隨後申不害不露聲色地遊說了韓國兩名能言善辯的大臣分別向韓昭侯進諫，說明自己對出兵救趙的意見，申不害自己則暗中觀察韓昭侯的態度，摸透了韓昭侯的心思後便進諫說應當聯合齊國，伐魏救趙。聽了申不害的話，韓昭侯果然非常高興，馬上發兵和齊國一起征討魏國，這就是歷史上有名的「圍魏救趙」的故事。

雖然申不害很擅長運用「權謀之術」，讓人們覺得這個人有些不可靠。可是透過他的變法，韓國的君主專制得到加強，國內政局穩定，百姓生活富裕，使這個處於強國包圍中的國家在諸侯國中佔有重要的地位。不過在韓昭侯死後，申不害的變法就被迫結束了，韓國的國力也變得日益衰微，最終在秦滅六國的時候第一個被滅掉了。

1 選自《史記·韓世家》。

四大刺客之聶政①

聶政原本在齊國過著平靜的生活，但是這一切都因為一位韓國大臣的到來而發生了改變，聶政因此變成了一名刺客，死的時候還毀掉了自己的容貌，這是為什麼呢？

聶（ㄋㄧㄝˋ）政是戰國時期的俠客，原本是韓國人，因為在家鄉殺了人，害怕連累家中年邁的母親和尚在閨中的姐姐，所以舉家潛逃到齊國。他在齊國的市井安了家，以宰殺牲畜為生。聶政為人仗義，喜歡為大家排憂解難，很受當地人的喜愛。

一家人和樂地在這裡生活了很久，忽然有一天，一位衣著華麗的人在一群僕人的簇擁下來到了聶政家。這個人就是韓國國君的近臣嚴仲子，他聽聞聶政勇敢豪爽，前來拜訪。聶政聽說他是為了認識自己而專門從大老遠的地方趕來的，十分感動，兩個人很快成為知己。

但是嚴仲子的目的並不是交朋友那麼簡單，他想要聶政為他刺殺韓國的俠累。俠累是韓國的國相，嚴仲子與他結下了仇怨。但是俠累勢力很大，嚴仲子擔心自己會遭到俠累的毒手，於是逃離了韓國，並且一直在尋找一個可以幫自己除掉俠累的人。當他遊歷到齊國時，聽說了聶政這個人，就找到了他。

經過檢驗，嚴仲子確定聶政是一個可信的人。於是他擺下宴席，並且奉上黃金，正式向聶政提出請求。但是聶政拒絕了，他說自己的母親尚在，為了老母親，他絕對不會接受這樣的請求，嚴仲子失落地離開了。

過了很久，聶政的母親去世，將母親安葬後，他想起了嚴仲子的請求，想到自己原本只是個市井小民，嚴仲子這樣的高官竟然屈尊來和自己交朋友，自己怎麼能這樣不圖報答呢？當年因為母親尚在，自己沒有辦法對他有所表示，現在母親已盡享天年，應該去報答那份恩情了，於是他馬上動身去找定居在濮陽（今河南濮陽）的嚴仲子。

見到嚴仲子之後，聶政開門見山地說出了自己此行的目的。嚴仲子擔憂地說：「您要刺殺俠累，但是他家守衛森嚴，您要不要帶個幫手呢？」

聶政說：「俠累是重要的大臣，帶的人多，難免會走漏消息，到時候韓國人知道是您派的人，那不是會連累大人嗎？就讓我一個人去吧！」

聶政隻身仗劍來到韓國，他來到宰相府門前，沒有理會那些衛兵，直接穿門而入，大踏步走上臺階，舉劍刺死了俠累。那些衛兵看見俠累倒在血泊中才緩過神來，慌亂地圍住了聶政。聶政料想此行必然凶多吉少，就退到一個角落，用劍毀掉了自己的容貌，挖出了眼珠，讓別人無法認出自己。

韓國將聶政的屍體放在鬧市中，懸賞千金徵求能辨認兇手的人。很久之後，聶政的姐姐聶榮聽說有人刺殺了韓國國相，而全韓國的人都不知道刺客的來歷，她不禁哭了起來：

「這個人應該是我弟弟吧！」來到韓國都城，看見屍體後，她立即認出這具屍體正是弟弟聶政的。她撲到屍體上大哭：「這是我的弟弟啊！」

「這位夫人，你不知道國君正在懸賞查詢他的姓名嗎？怎麼還敢來認屍體？」

「我知道，我也知道我弟弟死前自毀容貌只是怕牽連到我。有這樣一個講義氣的弟弟，我卻不敢前來認屍，這不是辱沒了他的名聲嗎？」聶榮的一番話讓周圍的人動容，她痛哭了很長時間，最終因為過度哀傷而死在了聶政的身旁。

人們聽說這個故事之後，都讚嘆地說：「不僅聶政自己是個能力過人的義士，他的姐姐也是位了不起的英雌啊！」

1 選自《史記·刺客列傳》。

北方稱王的趙國

趙氏孤兒①

「三家分晉」中的趙氏家族是忠臣趙盾的後代。趙盾的弟弟殺死晉靈公之後，晉靈公的一個重臣屠岸賈想要殺掉趙氏一族為晉靈公報仇。結果偌大的趙氏家族只有一個孩子得以逃脫。

趙盾死後，他的兒子趙朔（朔ㄕㄨㄛˋ）接替了他的職位，輔佐晉景公。與他共事的屠岸賈是晉靈公的寵臣，他一直想要報復趙氏家族的人，還和其他大臣一起商量這件事情。將軍韓厥不同意，他說：「晉靈公死的時候，趙盾還在外地，沒有參與殺害晉靈公這件事，所以不應該報復趙盾的後代。」但是屠岸賈心意已決。

韓厥將這件事告訴了趙朔，希望他能夠出國去避避風頭。可是趙朔不想背上叛國的罪名，不願意逃亡在外，他對韓厥說：「只要將軍答應不斷絕我趙家的香火，我死而無憾。」可是沒有想到，屠岸賈沒有經過晉景公的允許就私自帶著軍隊圍住了趙朔的家，殺死了趙朔和他的幾個叔叔，把趙氏一家幾乎滅族。

令屠岸賈萬萬沒有想到的是，趙朔的夫人，也就是晉景公的姑姑當時正在國君的宮殿裡與姐妹們遊玩，而她也已經懷有身孕。趙朔的夫人知道了家裡發生的事後，不敢回家，一直躲在宮中，直到幾個月後，生下了一個男嬰。趙朔的門客公孫杵臼和好友程嬰知道了這個消息之後，決定無論如何要保住這個孩子。

屠岸賈聽說了趙夫人分娩的消息後，就到宮中索要這個孩子。當時的晉景公已經完全沒有權力，屠岸賈不顧士兵的阻攔，親自到宮中搜索。無奈之下，趙夫人把孩子藏在了裙子裡，然後禱告說：「如果上天要滅絕趙氏，你就哭吧；如果上天想保住你，你就安安靜靜的。」經過徹底的搜查後，屠岸賈只看到了默默站在一邊的趙夫人，沒有找到嬰兒，就認定嬰兒一定被偷偷帶走了，於是就向城外搜去；並下令搜查所有一個月以上半歲以下的嬰兒，找到之後殺無赦。

程嬰聽到這個消息，就找公孫杵臼商量對策，如果不能解決這個問題，將會有很多無辜的孩子死於非命。公孫杵臼突然問程嬰：「你說，養育這個孤兒和死去，哪個更難？」「死很容易，養育這個孤兒很難。」「那麼，就請你承擔比較難的那件事，我去承擔容易的！」公孫杵臼堅定地說。

兩個人找來一個嬰兒，給他換上趙氏孤兒的衣服。準備妥當之後，程嬰就去向屠岸賈報告：「如果你能賞我一千兩金子，我就把孩子的藏身之地告訴你！」

「馬上拿一千兩黃金來！」程嬰二話不說就帶著士兵來到了公孫杵臼家。公孫杵臼破口大罵：「程嬰你這個小人！當初你口口聲聲說要與我好好撫養趙氏孤兒，今天卻把我出賣了！你即便是不願意撫養這個孤兒，也不能出賣他啊！」說完公孫杵臼抱起孤兒大哭：「天哪！這個孩子有什麼罪？請你們放過他吧，只殺我公孫杵臼就可以了。」

可是屠岸賈沒有同情公孫杵臼或者這個嬰兒，毫不留情地殺死了他們。程嬰從那以後就帶著真正的趙氏孤兒藏在山中，並給孩子取名叫做趙武。

晉景公十五年（前585年），晉景公突然得了重病，占卜結果顯示是一個被滅了族的大家族的靈魂在作怪。大將軍韓厥說：「現在我國被滅了族的家族只有趙氏家族吧？」

晉景公非常害怕，小心翼翼地問道：「趙家可還有後代留在人世？」

韓厥見時機已到，就把趙武還在人世的事情告訴了晉景公。晉景公非常高興，馬上派人把趙武接進了宮裡，已經長大成人的趙武要求懲罰當年參與屠殺趙氏的人。晉景公就把那些人召進宮內，這些人向晉景公問安時，全部被韓厥的人拿下。不久，趙武親自率兵捉住了屠岸賈，滅掉了屠岸賈的家族。

趙武為父親報了仇並且繼承了父親的爵位之後，程嬰忽然向他辭行，趙武捨不得他走，請求他留下。程嬰說：「當年你家遭受滅族之難，我沒有死的原因就是為了把你撫養長大。現在這個任務已經完成了，我終於對你的父親和公孫杵臼有個交代了。」

趙武哭著說：「你怎麼忍心離我而去呢？」

「公孫杵臼自己選擇了死，把生的希望留給了我，就是認為我能夠把你撫養長大，今天任務完成了，如果不去向他們覆命，他們會以為我的任務沒有完成。」說完他就自殺了。

程嬰死後，趙武為他守孝三年，並且要求自己的後代把程嬰當作自己的祖先一樣供奉，每年都要祭祀他。

趙武的孫子就是趙簡子，當時晉國的政權已經落在趙簡子等幾位大臣手裡。後來趙簡子的兒子趙襄子和其他兩個大臣瓜分了晉國的土地，成為諸侯，分別建立了趙、魏、韓三個諸侯國。

1 選自《史記．趙世家》。

四大刺客之豫讓①

在「三家分晉」的故事中，我們講到了趙氏、韓氏和魏氏三家殺掉了智伯，瓜分了智伯家的土地。智伯有一個非常忠心的家臣叫做豫讓，智伯死後，他一直想要殺死趙毋恤為智伯報仇。

豫讓最初是在范氏和中行氏家裡做家臣，但一直是默默無聞的小官，不受重用。後來他做了智伯的家臣以後，智伯對他很尊重，不僅重用了他，而且兩個人之間的關係很好，就像好朋友一樣。

正當豫讓的境遇日漸好轉的時候，趙毋恤和韓、魏合謀殺了智伯，這三家還瓜分了他的國土。趙毋恤因對智伯的怨恨頗深，就把智伯的頭蓋骨做成了飲具。

智伯的家臣大多數都投奔了趙毋恤，而豫讓則逃到了山裡，日夜思念智伯。他下定決心要為智伯報仇，殺掉趙毋恤。

他改名換姓，進入趙毋恤宮中修整廁所。他每天都帶著匕首，隨時準備行刺趙毋恤。機會終於來了！

有一次趙毋恤去廁所，他心裡忽然感覺到有些不安，看到了不遠處的豫讓，他就讓人把豫讓抓起詢問。侍衛們從他身上搜出一把刀，審問的時候，豫讓對自己的目的毫不隱瞞：「我就是要為智伯報仇才來到這裡的！」侍衛們要殺掉他，但是趙毋恤攔住了他們，說：「智伯死後沒有繼承人，而他的家臣想要替他報仇，真是義士啊！我小心地迴避就是了，你們放他走吧！」

過了沒多久，豫讓為了順利實現報仇的計畫，就把漆塗在身上，使皮膚潰爛，又吞下了炭火改變自己的聲音，他的相貌變得連他的妻子都不認得他了。不過還是有一個好朋友認出了他，看到他的樣子，這位朋友猶豫地問道：「你是豫讓嗎？」

「是我！」這位朋友頓時流下眼淚說：「憑藉你的才能，如果你能夠去侍奉趙毋恤，一定會得到重用！等到他親近你的時候，你再去做你想做的事情，不是容易得多嗎？」

豫讓嚴肅地回答他：「如果我去侍奉趙毋恤，就要對他忠心，到時候我再殺他，那就不是忠臣所為了！」

豫讓調查清楚了趙毋恤出行的時間和路線，提前埋伏在他必經的路上，偽裝成一個乞丐。趙毋恤過橋的時候，豫讓突然出現在他的馬前，馬受到驚嚇，跳起一米多高！趙毋恤一猜就知道是豫讓又來行刺了。當趙毋恤的手下抓住他審問時，雖然豫讓的容貌已經不是以前的模樣，不過他仍然沒有隱瞞自己的目的。趙毋恤有些惱怒地責問豫讓：「你不是也侍奉過范氏和中行氏嗎？智伯把他們消滅了，怎麼不見你替他們報仇呢？」

「我在范氏和中行氏家的時候，他們只把我當作奴僕，那麼我就以奴僕的標準來對待他們；

而智伯則把我當作知己，我就以知己的標準來報答他。」聽了這番話，趙毋恤很受感動，但又覺得不能再放掉豫讓了，就下令士兵把豫讓抓住。

豫讓知道這次難逃死罪，就請求趙毋恤脫下一件衣服，讓他象徵性地刺殺。趙毋恤答應了他的要求，豫讓拔出寶劍跳起來擊殺它，然後大喊著：「智伯啊，我終於為你報仇了！」說完就拔劍自殺了。

豫讓的事蹟傳開後，趙國人都為他「一臣不事二主」的精神所感動。雖然他的行刺計畫沒能成功，他的精神卻讓他留名青史。

1 選自《史記．刺客列傳》。

胡服騎射①

戰國時期，中原的人穿的衣服都是寬袍大袖，幹起活來十分不方便。趙國的君主武靈王下決心要改變這種狀況。

趙武靈王是趙國的一位奮發有為的君主，眼光遠，膽子大，總是想把國家改革一番，讓它變得更加強大。

有一天，趙武靈王對他的臣子樓緩說：「我們國家處於很多國家的包圍之中，東邊有齊國、中山，北邊有燕國，西邊有秦國和韓國。如果我們不發憤圖強，可能很快就會被別人消滅了。要想讓國家強大起來，必須要好好改革一番，我打算先從服飾下手。」

「服飾？」聽到這個詞，樓緩驚奇地喊了出來。

「是啊，我們穿的衣服，寬袍大袖，幹活打仗都很不方便。你看胡人②的服裝，短衣窄袖，腳上穿著皮靴，比我們要靈活多了。我打算按照胡人的衣服，把我們的服裝改一改。」

樓緩聽完了趙武靈王的話之後，表示贊成：「我們仿照胡人的穿著，就能學習他們打仗的本領了！對吧？」

趙武靈王說：「對啊，這樣我們就可以學習胡人騎馬打仗，就可以訓練自己的騎兵了。我決定從我開始，學習胡人的穿著，還要像胡人那樣騎馬射箭！」

這個想法一提出來，馬上有很多大臣站出來反對。趙武靈王就對另一個大臣肥義倒苦水：「我想用胡服騎射來使我們的國家強大起來，但是這改變了國家的風俗，大家都反對，我不知道怎麼辦了。」

肥義安慰他說：「老臣只知道辦大事就不能猶豫，猶豫就辦不成大事。大王既然認為這樣做是對的，就不要怕大家的流言蜚語。」

趙武靈王聽完笑著說：「我看譏笑我的都是些愚蠢的

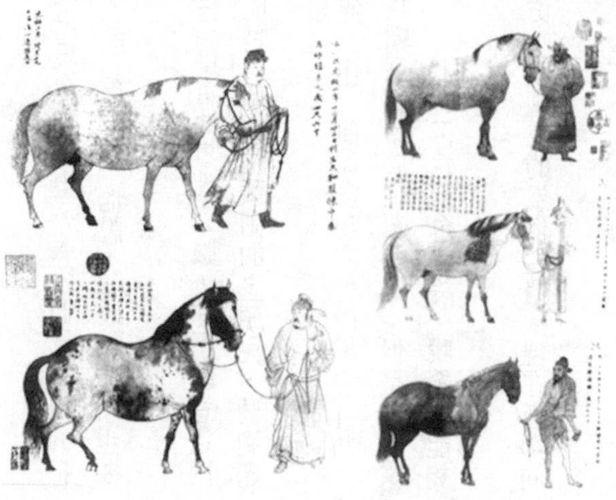

人，明理的人都會支持我。」

第二天上朝的時候，趙武靈王穿著短衣窄袖的胡人服裝出現在朝堂上。大臣們見到他的打扮，都嚇得不輕，紛紛勸阻趙武靈王。但是趙武靈王改革的決心非常堅決，他說：「明天大家也要穿著胡人的服裝上朝！這是本王的命令！」

雖然趙武靈王強制大家穿胡人的服裝，但是大臣們還是覺得這件事太丟臉，都不願意這麼做。他有個叔叔叫公子成，是趙國很有影響力的老臣。公子成是一個非常頑固的老頭兒，聽到趙武靈王要求穿胡服上朝，乾脆裝病不上朝了。

趙武靈王知道要推行這個政策，必須要做好公子成的溝通工作。他親自到公子成家去拜訪，對公子成說：「我是非常敬重叔叔您的，在家族的事務中，我願意聽命於長輩親屬；但是在國家大事上，我希望叔叔您能夠支持我的改革。叔叔您不穿胡服，天下的百姓都會議論。我希望能夠仰仗叔叔的聲望成就我改換胡服的想法。」

公子成恭恭敬敬地說：「我所知道的是，胡人一直在效仿中原國家的風俗習慣。現在您卻向胡人學習，改變自古以來的規則，請您三思而後行！」

趙武靈王誠懇地對公子成說：「我們國家處在很多國家的包圍之中，我只是覺得如果能夠學會騎射，我們就能夠更有效地保衛國土，保衛趙國列祖列宗辛苦建立起來的國家啊！現在叔叔您卻只想著中原地區的風俗，這不是我所希望的啊！」公子成仔細想了一會兒，同意改穿胡服。

第二天上朝，大臣們見公子成也穿起了胡服，都沒有話說，只好跟著改穿胡服。後來全國推行改穿胡服之後，大家都覺得方便了很多。從胡服騎射的第二年起，趙國的國力就逐漸強大起來，而趙武靈王勇於改革的膽識也被後人傳為佳話。

1　選自《史記．趙世家》。
2　胡人：泛指北方的少數民族。

完璧歸趙①

趙惠文王得到了非常有名的和氏璧，秦國也看上了這個寶物，並提出要拿15座城池來交換，秦王究竟是真心想要交換和氏璧，還是仗著自己國力強大，想把和氏璧騙到手呢？

趙惠文王得到了和氏璧②，秦昭王聽說了這件事，馬上給他寫了一封信，說願意用15座城池交換這塊寶玉。這下可讓趙惠文王發愁了，他與大臣們商量：「如果我們把和氏璧給了秦國，秦王不交出城池，我們也沒有辦法；但是如果不把和氏璧給他，就給了他一個藉口攻打我們，這可如何是好？就算我們不打算給他和氏璧，也得派一個人去回覆秦昭王啊，可是誰能擔負這個重任呢？」

大臣們你看看我，我看看你，誰都不說話。這時候一個叫做繆賢的人站了出來，說：「大王，也許可以讓我的門客藺（ㄌㄧㄣˋ）相如試一試。他有勇有謀，曾經幫我脫離危險。」

「好，你快把他叫過來！」

藺相如來到宮內，趙王把當前的情況跟他說了一遍，問他的看法。藺相如略一思索，說道：

「現在的情況是趙弱秦強，您不能不答應秦王的要求。秦王提出用15座城池換玉，如果您不答應，是我們理虧；但是我們給了他，他不給我們城池，則是他理虧。我們應該答應秦王，再看秦王的態度。」

趙王說：「那先生願不願意到秦國去一趟呢？」

「大王您如果相信我，我願意前去。如果秦王給我們城池，我就把和氏璧給他，否則，我一定完璧歸趙。」

藺相如到達秦國之後，秦王在章臺接見了他。藺相如把和氏璧獻給秦王，秦王拿著和氏璧讚不絕口，還把玉傳給身邊的姬妾和大臣看，他們看了好長時間，卻絕口不提城池的事情，藺相如明白秦王沒有誠心換玉。於是他對秦王說：「大王，這塊玉看起來很完美，其實有一塊瑕疵，讓我來指給您看。」

秦王聽了，便把玉交給了藺相如，他剛想湊近去看，藺相如卻後退幾步站在了一根柱子前面，說道：「大王，趙王聽說您要和氏璧，齋戒5天之後才派我帶著寶玉給您送到都城，趙王對您如此尊敬，您卻如此無禮，不僅在這麼普通的地方接見我，而且還把寶玉傳給其他人看，我看您根本沒有以城換玉的誠意，所以我就拿回了這塊玉。如果您要搶奪，我就和這塊玉一起撞碎在這根柱子上。」

秦王見狀，馬上派人拿來地圖，把15座城池指給他看。藺相如知道這只不過是秦王的權宜之計，就說：「您也應該齋戒5天，安排大典來接受和氏璧。」秦王為了得到和氏璧只好答應了他。回到住所後，藺相如馬上派人喬裝改扮，帶著和氏璧從小路回國去了。5天後，秦王安排好了大典，藺相如卻說：「秦國從穆公開始的20多位君主，沒有一個堅守盟約的。我怕被騙，已經派人把和氏璧送回趙國了。現在趙弱秦強，您要是先把15座城池交給趙國，趙國又怎麼敢不交出玉呢？」秦國的朝臣都很生氣，紛紛勸說秦昭王把藺相如殺了。但是秦王平靜地說：「殺了他也得不到和氏璧，還影響秦趙兩國的友誼，算了吧。」說完讓藺相如回國去了。

藺相如出色地完成了任務，趙王封藺相如為上大夫。秦國最終沒有把許諾的城池交給趙國，當然也沒有得到和氏璧。

1 選自《史記．廉頗藺相如列傳》。

2 和氏璧：相傳是楚國人卞和發現的一塊玉石，連續獻給幾個國君都遭到懷疑，還砍掉了卞和的雙腳。楚文王即位後，卞和抱著這個寶玉在一座山下哭到雙眼溢血。楚文王被感動，派人剖開石頭，裡邊果然是一塊寶玉，為了獎勵卞和，就把這塊玉命名為「和氏璧」。

負荊請罪①

完璧歸趙之後，藺相如在澠（ㄇㄧㄢˇ）池會上也立了大功，趙王給他封了個很大的官，高於廉頗的官位。廉頗對此很不滿，就想找機會為難藺相如。得知這個消息之後，藺相如一直躲避廉頗，是藺相如害怕廉頗嗎？

完璧歸趙後幾年，秦王約趙王在澠池相會。趙王和眾大臣商議：「去，怕有危險；不去，又顯得太膽怯。」

藺相如說：「還是去比較好，對秦王千萬不能示弱，要不然他就會欺負我們國家。」於是趙王打點好行裝準備去澠池，讓藺相如隨行，而廉頗則帶著大軍守在邊界上，一旦有意外情況，馬上發兵相救。

趙王和秦王在澠池相會之後，秦王說：「聽說您對鼓瑟十分在行，能不能讓我們也欣賞一下呢？」趙王推辭不過，只好勉為其難地鼓了一段。於是秦王叫史官記錄下來：某年某月某日，趙王為秦王鼓瑟。

藺相如見秦王如此羞辱趙王，十分生氣。他走到秦王面前大聲說：「請您為趙王擊缶（缶ㄈㄡˇ）！」秦王一口拒絕了。藺相如再次請秦王擊缶，秦王又拒絕了，藺相如威脅他說：「大王，我現在離您只有五步遠，您要是不答應，我就跟您拚了！」

秦王被逼無奈，就敲了一下缶。藺相如也叫人記錄下來，說澠池會上，秦王為趙王擊缶。秦王沒有佔到便宜，很生氣，但是他知道廉頗在邊境上已經做好了戰鬥的準備，不敢對趙王怎麼樣，只好把趙王放了回去。

藺相如又立了大功，趙王封藺相如為上卿，職位比廉頗高。廉頗很不服氣，逢人就說：「我廉頗攻無不克，戰無不勝，立下許多大功才有今天這個爵位。他藺相如有什麼能耐，就靠一張嘴，竟爬到我頭上來了！如果讓我碰見他，我一定要羞辱他一番！」

這話傳到了藺相如的耳朵裡，從那天開始，他就稱病不上朝，免得與廉頗見面。有一次，藺相如坐車出去，遠遠地看見廉頗騎著高頭大馬過來了，就讓車夫趕緊把車往回趕。藺相如的手下看不過去了，都說藺相如害怕廉頗，就像老鼠見了貓一樣。藺相如毫不在意，只是意味深長地對他們說：「你們覺得廉頗將軍和秦王比誰厲害？」

「當然是秦王厲害！」

「我連秦王都不怕，會害怕廉頗將軍嗎？大家都知道，秦國之所以不敢對趙國無禮，就是因為武有廉頗，文有藺相如。如果我們兩個不和被秦國知道，他們一定會乘機攻打我們。我避著廉將軍完全是為了趙國啊！」

廉頗知道了藺相如的用意之後，心裡很受觸動，也很內疚，自己為了爭一口氣，竟然把國家的利益放到一邊，真是太不應該了！於是他脫下戰袍，背上帶刺的荊條，到藺相如家請罪。藺相如見廉頗負荊請罪，連忙迎了出來，並為他除去了背上的荊條。從那以後，兩個人成了好友，一起為保衛趙國而努力。

1 選自《史記．廉頗藺相如列傳》。

趙奢收稅①

趙奢是趙國著名的將領，但是他最開始的時候只是一名收稅的小官。這個小官是怎麼成為趙國重臣的呢？

趙惠文王的時候，趙奢只是一名收稅的小官，官職雖小，但是他執法嚴明，不怕得罪權貴，人們都很尊敬他。

一次他帶人去平原君家裡收稅，平原君是趙國的丞相，家丁眾多。趙奢一行人剛到門口，就被幾個家丁攔住了。趙奢說明來意之後，出示了相關的文書。但是這幾個下人仗著自己是丞相家的人，並沒把趙奢放在眼裡。不一會兒，出來一個看上去像是管家的人，這個管家依仗平原君的權勢，不僅拒絕繳納賦稅，還口出狂言。趙奢一再好言相勸，他不僅不聽，還叫出來幾個大漢毆打他們。趙奢終於氣急了，依照當時的法律，把那個管家就地正法了。

平原君聽說這件事後非常惱怒，說一定要將趙奢革職查辦，還要定他的死罪。一些好心人勸趙奢趕緊去逃命，但是趙奢毅然決然地說：「我秉公執法，何罪之有？我不僅不應該逃跑，還要把這件事和平原君理論個清楚！」

於是他找到平原君，義正詞嚴地說：「你身為相國，是國家法律的制定者，卻無視手下藐視、破壞國家法令，你想過後果嗎？如果滿朝文武官都像你一樣置國家法令於不顧，就會引起民憤，國家就會隨之衰敗。這時候如果有戰爭發生，就不會有人為國出力。這樣一來趙國就有滅亡的危險，一旦趙國滅亡了，你還能在這裡享受丞相的待遇嗎？」

平原君自知理虧，但是為了面子，還是辯解道：「你處分我手下的鬧事之人，至少應該跟我說一聲才是啊！」趙奢嚴肅地回答說：「處理有關稅收的事情本來就是我的職權，執法辦事還要向您請示嗎？」

平原君聽了趙奢的一番話，十分佩服，覺得他是一個有才幹的人，於是推薦他上朝參政。後來趙奢在管理稅收上充分發揮了自己的聰明才智，使得國庫日益充盈。

趙惠文王時期，趙奢被任命為將軍，他帶兵奪取了麥丘（今山東商河縣），趙王非常高興，賜他酒水表示祝賀。從那以後，趙奢就開始了自己的軍事生涯。

趙惠文王三十年（前270年），秦軍派重兵圍困閼（閼ㄜˋ）與（今山西和順縣）。趙惠文王馬上召集各位將軍進行商議，他問廉頗能不能救，廉頗說難；又問樂乘，樂乘的回答與廉頗如出一轍；又問趙奢，趙奢說：「道路遙遠而狹窄，就像是兩隻老鼠在洞穴中打鬥一樣，勇敢的人能夠獲得勝利。」於是趙王任命趙奢為將，率軍解閼與之圍。

趙奢首先用計讓秦國軍隊誤以為自己放棄了抵抗，隨後悄悄地搶佔了有利地勢，居高臨下，俯擊秦軍。秦軍大敗，四處逃散。這次戰役讓強秦遭受了重大打擊，多年不敢輕舉妄動。趙奢凱旋之後，趙惠文王封趙奢為馬服君，地位與廉頗、藺相如相同。

趙奢死後，趙王為追念他所建立的功績，把他厚葬在都城邯鄲（邯ㄏㄢˊ鄲ㄉㄢ）附近的西山，人們都稱他為「馬服君」，他的後世子孫為了表示自己的尊敬，都以「馬」為姓。

1 選自《史記．廉頗藺相如列傳》。

觸龍說趙太后①

趙惠文王死後，因為太子年幼，他的妻子趙太后執政，歷史上把她稱為「趙威后」。趙太后是一個非常有謀略的人，總是從大局出發去處理事情。但是這次的事情涉及她最喜歡的兒子，她無法做到不徇私了。

趙太后剛剛開始處理朝政的時候，秦國就趁著趙國國喪期間政權不穩定出兵攻打趙國，趙太后只好向齊國求救。齊國的使臣說：「如果一定要讓我們出兵援救，就要把長安君送到齊國來做人質。」

長安君是趙太后最喜歡的小兒子，聽到要讓小兒子去做人質，她一口拒絕了。為了趙國的安危，朝中的大臣們紛紛進諫，希望太后以國事為重。趙太后告訴身邊的近臣說：「去告訴那些不知好歹、不疼愛兒子的大臣們，再有來說讓長安君做人質的，我一定會朝他臉上吐唾沫！」

過了沒多久，左師②觸龍來求見太后。太后一猜就知道是為長安君的事情來的，便氣勢洶洶地等著他。觸龍緩慢地小步跑到太后面前，向她道歉說：「我的腳有毛病，連快跑都不能，所以很久都沒來看您了。我自己私下裡悄悄原諒了自己，但是太后的貴體確實讓我擔心啊！所以我今天專程來看望您！」

太后一聽不是為了長安君的事情來的，稍微鬆了一口氣，說道：「我都是靠車才能走動。」

「那每天的飲食還正常嗎？沒有減少吧？」

「我每天吃點稀粥。」

觸龍說：「我現在特別不想吃東西，只能勉強自己每天走上三、四里，慢慢地增加點食欲，身上也就比較舒適了。」太后的怒氣消解了不少，緩緩地說：「我做不到您那樣。」

觸龍又說：「我有個兒子叫舒祺，年齡最小，不成才；我呢，年紀也大了，私下裡有些偏愛他，希望您能同意讓他替補上黑衣衛士空缺的名額，來保衛王宮。我冒著死罪希望太后能夠答應我的請求。」

太后說：「沒有問題。孩子多大了？」

觸龍說：「剛剛15歲。雖然年紀還不算大，但是我希望趁我還沒入土就把他託付給您。」

太后奇怪地問道：「你們男人也疼愛小兒子嗎？」

觸龍說：「比婦女還厲害呢。」

太后笑著說：「你們沒有婦女厲害！」

觸龍回答說：「我認為，您並不是最疼愛小兒子，您疼愛燕后就超過了疼愛長安君。」

太后擺擺手說：「你錯了！我更疼愛長安君。」

觸龍說：「父母疼愛子女，就得為他們考慮得長遠些。您送燕后出嫁的時候，拉著她哭泣，就是擔心她嫁到遠方會受委屈，哭得十分可憐。但是她出嫁以後，您祭祀時卻為她禱告說：『千萬不要被趕回來啊。』難道這不是為她做長遠打算，希望她生育子孫，一代一代地做國君嗎？」

太后說：「確實是這樣的。」

觸龍又說：「從這一輩往上推三代，甚至到趙國建立的時候，趙國君主的子孫被封侯的，現在還有能繼承爵位的嗎？」

「沒有。」

觸龍又問：「不光是趙國，其他的國家被封侯的子孫還有在位的嗎？」

趙太后說：「沒有。」

觸龍說：「他們當中禍患來得早的就降臨到自己頭上，來得晚的就降臨到子孫頭上。難道國君的子孫就一定不好嗎？不是。只是因為他們雖然地位高卻沒有功勳，無法服眾啊！現在長安君的地位很高，還有肥沃的土地，如果您不趁現在這個機會讓他為國立功，一旦您離開人世，長安君憑什麼在趙國立足呢？您為長安君打算得太短了，所以我覺得您疼愛他比不上疼愛燕后。」

太后恍然大悟：「好吧，任憑您指派他吧。」

於是趙太后就為長安君準備了一百輛車子，送他到齊國做人質。齊國這才出兵相救，解決了趙國的危機。

1 選自《史記．趙世家》。

2 左師：趙國的官名，官位很高，但是沒有實權。

趙國衰敗①

趙孝成王是趙惠文王的兒子，他貪圖上黨（今山西省東南部）17城的眼前小利，沒有做長遠的打算，結果使趙國元氣大傷，再也沒有恢復過來。

一大清早，趙孝成王就得到了一個好消息。上黨的太守馮亭派遣使者來拜見他，要把上黨的17個城池送給趙國。

上黨這個地方屬於韓國管轄，但是這個地方與韓國國內唯一的聯繫就是一條狹窄的小路，一旦別國的軍隊切斷這條小路，上黨就會得不到韓國內地的救援。馮亭之所以要投降趙國，是因為當時秦國攻打韓國，秦國大軍已經到達上黨，而韓國國內也正遭受著秦軍的攻擊，很難分出精力來顧及這個邊遠的小地方。於是馮亭想，與其投降秦國，不如投降趙國。首先趙國在地理位置上靠近上黨，此外趙國的軍事力量強大，能夠與秦軍抗衡。思考了很久之後，馮亭派遣使者帶著上黨的地圖來到了趙國。

趙孝成王聽說不費一兵一卒就能得到17座城，非常開心，就準備接受。他召見了平陽君趙豹商量此事，趙豹提醒他說：「我們不能這樣無緣無故地撿這樣一個大便宜，這裡面一定隱藏著禍患！」

趙孝成王說：「馮亭說了，是當地的百姓自願歸順於我的，這可不是無緣無故啊！」

趙豹思考了一下，把自己的擔憂說了出來：「秦國準備消滅韓國，現在已經切斷了上黨和韓國的聯繫，上黨現在把城池送給趙國實際上是想把禍患轉嫁給趙國啊！況且秦國是強國，趙國是弱國。強國佔弱國的便宜尚且不容易，何況我們是想佔強國的便宜呢？」

趙孝成王心裡只有上黨17城，哪裡還有心思去想其他的呢？於是他說：「發動百萬大軍也不一定能夠得到一座城，現在17座城擺在眼前卻不要，這簡直太傻了！」他又召見平原君來討論，平原君支持趙孝成王的想法，於是趙孝成王決心接受上黨的土地。

他派平原君到上黨接收城市，還賞給馮亭三萬戶的封地，但是馮亭無論如何也不肯接受，甚至都不願意會見平原君。他派人對平原君說：「我不願意陷入三種不義的境地。我為韓國國君駐守城池，卻不能與城池共存亡，這是第一個不義；沒有經過國君的允許就私自把上黨給了趙國，這是第二個不義；藉由出賣國君的土地為自己換取封地，這是第三個不義。我無論如何也承受不了內心的煎熬，所以封地我是怎麼都不會接受的。」看馮亭言辭懇切，平原君也沒有勉強他。

但是接受了上黨之後，趙孝成王的噩夢就開始了。他總是擔心秦國會因此報復趙國，於是派出能征善戰的老將廉頗駐紮在長平（今山西高平縣）。秦國確實對趙國阻攔他們奪取上黨非常不滿，於是派兵攻打趙國。但是由於廉頗駐守長平，所以秦軍遲遲沒有攻入趙國。

後來秦國利用反間計讓趙孝成王罷免了廉頗的職位，任用了只會紙上談兵②、沒有實際作戰經驗的趙括接替廉頗。秦國掃除了廉頗這個障礙之後馬上派出了大將白起進攻趙國。趙國大敗，趙括死在戰爭中，40萬將士投降秦國，卻被白起活埋了。

趙孝成王這時候又想起了趙豹當年的好言相勸，後悔不迭，但是已經太遲了，趙國受到了毀滅性的打擊，從此再也沒有恢復過來，成為第二個被秦國滅掉的國家。

1 選自《史記．趙世家》。

2 紙上談兵：在文字上談論用兵策略。比喻不顧實際情況，空發議論。

戰國四公子之平原君①

戰國時期有四位公子非常賢德，門客如雲，他們為本國或者友國出謀劃策，立下了很多功勞，深得人們的愛戴，大家尊敬地把他們稱為「戰國四公子」。趙國的平原君就是其中的一位。

平原君是趙武靈王的兒子，趙惠文王的弟弟，名叫趙勝。平原君家與普通百姓家是鄰居，一次他的一個侍妾看到了一個跛腳的人，走路一瘸一拐，就站在樓上大聲地嘲笑。

第二天，這個跛腳的人來到平原君家裡，對平原君說：「我聽說您禮賢下士，許多門客不遠千里來投奔您，以為您以賢士為重。可是昨天我改變了自己的想法，臣不幸患有殘疾，您的侍妾見了竟然嘲笑我。我希望得到嘲笑我的那個人的人頭。」

平原君笑著答應了。這個人一走，平原君就嘲諷地說道：「這個小子居然因為一笑而要殺我的侍妾，這不是太過分了嗎？」所以他一直也沒殺那個侍妾。

過了一年多，平原君家裡的門客走了一大半。平原君責怪他們：「想來我趙勝對待各位並沒有失禮之處，你們為什麼都走了呢？」一個門客上前說：「這是因為您不肯殺那個侍妾，大家覺得您更看重女色，所以才走了。」平原君恍然大悟，於是殺掉了那個侍妾，還親自到跛腳者家裡道歉。不久，門客們又都回來了。

長平之戰之後，秦軍圍攻趙都邯鄲（今河北邯鄲），趙國傾盡全力死守邯鄲，並且派平原君向魏國和楚國緊急求援。平原君到楚國去搬救兵，想帶20個門客同行，選來選去，只挑出來19個，還少一個。

這時候，一個叫做毛遂的人自我推薦，說自己願意湊滿20個人，一起到楚國去。平原君上下打量了他一番，對他一點印象都沒有，就問：「你來這裡多久了？」

「已經三年了！」

「我聽說如果是賢士，就好像錐子在袋子裡一樣，馬上就會露出錐尖來。而你在我這裡已經三年了，卻沒有人稱讚過你，你不能去，還是留下吧！」

毛遂不卑不亢地說：「錐子得到在袋子中的機會才能露出鋒芒啊，如果我早就在袋子中，現在是整個錐子都露出來了，不只是錐尖了！」②看到他自信的樣子，平原君同意了他的請求。

到了楚國，平原君與楚王談論合縱抗秦的事，從早上談到中午也沒有結果。毛遂急了，拿著劍走到石階上，對平原君說：「合縱抗秦有利，不合縱有害，兩句話就能解決的問題，為什麼你們談了這麼久？」楚王生氣地問：「他是幹什麼的？」平原君說：「這是我手下的人。」楚王說：

「我在跟你的主人說話，你上來幹什麼？快下去！」

毛遂握緊劍柄，逼近楚王說：「大王敢這樣呵斥我，只不過是仗著楚國的軍隊多罷了。可是現在我跟大王之間的距離不到10步，您的性命握在我手裡，軍隊再多，也幫不了您的忙。」

面對毛遂的威逼，楚王連聲答應說：「是啊，是啊！我願意把整個國家奉獻給合縱抗秦的聯盟。」

毛遂問：「決定合縱了嗎？」

楚王回答說：「決定了。」

毛遂對楚王身邊的人說：「去拿雞、狗、馬的血來。」毛遂捧著盛血的銅盤，說：「請楚王首先歃（ㄕㄚˋ）血為盟，其次是我的主人，再次是我。」就這樣，趙國和楚國在殿堂上訂立了合縱抗秦的盟約，楚王派春申君帶兵解邯鄲之圍。平原君回到趙國後，把毛遂奉為上客。③

魏國信陵君則盜取了兵符前來救趙，這是歷史上第一次也是唯一一次「戰國四公子」中的三位出現在同一個歷史事件中。最終趙、楚、魏聯軍擊敗了秦軍，邯鄲獲救。

1 選自《史記．平原君虞卿列傳》。

2 「脫穎而出」的出處。意思是錐尖透過布袋顯露出來。比喻本領全部顯露出來。

3 「毛遂自薦」的出處。意思是毛遂自我推薦。比喻自告奮勇，自己推薦自己擔任某項工作。

雄踞一方的魏國

李克②是魏國的重要官員，他能被魏文侯賞識是因為翟璜（ㄓㄞˊ ㄏㄨㄤˊ）的推薦，後來翟璜與另外一個人都想做宰相，魏文侯詢問李克的意見時，你猜李克是怎麼回答的？

李克不以私報恩①

魏文侯是一位賢明的君主，善於選賢任能，曾經跟隨孔子的弟子學習經書。他對待賢人段干木非常尊敬，每次經過段干木的住處，都要手扶著車的欄杆向段干木的房屋行注目禮。秦國曾經打算進攻魏國，但是有人勸告秦王說：「魏文侯是一個善於用人的人，全國的百姓都稱讚他的仁厚，魏國上下一心，恐怕不是輕易能夠打敗的。」

不過魏文侯並沒有滿足於已有的成績，仍然求賢若渴。一天，他對李克說：「您曾經對我說過，『家貧思賢妻，國亂思良相。』我想為魏國選擇一位有作為的丞相，現在有兩個人選，一個是魏成子，一個是翟璜，你看哪個更合適呢？」李克委婉地拒絕了魏文侯的詢問，他說：「我只知道，身分卑賤的人不應該為尊貴的人謀劃事情。現在您所問的問題已經超出了我的職責範圍，我不能隨口亂說。」魏文侯說：「你說一下也無妨。」

魏文侯再三請求李克發表意見，李克無法推辭才說道：「其實選用誰為宰相並不難，因為您平時不注意觀察兩個人的行為，所以才覺得困難。據我所知，要品評一位大臣，可以觀察他平時都和哪些人親近，富有時和哪些人結交，身居高位時向您推舉過哪些人，不得志時有哪些事情他堅決不會做，貧困時不要哪些東西，只要觀察這五點，您就可以判斷讓誰做宰相了。」魏文侯恍然大悟，說道：「先生請回吧，我已經確定宰相的人選了。」

李克出了宮門就急忙向翟璜家走去，翟璜聽說了魏文侯召見李克詢問選擇宰相的事情，就問李克結果。李克說：「魏文侯已經決定選用魏成子做宰相了，我來只是想通知您一聲。」

翟璜十分生氣，他對李克說：「憑你對我的瞭解，你說說，我哪一點比不上魏成子？我向國君推薦西門豹治鄴（ㄧㄝˋ），推薦樂羊消滅了中山國，甚至你都是我推薦去管理中山國的！我還為國君的兒子推薦了老師，這些事情，國君都很滿意，為什麼你不向國君推薦我而推薦了魏成子呢？」

「難道您向國君推薦我的目的是為了讓我幫您說話，以求得升官發財嗎？」李克的這句話問得翟璜啞口無言。

隨後李克又緩緩道出了魏成子更適合宰相位置的原因：「魏成子把自己十分之九的俸祿都用來為國君尋找良才，剩下的十分之一用在自己和家人身上，這一點您能夠和他相比嗎？另外他向國君推薦的三個賢人被國君視為老師，而您推薦的這幾個人仍然只是被國君視為臣子，所以我認為魏成子更適合做國家的宰相。」

翟璜聽完李克的話，心悅誠服地說：「你說得非常有道理！我現在也覺得魏成子是最合適的人選！」翟璜不僅不再怨恨李克，反而對李克更加尊敬。

魏成子出任魏國的宰相後，果然不負魏文侯的重託，把魏國治理得井井有條，使魏國日益強大起來。

1 選自《史記．魏世家》。

2 李克：有人認為李克就是李悝（悝ㄎㄨㄟ），也有人不同意這一觀點。目前史學界沒有達成共識。

西門豹治鄴①

魏國有一個叫做鄴（今河南省安陽市區北）的地方經常發大水，當地的巫師和官員都說是因為河裡的河神在鬧脾氣，如果不給他娶老婆，他就用大水來報復當地百姓，真的是這麼回事嗎？

魏文侯時期，任命西門豹出任鄴縣的縣令。他一到任，就召集了很多地方上德高望重的人，問他們鄴（鄴ㄧㄝˋ）縣的老百姓生活上可有什麼難事。這些老人們嘆了一口氣說道：「現在讓老百姓最痛苦的事情莫過於給河伯娶媳婦了！也是因為這個，現在鄴縣的人越來越少，錢財也越來越少。」

西門豹聽了，好奇地問道：「這到底是怎麼回事呢？請你們詳細說給本官聽。」

這些人便對西門豹說：「我們這裡每年都要發大水，所以鄉官和縣吏們每年都要為這個徵收很重的賦稅，說是用來給河伯娶媳婦。他們每年都能徵收好幾百萬錢，但是只拿出其中的二、三十萬讓巫師和巫婆去挑選本地漂亮的姑娘給河伯做媳婦，說這樣就可以免除水災。剩下的錢都被官員們和巫師瓜分了。」

西門豹問道：「給河伯娶媳婦？這倒是個新鮮的說法，到底是怎麼個娶法呢？」

其中一位老人說：「每年到了給河伯娶妻的時候，巫師、巫婆就會派人去巡查小戶人家的女兒，見到漂亮的就會說『這女子適合做河伯的媳婦』之類的話。有些人家就會給他們一些錢，讓他們放過自己的女兒。窮人拿不出錢沒有辦法的，只好眼睜睜地看著自己的女兒被帶走。他們把少女打扮得漂漂亮亮的，遊行十幾天，然後為她在河邊搭起房子，掛上黃色和大紅色的帷帳，讓她獨自在河邊居住。再過十幾天，他們就會把這個少女放到精心裝飾的席床上，把她放進河裡，任其漂流，這些席床起初還浮在水面上，但漂出幾十里之後就會被河水吞沒。這時候官員和巫師們就會說少女已經被河伯娶走了。」

「現在那些家裡有女兒的人家大多都逃跑了，所以城裡人越來越少，百姓也越來越貧困。」另一位老人補充道。

西門豹是個不信鬼神的人，他一聽就知道這一切都是當地官員和巫師巫婆勾結起來斂財的陰謀，於是他不動聲色地說：「等到下次為河伯娶妻的時候，你們讓官員和巫師巫婆都到河邊來，我也要為新娘子送行！」這些人都說：「好。」

那一天很快就到了。西門豹與當地的官員和巫婆相會，地方上的長者也彙集在此，來湊熱鬧的老百姓也有好幾千人。那個巫婆已經很老了，帶著十來個女弟子，她們全都穿著絲綢做的衣服站在巫婆身後。

西門豹對巫婆說：「把新娘子領過來給我看看，我看看漂不漂亮。」

人們馬上把一個哭得很傷心的女子帶到了西門豹面前。西門豹看了看，回頭對官員們說：「這個女子不漂亮，麻煩大巫婆到河裡去稟報一下河伯，說我要重新找一個漂亮的女子，遲幾天再為他娶妻。」說完就叫差役們抱起巫婆，把她扔進了河中。過了一會兒，西門豹又說：「巫婆怎麼去這麼久？叫個弟子去催催她！」於是把她的一個弟子拋到河中。

又過了一會兒，說：「這個弟子怎麼也這麼久？再派一個人去！」又一個弟子被扔到河中。這

西門豹治鄴

樣總共拋了三個弟子，西門豹嘆了口氣說：「巫婆和弟子都是女人，看來不能把事情說清楚，請個官員去說明情況。」說完又拋進去一名官員。

西門豹恭恭敬敬地面對著河站了很久，其他的官員都在一旁瑟瑟發抖。這時候西門豹回頭對他們說道：「大家都不回來，怎麼辦呢？」這些官員馬上嚇得在地上磕頭，把頭都磕破了，鮮血直流。又過了一會兒，西門豹說：「唉，看來河伯要熱情地招待他們，他們一時半刻回不來了，大家都散了吧。」在岸邊的人都趕緊回家了，從此再也沒有人敢提為河伯娶妻的事了。

接著西門豹帶領老百姓挖了12條河渠，想用河水來灌溉農田。老百姓因為開溝挖渠非常勞累，所以都在抱怨。但是西門豹說：「可以和老百姓共同享受成功的快樂，卻不能和他們一起考慮事情的開始。雖然你們現在因為我而受苦受累，但是百年之後你們的子孫一定會感謝我的。」

1 選自《史記．滑稽列傳》。

戰國四公子之信陵君①

魏國的信陵君是「戰國四公子」之一，他「竊符救趙」的故事被大家所熟知。其實本來他是想帶著自己的門客去抗擊秦軍的，後來他是怎麼想到去竊取兵符的呢？這就得從一個叫做侯嬴的老人說起了。

侯嬴是魏國的一個隱士，在夷門（今河南省開封市東北部）做一個看門的小官。信陵君聽說他很有才能，就去拜訪他，還帶了很多禮物。「公子請回吧，我潔身自好幾十年，不會因為家裡貧窮就接受您的財物的！」侯嬴冷冷地說道，信陵君便回去了。

一天，信陵君擺設酒席，宴請賓客。許多達官貴人都來作客，等到大家都坐好之後，他把最尊貴的位置空出來，讓大家稍等片刻。然後他駕著馬車去迎接侯嬴。

侯嬴穿著破爛的衣服，毫不客氣地坐在了左邊的座位②上。信陵君毫無怨言，反而更加恭敬地趕著馬車往回走。走了一會兒，侯嬴說：「請公子到集市走一趟，我想去拜見的一位老朋友。」信陵君和侯嬴到了集市。原來侯嬴的朋友是一個叫做朱亥的屠夫。侯嬴故意在那裡站了很久，一邊說話，一邊觀察信陵君的反應。他看到信陵君的表情一點都沒有變，就告別了朱亥，上了車。

到了信陵君家，信陵君恭敬地請他坐上席，席間，還親自向侯嬴敬酒。侯嬴站起來說：「今天已經夠難為公子您了，我只是一個小小的看門人，您卻親自駕著馬車來迎接我。我沒有什麼能報答您的，只能讓您站在集市，讓所有人都知道您是一個禮賢下士的人！」眾人散去後，侯嬴又說：「我那個屠夫朋友朱亥是個懷才不遇的人，因為得不到重用，才隱居在集市當了個屠夫。」信陵君去拜見朱亥，朱亥從不回拜，這讓信陵君感到很奇怪。

秦軍進攻趙國的時候，平原君曾向魏國求救。魏王派出將軍晉鄙率領10萬大軍前去救援。可是出發沒多久，秦國就派人來警告魏王：「如果魏國膽敢幫助趙國，那麼打完趙國之後，下一個就是魏國！」

魏王很害怕，就讓晉鄙暫停進軍，找了一個地方駐紮下來觀望局勢。平原君急了就給信陵君寫了一封信，信中平原君批評了魏國不講道義的做法，還讓信陵君考慮一下自己的姐姐，因為平原君的妻子是信陵君的姐姐。

信陵君非常內疚，三番五次地進諫，希望魏王能夠發兵救趙，但是魏王始終不聽他的建議。信陵君情急之下，只好帶著自己的幾千門客，抱著必死的決心去援救趙國。

經過夷門的時候，信陵君把自己與趙國共存亡的決心告訴了侯嬴，侯嬴聽了只是淡淡地說：「公子不顧自己和門客的性命去營救趙國，實在是仁義！請原諒我年紀太大，就不和您一起去了！」

信陵君繼續前進，走了一段路，總覺得侯嬴的話不對勁，似乎想告訴他些什麼，於是他又返回了夷門。侯嬴笑著說：「我就知道公子會回來的！您喜歡結交天下才俊，現在趙國有難，難道您就沒有別的辦法抵抗秦軍，只能帶著門客去送死嗎？」信陵君說：「願意聽先生教誨！」侯嬴說：「我聽說魏王的兵符藏在房間裡，而他最寵愛的如姬能夠隨便出入他的房間，也最有可能拿到兵符。您曾經為如姬報了殺父之仇，如姬一直想找機會報答您！如果您開口請她幫忙，她一定會同意的。」信陵君聽從了侯嬴的建議，果然順利拿到了兵符。

信陵君正準備出發，侯嬴拉住了他：「『將在外，軍令有所不受』，即使您拿的兵符和晉鄙的兵符能夠合在一起，他也不一定會把軍隊交給您！我的朋友朱亥可以和您一起去，他是個大力士，如果晉鄙聽從您的命令，那最好不過，如果他不聽，只好讓朱亥殺了他！」

聽完這句話，信陵君忍不住掉下了眼淚，眾人不解，都以為信陵君怕死才哭的。信陵君說：「我不是怕死，我只是擔心到時候晉鄙不聽我的命令，那時就要殺死他，因為這才哭的。」

侯嬴又說：「公子，我年紀太大了，不能隨行，等到您到了軍隊的那天，我就在北鄉自殺，為您壯行。」信陵君到達的那天，侯嬴果然自殺而死。

信陵君見到晉鄙，拿出了兵符，要他交出兵權，但即使兩個人的兵符合在了一起，晉鄙還是產生了懷疑，於是朱亥立刻就用40斤的大錘一下把他殺了。信陵君整頓軍隊時說：「父子都在軍中的，父親回去；兄弟都在軍中的，哥哥回去；是獨生子的，也回去。」最後他留下了8萬士兵去營救趙國。

秦國看到魏國的援兵到了，就退出了趙國。趙王和平原君一起到邊境迎接信陵君，平原君親自背著箭為他開道。信陵君的仁義得到了全天下人的稱讚。

1 選自《史記·魏公子列傳》。

2 古代以左為尊。

水漫大梁城①

西元前225年，秦國想要吞併魏國。進攻魏國的秦軍主帥是王賁（賁ㄅㄣ），他率軍長驅直入，很快就攻到魏國國都大梁城下。但是，大梁城經過魏國歷代國君的加固，並不是那麼容易就能攻下的。

滅掉韓國和趙國之後，秦國把目光投向了魏國，秦王嬴政派出了大將軍王翦（翦ㄐㄧㄢˇ）的兒子王賁（賁ㄅㄣ）來指揮這次戰鬥。

秦軍處於魏國和楚國之間，王賁害怕秦軍出兵攻打魏國時，南方的楚國乘虛攻擊秦國，因此他先對楚國展開了一連串騷擾行動。王賁突然率兵攻打楚國，毫無準備的楚國倉促應戰，最終敵不過強大的秦軍，十幾座城池成了秦國的囊中之物。

自此以後，楚國的軍事力量急劇下降，楚國國君只求自保，再也沒有心思去管其他國家的閒事了。

秦國軍隊長驅直入，很快打到了魏國國都大梁城（今河南開封市）下。可是大梁城城池堅固，城內糧草充足，秦軍幾次強攻，都無功而返。

這下可急壞了王賁，少年成名的他哪裡遭受過這種挫折呢！他夜不能寐，經常在大梁城的周圍巡視，希望能找到突破口。終於有一天，他看到了環繞著大梁城的黃河，突然意識到，大梁城三面環水，易守難攻，但是這個地理環境既是它的優點，也是它最大的弱點。當時是春天，黃河源頭大量雪水的注入讓黃河水位上漲，水量激增。王賁想到了用水攻，但是又覺得這樣的手段未免太陰狠，可憐了城裡的百姓。

他又想到，如果不用這個方法，拖延太久，秦國兵士難免心中壓抑，一旦破城，燒、殺、搶、姦之事不可避免，恐怕會給百姓帶來更加可怕的災難。主意拿定，他當即命令士兵扛著鋤頭和鎬列隊出發。

守城的魏軍發現天天在城外叫陣的秦軍安靜了許多，只派了一部分人在城底下喧嘩叫罵，大隊的秦軍都奔黃河而去，於是趕緊把這件事彙報給了魏王。

魏王聽到這個消息，大驚失色，秦軍這是要水淹大梁城，魏國國都在劫難逃啊！他連忙召集大臣，商討對策。

魏王的意思是，為了魏國的百姓和祖先辛辛苦苦修建起來的大梁城，投降算了！然而大臣們卻竭力阻止，他們說：「城內還有10萬大軍，再拖延一段時間，楚國緩過來之後就會與我們聯手夾擊秦軍，那時候大梁的危機就解除了！如果就這樣投降，以後還有什麼面目去面對各國的國君呢！」

面對群臣的一致反對，魏王妥協了，他只希望城牆足夠堅固，可以多抵擋幾天。這邊魏國朝廷亂作一團，王賁那邊則派出了6萬秦軍不分晝夜地挖掘河溝。沒幾天，河堤就被掘開了，一時間黃河水就像千軍萬馬一樣湧向了大梁城。

大水灌城足足持續了三個月，大梁城中的人也咬牙堅持了三個月，他們一直寄希望於楚國儘快出兵解救大梁。但是秦王已經等不了那麼長時間了，他趁著楚國還沒有從上次的軍事打擊中緩過勁來，就派人去與楚國進行最後了一戰，這時候的楚國哪有時間管魏國的死活呢！

魏王得到這個消息的時候，大梁城內已經成了汪洋一片，百姓們都站在屋頂上等著國君拿主意，而水勢卻沒有一點回落的跡象。魏王再次召開會議，這時大臣們已經不像三個月前那麼大義凜然了，他們一個個耷（ㄉㄚ）拉著腦袋，像鬥敗了的公雞。

魏王說：「現在的情況大家都看到了，不知道你們有什麼高見，希望你們趕緊提出來拯救全城人的性命。」大臣們全都低著頭不說話，他們知道雖然城內還有10萬精兵，可是都站在房頂上使不上力；雖然城內還囤有三年的糧食，但是都淹在水底下不能使用。這種情況下，恐怕神仙也救不了大梁了。

最後還是魏王打破了沉默，「事到如今，大家都無能為力了，」他哽咽著說，「寡人無德無能，不能保住祖先的基業；但是為了全城的臣子、百姓的性命，我願意出城投降……」

第二天，魏王派人把自己綁起來，然後帶著王子王孫和眾大臣，打開城門，向秦軍投降。隨後大梁城成為秦國的一個郡縣，魏國滅亡。

1 選自《史記．魏世家》。

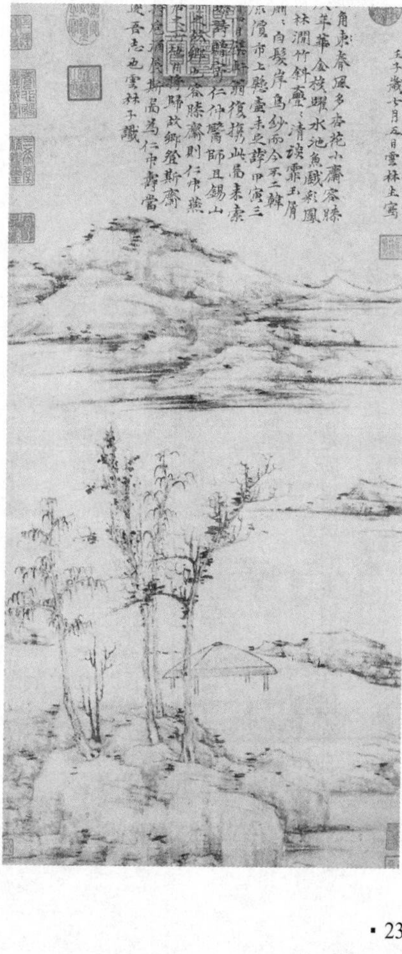

獨霸南方的楚國

懷王受欺①

楚懷王登基的時候，楚國的國力已經比較薄弱了，而處於楚國周邊的秦國和齊國卻日益強大。這樣一來，一直在原地踏步的楚國就逐漸落後了。

楚懷王即位的時候，也是一個擁有雄心壯志的人。他對楚國進行了一連串卓有成效的改革，再現了楚莊王時期那種欣欣向榮的景象。

國力強大之後，楚懷王開始不滿足於現有的繁榮昌盛了，而是想要更多的土地，並且很快就走上了對外擴張的道路。他派大將軍昭陽去攻打魏國，很快就拿下了魏國的一個城市，魏國國君趕緊獻出了最肥沃的8個地方，並承諾楚國出征的軍費由魏國承擔，楚懷王這才心滿意足地從魏國撤了兵。

從魏國撤兵之後，楚懷王又準備討伐齊國，仍然是昭陽領兵。當時的齊國，威王剛剛過世，新立的齊君面對楚國軍隊不知所措。這個時候，齊國一位奇才陳軫（軫 ㄓㄣˇ）②去遊說昭陽將軍，居然讓他撤了兵。楚懷王對此毫無辦法，並讓他認識到楚國並不是一個「要風得風要雨得雨」的國家。

在楚國對外擴張的同時，位於西部的秦國也開始了自己統一六國的步伐。秦國逼迫韓國、魏國割讓大片土地之後，把矛頭指向了齊國和楚國。但是昭陽從齊國撤兵的時候，兩個國家達成了協定，同屬於「合縱抗秦」的同盟，攻打其中任何一個國家，秦國都佔不到便宜，於是秦國決定從瓦解齊楚聯盟下手。

戰國時期的「名嘴」張儀來到了楚國，他對楚懷王說：「秦國非常痛恨齊國，如果您願意和齊國斷交，那麼我們將給您六百里土地作為報答。」

楚懷王聽到秦國要把六百里肥沃的土地送給楚國時，一下子就心動了。在張儀還沒有離開楚國時，楚懷王就迫不及待地派人去與齊國斷交，同時與秦國結交。等到他興沖沖地派使者去接收土地的時候，張儀卻對使者說：「我們什麼時候說過是六百里土地啊？懷王當時一定是聽錯了，我們約好的是六里土地。」懷王知道這個消息後大怒，接連發起了兩次對秦的戰爭，但都慘敗而歸。

無奈之下，楚懷王只好派屈原出使齊國，以圖重修舊好；還派出了陳軫去秦國割地求和。

秦王見了陳軫之後說：「我看就不用你們割兩座城池了，就用我國的商於之地換取貴國黔中之地吧。」陳軫把這話告訴楚懷王之後，楚懷王惡狠狠地說：「用不著交換，只要秦王把張儀交給我，我就把黔中之地送給秦國！」

張儀自告奮勇地要到楚國進行這一次交換，還告訴秦王不必擔心。其實張儀早就打好了自己的如意算盤，到了楚國，他先暗中拜會了上官靳（靳 ㄐㄧㄣˋ）尚，送給他許多見面禮，然後再去見楚懷王。楚懷王見到張儀後非常生氣，馬上讓人把張儀關起來準備殺掉。

而靳尚則去對楚懷王的寵妾鄭袖說：「你知道嗎？你就要失寵了！」鄭袖睜大了眼睛要靳尚把話說清楚。靳尚說：「我聽說秦王要給懷王送幾個美女來交換張儀，如果真是這樣，那您的地位就危險了！」

於是鄭袖立即去見懷王，哭著說道：「大王萬萬不能殺掉張儀啊！這一定會招來禍端的，秦王若是引兵來犯，到時候楚國就危險了！只有釋放了張儀才能保證楚國平安無事啊！」

楚懷王聽了這番話，改變了主意，和顏悅色地說：「好吧，立即釋放張儀，再設宴款待他，給他壓壓驚。」

張儀臨走的時候，楚懷王還送給他許多金銀珠寶。

屈原聽到這個消息，對楚懷王說：「大王您難道忘了當年張儀是怎麼欺騙您的嗎？現在您放了他，後患無窮啊！」聽了屈原的話，楚懷王後悔極了，馬上派人去追殺張儀，但是已經太遲了，張儀早就跑得不見蹤影了。

1 選自《史記．楚世家》。

2 陳軫：戰國時期縱橫家。

屈原投江①

屈原是我國最著名的浪漫主義詩人之一，他的人生際遇卻非常悲慘。他忠心耿耿地侍奉楚懷王，卻被排擠；懷王死後，他寄希望於新君，卻慘遭流放。最終他選擇了自沉汨羅江，向世人展現了他寧死不與世俗同流合污的決心。

屈原叫做屈平，原是他的字。他出身於楚國的貴族家庭②，楚王任命他為三閭（閭ㄌㄩˊ）大夫，參與國家大事。屈原不僅出身高貴，而且具有卓越的政治才能，還擅長辭令。楚懷王十分信任他，派他接待外來使節，出使各諸侯國。

楚國有一個大夫，叫上官靳尚，雖然他與屈原的官職相同，但是非常嫉妒屈原的才能。一次，楚懷王讓屈原為楚國制定法律，屈原剛剛寫好一份草稿，靳尚就想據為己有，屈原不肯給他。於是靳尚到楚王面前說：「大王，您讓屈原制定法律，全國人都知道，可是每頒佈一條法律，屈原就對別人念叨『非我不能為』，您說可氣不可氣？」楚懷王聽信了靳尚的讒言，日益疏遠屈原。

見楚懷王不能明辨是非，任由奸臣胡言亂語搬弄是非，還把正直的臣子排擠出朝廷，屈原非常憤懣（懣ㄇㄣˋ），寫下了《離騷》這一千古名篇。「離騷」的意思就是遭遇

憂患，在這篇詩作裡，他歷數了古代先賢的偉大事蹟，回憶了一個個盛世王朝來反襯當時楚國的黑暗。

隨著屈原被排擠，楚國的大權逐漸落到靳尚等奸臣手裡，他們整天只知道編造謊言欺騙楚懷王，背地裡貪贓枉法。

後來秦昭王想與楚懷王見面，懷王很想去，因為他覺得如果自已能夠和秦國這樣的大國結交，以後其他的國家就不敢拿自已怎麼樣了。屈原前去勸阻：「秦國現在是虎狼之國，秦王的話不可信，大王還是不要去吧。」

楚懷王的兒子子蘭則對父親說：「父親您不要聽屈原亂講，我們面臨著這麼複雜的形勢，秦國主動來和我們親近，我們不能辜負了秦國的美意，惹惱了秦國，後果不堪設想啊！」一聽了兒子的話，楚懷王興高采烈地出發了。他剛剛踏上秦國的國界，早已經埋伏好的秦兵就殺了出來，阻斷了懷王的歸路，秦昭王扣留了楚懷王，要楚國割讓土地。楚懷王沒有答應，逃到了趙國，趙國可不願意因為一個外人而得罪秦國，無奈之下，楚懷王又逃回了秦國，最終客死他鄉，屍體被送回楚國。

楚懷王去世後，繼位的是頃襄王，是一個此他父親更加昏庸的國君。楚懷王滯留秦國的日子，屈原寫下了很多詩篇，一方面他痛恨子蘭的所作所為，另一方面表達了對楚懷王的思念和對楚國的眷戀。屈原的詩篇被上官靳尚和公子子蘭得知後，非常生氣，於是在頃襄王面前說盡了屈原的壞話，說屈原因為對頃襄王不滿才懷念楚懷王，頃襄王聽了，馬上下令把屈原逐出都城，永遠不許他再回到國都做官。

屈原懷著悲憤的心情來到汨羅江邊，披散著頭髮，跌跌撞撞地走在荒野中。一個江邊的漁夫認出了屈原，上前詢問道：「這不是三閭大夫嗎？您怎麼淪落到這步田地？」

屈原說：「舉世皆濁我獨清，舉世皆醉我獨醒，所以我被放逐了！」

漁夫問：「那您為什麼不像天下人一樣隨波逐流呢？為什麼非要保持著美玉般的品德，自己卻落得一個被放逐的下場呢？」屈原義正詞嚴地說：「我聽說『新沐者必彈冠，新浴者必振衣』③，那是人們都不願意自己的清白之身遭受外界污垢的污染啊！我寧可葬身魚腹，也不願意自己的高尚品德蒙受世俗的污染！」

屈原一邊踉踉蹌蹌（**踉踉蹌蹌** ㄌㄧㄤˋ ㄌㄧㄤˋ ㄑㄧㄤˋ ㄑㄧㄤˋ）④地前行，一邊吟出了自己的最後一首詩作《懷沙》，面對著滔滔的汨羅江水，他深情地回望了一眼楚國的秀麗河山，然後毅然地抱起一塊大石頭跳進了汨羅江中。

1 選自《史記．屈原賈生列傳》。

2 楚國的王族有三個姓，分別是屈、景、昭。

3 新沐者必彈冠，新浴者必振衣：剛洗過澡穿戴衣帽時，總要彈一彈帽冠上的灰塵，抖一抖衣服上的髒污，誰又願意讓污濁的東西弄髒乾淨的身子呢。這是古人對潔身自好、修身養德的一番感悟。

4 踉踉蹌蹌：走路歪歪斜斜的樣子。

戰國四公子之春申君①

戰國四公子之一的春申君是楚國的令尹，博學善辯。他的一生極富戲劇性，擁立了楚考烈王，還讓自己的兒子成了楚國的國君，他自己卻在兒子即將成為國君的時候被人殺害了。

春申君的原名叫做黃歇，是楚國的大臣，以寬厚愛人、禮賢下士聞名於世。

楚頃襄王的時候，秦昭王派大將白起打敗了韓國和魏國後，聯合這兩個國家共同討伐楚國。楚國面臨著滅國的危險，頃襄王派黃歇出使秦國說服秦王退兵。秦王答應退兵，但是有一個條件：讓黃歇和太子完到秦國做人質。

黃歇和太子完在秦國居留期間，楚頃襄王病危，但是太子完不能回國。太子完在秦國有一個好朋友，是秦國的相國應侯。

有一天，黃歇問應侯：「您是真的對太子好嗎？」應侯回答說：「那當然，這還用說！」黃歇說：「現在頃襄王的病怕是好不了了，你不如向秦王求個情，放太子回國。這樣太子即位後一定會親近秦國，感激丞相的，到時候兩國就會交好。如果不放太子回去，楚國就會擁立其他人為王，到時候新王就不一定會侍奉秦國了。」

應侯聽了覺得有道理，就把這些話轉告給了秦王，於是秦王決定讓太子的師傅先回國去打探一下楚頃襄王的病情再做決定。黃歇對太子說：「現在已經等不了那麼長時間了，不如你先逃回去，我留在這，以死來擔當責任。」太子完換上了馬夫的衣服，替師傅駕著車出關了。

太子走遠後，黃歇來到秦王面前說：「太子已經回去了，請您治我的罪！」秦王氣得想要殺掉他，但是應侯攔住了秦王，說：「楚國太子即位後一定會重用黃歇，您不如把黃歇也放回去，表示秦國對楚國的親善。」

三個月之後，楚頃襄王去世，太子完繼位，他就是考烈王，黃歇被任命為楚國令尹，封為春申君。

考烈王沒有兒子，這讓春申君非常擔心。他到處尋找能生育的婦人獻給國君，但是都沒有為考烈王生下孩子。有一個叫李園的人想把自己的妹妹獻給楚王，聽說楚王不能生育，他想了一條詭計。

李園到春申君家做了一個門客，不久他請假回家，故意在家拖延了幾天才回來。春申君問他原因，他說是因為齊國的使者來為齊國國君提親，想要娶他的妹妹。春申君問：「這事情已經定下來了嗎？」

「還沒有。」

「我可以看看你妹妹嗎？」

「可以。」李園心裡暗暗高興，計畫的第一步已經完成了。

不久李園帶著妹妹來見他，春申君一看，非常喜歡，就把她留在了身邊，納為小妾，不過這件事沒有告訴任何人。過了一段時間，李園的妹妹就懷孕了。有一天，她走到春申君面前，說道：「楚王對您可真好啊！他的親弟弟都比不上您。唉，就是可惜了，他沒有兒子。萬一哪一天考烈王去世了，楚國擁立了新的國君，您恐怕就不能這樣受尊敬了！」說完還嘆了一口氣。

被她這麼一說，春申君也擔心起來，愁眉不展。李園的妹妹馬上又說：「能得到您的寵愛我是多麼幸運啊，現在我懷有身孕，可是並沒有別人知道。為了您，我願意委屈我自己。只要您把我獻給考烈王，萬一我能生下一個兒子，到時候整個楚國就都是您的了！」春申君覺得她說得很有道理，就把她獻給了楚王。後來她果然生了一個兒子，這下楚國有了太子，而李園的妹妹則成為王后，李園因此受到器重。

但是李園一直很擔心春申君會洩露秘密，所以養了很多死士想要殺死他。但這件事被春申君的一個門客朱英知道了。

考烈王病重的時候，朱英對春申君說：「世上有想不到的福氣，也有想不到的災難。在這個混亂的世界上，侍奉著喜怒無常的君主，怎麼能沒有想不到的人來幫您呢？」春申君問道：「先生是什麼意思？」朱英說：「您擔任楚國國相，但是實際上卻等同於楚王，馬上您又要輔佐少主，權傾天下，這就是想不到的福氣；李園仗著妹妹是王后，豢養死士，準備殺了您滅口，這就是想不到的災難。而我願意去做考烈王的侍衛，等李園走過我面前時殺了他，我就是您想不到的人。」「先生多慮了！」春申君拍了拍朱英的肩膀離開了。朱英見春申君不聽自己的建議，怕惹禍上身，就逃走了。

考烈王病死的那天，李園果然安排了殺手藏在宮裡，趁著春申君去弔喪的時候把他殺掉了。後來李園妹妹和春申君的兒子被立為了楚王。

1 選自《史記·春申君列傳》。

大國陰霾下的燕國

召公是周文王的庶出兒子，是一個非常賢明的人，他與周公旦一起輔佐成王，被封在燕地。關於「燕」這個名字的傳說還要追溯到大禹治水的時期呢！

甘棠遺愛①

傳說大禹治水的時候，燕地的百姓也受到了洪水的侵襲，不過這個地方在當時還不叫燕地。

有一年暴雨下了好久都沒有停，山洪暴發，大水淹沒了村莊，沖走了糧食，人們只好搬到山頂上居住。到了春天播種的時候，人們找遍了所有的地方都沒有找到一顆種子。這時候大禹的手下益叫來了一隻燕子和一隻麻雀，他精通鳥類的語言，讓牠們到很遠的地方去找種子。

牠們不知道飛了多遠，還是沒有找到種子。這一天牠們飛到了黃河邊上，黃河水波濤滾滾，一望無際，膽小的麻雀對燕子說：「燕子大哥，你看黃河水流這麼急，我們都飛過去的話即使找到種子也會累死。不如你到對岸去找，我在這邊接應你。」善良的燕子答應了。

過了很長時間，燕子叼著一個穀穗飛了回來。燕子累得筋疲力盡，就躺在地上休息。麻雀搶過了燕子嘴裡的種子，先飛回了益那裡。益奇怪地問：「燕子呢？」

「牠偷吃了自己找到的糧食，不敢回來了。」可是過了一會兒，燕子就飛回來了，並把實情告訴了益。但是沒有人相信牠，麻雀也勸牠趕緊認錯。

燕子見怎麼解釋都沒有用，一低頭把自己的嗉囊（嗉囊ㄙㄨˋ ㄋㄤˊ）啄破了，鮮血流到了白色的肚皮上。人們看到燕子的嗉囊裡面空空如也，這才知道是麻雀撒了謊。麻雀害怕受到懲罰，就趁著大家搶救燕子的時候逃跑了。後來，人們就把那個地方稱作「燕」，圖騰是一隻燕子。

歷史上的燕地，指的是位於河北省北部和遼寧省西南部的一片廣闊區域。武王伐紂之後，把召公奭封在燕地，和周公一樣，召公也沒有到封地上任，也是派了自己的兒子前去管理政務，自己則留在了都城輔佐武王和成王。

當時他和周公旦分工合作，兩個人以陝為界，周公主管東部，召公主管西部。召公愛民如子，仁厚威重，從貴族到百姓，每一個人都有合適的職位，人人都安居樂業。後人評價召公的功績時說，如果當年周公沒有召公輔佐，恐怕也不能取得這麼大的成就。管叔、蔡叔叛亂之時，如果沒有召公安頓後方，提供糧草，周公即使有三頭六臂也很難取得勝利。

關於召公流傳最廣的就是他與一棵甘棠樹的故事。

召公最喜歡深入民間體察民情，有一次召公出去辦公坐在一棵甘棠樹下，就在這棵樹下，他為當地百姓解決了不少難題，解決完問題後，他既不吃百姓家的東西，也不喝他們的水，只是採了一些甘棠樹的果實來充饑。他拍著這棵樹對當地的村民說：「這可真是一棵好樹啊！天氣炎熱的時候可以坐在下面避暑，結出來的果實又可以充饑解渴。千萬不要把這棵樹砍掉，要好好保護它！」後來召公多次來到這棵甘棠樹下辦公。當地村民都捨不得傷害這棵甘棠樹，還編了一首歌謠來讚美召公，被收在《詩經》中。

由這件事還衍生出了一個成語——甘棠遺愛，甘棠就是那棵甘棠樹，「遺」是留的意思，現在人們都用這個詞來讚頌離去的地方官。

1 選自《史記．燕召公世家》。

昭王打掃黃金臺①

大家都知道燕國比較弱小，但是這個弱小的國家曾經打敗過強大的齊國，甚至差點滅掉齊國，這一切成就都要歸功於善於招賢納士的燕昭王。

燕昭王的父親燕王噲（噲ㄎㄨㄞˋ），想學習堯帝的樣子不把王位傳給自己的兒子，沒想到這引發了一場大禍。他把王位讓給了一個名叫子之的人，這個人非常殘忍，除掉了朝中所有與太子親近的人，而燕王噲對此不聞不問，一心只想做一個臣子。太子平和他的老師郭隗（隗ㄨㄟˇ）為了保命只好逃到山中避難，結果燕國大亂，齊國乘虛而入，子之被殺，燕王噲也自殺而死，因為燕王噲死的時候是子之在位，所以他死後連個謚（謚ㄕˋ）號②都沒有。

燕國的百姓痛恨子之的殘暴，以為齊國發兵是出於好心為燕國平亂，久而久之，他們才發現，齊國是想滅掉燕國取而代之。百姓不忍自己的家園被侵略，奮起反抗，同時四處尋找逃跑的太子，後來他們擁立太子為王，這就是燕昭王。齊國因為遭到燕國軍民的強烈反抗，只好撤回了齊國。而燕國雖然沒有亡國，但是遭到了前所未有的打擊，變成了戰國七雄中最弱小的國家。

燕昭王一心想要為國報仇，而要報仇最重要的就是擁有足夠多的人才，怎麼才能吸引人才呢？昭王左思右想不知道怎麼辦好，就去請教老師郭隗。

郭隗給他講了一個故事。

從前有一位國君，他非常想親眼看一下書上描繪的千里馬，於是他給了一個手下一千兩黃金，讓他去尋找一匹千里馬回來。這個人找遍了全國也沒有找到，忽然有一天，他見到一群人圍成一圈在議論嘆息，便走過去想看個究竟。原來是一匹千里馬不幸病死了，大家覺得可惜。這個人聽了，就用五百兩黃金把這匹馬的屍骨買了下來。他把馬的屍骨交給國君，國君非常生氣地指責他：「我讓你買馬，你倒好，買了匹死馬回來！真是沒用的廢物！」可這個人卻不慌不忙地說：「請大王息怒，讓我把話說完。我之所以買這匹死馬，正是為了您能得到更多活的寶馬。您想，我買死馬這件事大家一定會紛紛議論，互相傳說。連死了的好馬都這麼被君王看重，更何況活著的馬呢？所以您不要著急，不久之後就會有人帶著千里馬送上門了。」結果不到一年的時間，這個國君就得到了十幾匹千里馬。

聽完這個故事，燕昭王陷入了沉思。郭隗繼續說：「千里馬就像賢士，現在您就把我當作那死了的千里馬，重用我，不久之後，比我有才幹的人就會親自來拜見您了！」於是燕昭王為郭隗建起豪華的房屋，給他豐厚的俸祿，還建起了一座高臺來招攬天下名士。他在這個高臺上擺了很多黃金，所以後人也把這座高臺稱作「黃金臺」。燕昭王為了表示自己的誠心，還每天拿著掃帚親自清掃臺上的灰塵。昭王納賢的故事很快傳遍了天下，天下的名士紛紛前來投奔他，這其中就有戰國時期大名鼎鼎的樂毅將軍。

後來樂毅帶著幾個國家的軍隊一起攻打齊國，拿下齊國70多座城池，小小的燕國險些滅掉了強大的齊國。這讓天下的人都瞠（瞠 ㄔㄥ）目結舌，紛紛讚嘆燕昭王禮賢下士，善於用人。

1 選自《史記．燕召公世家》。

2 謚號：古代帝王或大官死後評給的稱號。

四大刺客之荊軻①

荊軻也許是中國歷史上最出名的刺客，千百年來，唱著「風蕭蕭兮易水寒，壯士一去兮不復返」的悲壯背影是無數文人墨客歌詠的對象。易水一別，他踏上了捨生取義的道路，面對強大的秦國和殘暴的秦王，他的結局會是怎樣的呢？

嬴政在趙國的時候，燕太子丹就跟他認識，兩個人還是好朋友。後來燕太子丹到秦國做人質，本以為嬴政會念在昔日的情分對自己禮遇有加，沒想到嬴政不僅不顧舊情，還處處為難他。

太子丹越想越氣，就逃回了燕國。

回國後，國仇家恨交織在一起，太子丹決定找個人刺殺秦王，這個刺客就是荊軻。

荊軻答應了幫助太子丹刺殺秦王後，卻遲遲不肯動身，太子丹心急如焚，他跑去見荊軻，荊軻說：「現在我們需要做的是打消秦王的疑慮，否則很難接近他。」

太子丹急忙問：「那要怎麼辦呢？」

荊軻說：「我思來想去，覺得能讓秦王相信我的信物只能是樊於期將軍的頭顱了。」

太子丹說：「那怎麼行呢？樊將軍從殘暴的秦王手下逃到我這裡，我卻要用他的頭顱做信物？這太殘忍了！您再想想別的辦法吧。」荊軻看太子丹不忍心傷害朋友，只好自己去見樊將軍。

聽完整個計畫的內容，樊於期對荊軻說：「我受到秦王的殘害卻不知道怎樣報仇，今天聽到先生的計畫，覺得報仇有望。只要能夠斬殺秦王，我的頭顱沒有什麼可惜的！」說完他就拔劍自刎了。聽說樊將軍自殺，太子丹傷心欲絕，但是事實已經無法改變，他只好命人把樊於期的首級裝進盒子密封起來，又拿來一把用毒水日夜淬煉過的匕首和督亢②的地圖交給了荊軻，還派了秦舞陽與之同行。

但是一切都準備好後，荊軻仍然沒有上路。太子丹急了：「先生您是要反悔嗎？」荊軻皺著眉頭對太子丹說自己只是在等一個可靠的朋友同行。太子丹催促著：「請您先行到秦國去！」荊軻怒道：「太子如此催促是什麼意思？我只是想把這件事情做得萬無一失，所以等一位信得過的朋友同去。既然太子認為我要打退堂鼓了，那麼荊軻現在就與您訣別！」

荊軻出發那天，眾人為他餞行。他的好朋友高漸離知道他此去凶多吉少，於是身穿白衣在易水（今河北省境內）邊擊筑（筑ㄓㄨˊ）③為他送行。荊軻和著節拍大聲唱道：「風蕭蕭兮易水寒，壯士一去兮不復返！」眾人都被這悲涼的氣氛感染得紛紛落淚。

荊軻帶著秦舞陽來到秦國王宮，宮內鼓樂震天，站崗的士兵個個都虎背熊腰，有上百個文武大臣站在宮殿內。秦舞陽當即嚇得雙腿顫抖起來，荊軻面不改色地來到了大殿，大臣們看到秦舞陽的樣子，不禁起了疑心。

荊軻向秦王施禮道：「請大王不要見怪，這個副使是個小地方的人，沒見過這麼大的場面，有些緊張。」聽完這句話，秦王嬴政和大臣們哈哈大笑。

秦王讓荊軻把地圖拿上來，荊軻從嚇得站不穩的秦舞陽手裡接過地圖，放到秦王的桌案上，徐徐展開，把地圖上每一處的情況都詳細地講給秦王聽。秦王一邊點頭一邊慢慢地靠近荊軻。當地圖展到盡頭，赫然出現一把匕首，荊軻左手抓住秦王的衣袖，右手抄起匕首直直地刺向秦王。秦王嚇得大驚，連忙跳起，用力拉扯衣袖，只聽「哧」的一聲，袖子被扯斷了。秦王想抽寶劍還擊，但是在驚慌之中沒有抽出寶劍，只抓住了劍鞘，無奈之下，只好一直繞著大殿上的柱子跑。

殿上的大臣都被這突如其來的一幕嚇呆了，按照秦國的

荊軻刺秦王

法律，他們是不能帶武器上殿的，所以人們都只能看著，卻想不出辦法來救秦王。秦王的御醫夏無且情急之下，把手中的藥袋砸向了荊軻，這一瞬間，秦王稍稍冷靜，拔出了寶劍，砍斷了荊軻的左腿。荊軻癱坐在地上，奮力地把匕首投向秦王，但是扔在了銅柱上。秦王撲上來連刺了荊軻八劍才停手。荊軻靠著柱子大罵：「可惜啊！大事之所以失敗，就是因為我想活捉你啊！」侍衛們衝上來殺死了荊軻。

秦王驚魂未定，呆坐了好大一會兒才緩過神來。那之後沒有多久，秦王嬴政就派人消滅了燕國。太子丹不僅沒能阻止秦國滅燕，還加速了這個進程。

1 選自《史記·刺客列傳》。

2 督亢：燕國最富饒肥沃的地方，在今天河北省涿州市東南部，獻上督亢表示燕國不再抵抗秦國的進攻，相當於向秦國投降。

3 筑：一種古代的絃樂器。形似琴，有十三弦，弦下有柱。

實力雄厚的齊國

田氏代齊①

還記得春秋時期齊國的故事嗎？齊國是姜子牙建立的，但是戰國時期的齊國雖然名字沒有變，但是主人已經不是姜子牙的後代了，這是怎麼回事呢？

和晉國的情況類似，齊國從春秋後期開始，國君的力量就被大大削弱，掌權的變成了那些卿大夫。直到有一天，卿大夫實力強大到把國君廢掉，自立為王。這就是田氏代齊的過程，歷史上也把戰國時期的齊國稱為「田齊」。

田齊的祖先田完原本是陳國國君陳厲公的兒子，後來陳國發生政變，厲公被殺，他只好逃到齊國，被封在一個叫做「田」的地方，從此家族改姓「田」。田完的後代逐漸發展壯大，在齊國擁有很重要的地位。

到了田桓子的時候，田氏開始在齊國籠絡人心，他們把糧食用大斗借出，小斗收回；還把山上的木材運到集市上銷售，而不加收運費；很多海鮮產品也拉到集市上賣，也不加收運費。

與田氏形成鮮明對比的是當時在位的齊景公。他是一個昏庸無能的國君，只知道吃喝玩樂，橫徵暴斂。搶來的財物爛在宮裡，他也不在乎，更不用說關心百姓的生活。除了大肆搜刮民財，他還利用嚴苛的法律來控制百姓，百姓們動不動就被砍去雙腳，據說齊國的集市中，買假足的人比買鞋的人還多。田氏和齊景公的所作所為一對比，百姓們像河流入海一樣歸附了田氏家族。有了百姓的支持，田氏也變得更加強大起來。

田氏得到了百姓的支持後，開始想方設法地消滅齊國其他世襲大族。田桓子首先拉攏鮑氏，他騙鮑氏說支持齊景公的子雅和子尾正集結軍隊要攻打田、鮑兩家。於是田、鮑兩家決定先下手為強，消滅了子雅和子尾；其實當時子雅和子尾正在飲酒。

齊景公死後，晏孺子即位。田桓子的兒子田乞又煽動齊國的大夫去攻打齊國的重臣國氏和高氏，晏孺子被迫逃到了魯國。田乞派人召回了齊國另一個公子陽生，立為傀儡國君，這就是齊悼公。緊接著，田乞又以鮑氏叛君為藉口，消滅了鮑氏家族。齊國的大家族就這樣一個個被消滅，田氏把大權緊緊地握在自己的手中。

齊悼公在位四年就被殺害了，齊簡公繼位。齊簡公一直對田乞保持警惕，刻意遠離他。後來田乞的兒子田成子繼承了父親的爵位，他發動兵變，殺死了齊簡公，擁立齊平公繼位。田成子為了擴大自己的勢力，把齊國的大片土地都劃到田氏家族的名下，最終自己的封地比齊國國君擁有的土地還要大。

田成子為了更快地奪取政權，就設計攫取了齊國的刑罰大權，把齊國的貴族消滅殆盡。軟弱的齊平公一直不敢反抗田氏，在位25年後抑鬱而終。之後齊宣公即位，後來田成子的兒子和孫子相繼作為齊宣公的宰相，齊宣公在位51年去世。

齊宣公的兒子齊康公即位時，韓、趙、魏三家已經瓜分了晉國，田氏看著站在自己面前的傀儡國君越來越覺得不順眼，於是田氏的田和就把齊康公趕到了一個島上，只給他一個封邑用來供奉祖先。

韓、趙、魏三家分晉得到周天子的承認後，魏文侯向周天子說情，請求承認田和為齊國的國君，周天子同意了。田和為了安撫民心，決定沿用「齊」這個國號。

齊康公在那個小島去世後，齊國就徹底成了田氏的天下。

1 選自《史記．田敬仲完世家》。

齊威王圖強①

齊威王和楚莊王有點相似，剛即位的時候，他同樣是一個喜歡吃喝玩樂不問政事的昏君，貪圖享樂地過了9年。不過，從9年後的某一天開始，他忽然改變了自己的行為，齊國也在他的治理下慢慢強大起來。

齊威王一登基就把自己的名號改成了「王」以顯示自己的威嚴，但是滿朝文武大臣和全國百姓都沒看出來這個威王到底威武厲害在哪裡。即位以來，他整天打獵遊玩、下棋喝酒，王宮裡倒是收拾得整整齊齊，他的朝堂之上卻長滿了青草，昆蟲鳥雀在這裡生活得快樂無比，朝堂之所以會荒蕪成這個樣子，是因為威王已經9年沒有上朝了。

因為齊威王不務正業，很多國家都來侵略齊國，甚至小小的衛國都敢來插上一腳。不過齊威王對這些事情一概採取充耳不聞、視而不見的態度。

忽然有一天，朝堂上啞了9年的大鼓突然響了起來，都城臨淄大大小小的官員都趕到了齊國的朝堂之上。人們驚奇地發現，王宮前面搭了一個很大的臺子，臺子上有一個很大的甕，甕的下面燒著熊熊大火。而難得露面的齊威王穿戴整齊，站在臺子上。臺子上還站著另外兩個人，一個是管理即墨的大夫，一個是管理阿地的大夫，看來今天齊威王是要重新樹立威信了。

齊威王先對即墨大夫說：「自從你管理即墨以來，每天都有人在我面前詆毀你，於是我派人到即墨去調查。結果卻是即墨被你治理得井井有條，百姓生活富足。我想之所以沒有人幫你說好話是因為你沒有討好巴結我身邊的人哪！」隨後，齊威王賞賜即墨大夫一萬戶的封邑作為對他的表揚。

接著，他轉過頭來看著阿地的大夫，這個大夫已經開始渾身發抖了。「自從你去管理阿地以來，每天都有人在我面前誇你能幹。結果阿地田地荒蕪，百姓生活貧困，趙國軍隊進攻的時候，你不派兵救援；衛國奪取城池的時候，你竟然都不知道！作為一個臣子如此失職，竟然還有人幫你說話！你一定是用財物賄賂了我身邊的人！」說完，他就下令殺死了阿地的大夫，還把自已身邊曾經吹捧過這個大夫的人都一起殺掉了。

過了沒多久，齊威王發動軍隊向西方進攻趙國和衛國，奪回了原屬於齊國的土地，後來又打敗了魏國，魏惠王被迫割讓土地給齊國。

曾經不理朝政的國君，忽然之間建立了如此巨大的功勳，百姓們都震驚不已。齊國上下的官員也都不敢再弄虛作假，齊國得到了發展。從那以後的20多年裡，其他的諸侯國再也不敢對齊國隨便動用武力了。

齊國的發展離不開齊威王對人才的重視。

有一次齊威王和魏惠王到郊外去打獵，魏惠王問：「您有什麼珍奇的寶貝嗎？」

「沒有！」聽到齊威王的回答，魏惠王得意揚揚地回答：「像我們這樣的小國家，還有十顆很大的夜明珠，發出的光亮能夠照亮前後十二輛馬車。擁有上萬輛戰車的齊國，不可能沒有這樣的寶物吧！」

「您說的這種東西我可不認為是寶物。我的大臣中有一個叫檀子的，他去守衛費縣，楚國就不敢來進攻；還有一個叫盼子的，他守衛高唐，趙國就不敢到東邊的河裡捕魚；黔夫守徐州，跟著他搬家的就有七千多戶，趙國和燕國人都嚇得跪在城門口禱告；鍾首負責捉拿盜賊，現在齊國天下太平，路不拾遺②。這些有才能的人才是我齊國的寶貝，我要用他們照耀千里的土地，何止是十二輛馬車啊！」魏惠王聽了十分慚愧，不再說話了。

1 選自《史記·田敬仲完世家》。

2 路不拾遺：遺，失物。路上沒有人把別人丟失的東西撿走。形容社會風氣良好。

鄒忌彈琴諫齊王①

齊威王能夠改過自新，與眾多大臣的苦心相勸是息息相關的，他們勸諫的方式多種多樣，有直言不諱的，也有拐彎抹角的，鄒忌的勸諫方式屬於後者。

齊威王奮發圖強之前除了喜歡打獵遊玩，還迷戀彈琴，經常獨自一人在後宮撫琴自娛。一天，有個自稱是高明的琴師的人來求見齊威王，他就是鄒忌。

鄒忌走到王宮前，對侍臣說：「我聽說大王愛彈琴，特地前來拜見，願為大王撫琴。」侍臣稟報齊威王後，齊威王很高興，立即召見了鄒忌。

鄒忌走進內宮，看到齊威王正陶醉在自己的琴聲中，就恭敬地站在一旁聆聽齊威王的音樂。一曲奏畢，鄒忌拍著手，連聲稱讚道：「大王果然是好琴藝呀！好琴藝……」齊威王聽了鄒忌的話，很開心地問道：「我的琴藝好在哪裡呢？」

鄒忌緩緩地說道：「大王那大弦彈出來的聲音非常莊重，儼然一位名君的形象；那小弦的聲音是那麼清晰明朗，就像一位直言勸諫的賢相；大王的指法純熟，每一個音符都那麼動聽，該深沉的地方深沉，該舒展的地方舒展，既靈活多變，又相互協調，就像是一個國家明智的政令一樣。聽到這樣優美的琴聲，我怎麼能不叫好呢？」

齊威王聽了鄒忌這番讚美的話，十分高興地說：「你真是一位高明的琴師啊！琴藝一定也很高，來來來，快給本王彈奏一曲聽聽。」

鄒忌坐在琴前，熟練地調弦定音之後，把兩隻手放到了琴弦上，卻好半天不動。

齊威王奇怪地問道：「您在等什麼？快彈呀！」

鄒忌笑著說：「我是學大王的樣子啊！」

齊威王有些生氣了，指著鄒忌說：「我看你是沒有什麼真本事的人！竟敢來欺騙本王！」

鄒忌並沒有辯解，反而把琴推到一旁說道：「大王息怒！我確實想成為彈琴的高手，所以整天琢磨著彈琴的方法，但是沒有去練習；而大王掌握著整個國家的命運，卻不理會國家大事，這跟我擺著琴不彈有什麼區別呢？我擺著琴不彈，大王很不高興。現在大王面前擺著齊國這架大琴，即位9年了都不去彈它，一切國事都讓大臣去做，連敵國屢屢進犯，瓜分齊國的大事您也不放在心上，恐怕齊國的百姓們也不會高興吧？」

齊威王愣了一下，說：「先生有何指教？」

「指教不敢當，我只知道琴不彈則不鳴，國不治則不強。」鄒忌說。

齊威王若有所思地說道：「先生說得對！只是已經9年了，我應該怎麼重新開始呢？」

鄒忌說：「只要大王像每天勤於彈琴那樣處理國家大事就可以了。」

齊威王又問：「我應該從哪幾個方面開始呢？」

鄒忌說：「大王可以從選賢任能、興利除弊、不近聲色、整頓軍馬、關心百姓五個方面開始。」

齊威王聽了，知道這個自稱是琴師的鄒忌是一個有大才能的人，於是就把他留下做了自己的相國。齊國逐漸強大起來之後，成了一個實力可以與秦國抗衡的國家，並且被楚、魏、趙、韓、燕五個東方國家視為東方霸主。鄒忌以琴諫齊王的故事也被世人傳為美談並流傳至今。

1 選自《史記．田敬仲完世家》。

詼諧善辯的淳于髡①

淳于髡（髡ㄎㄨㄣ）身材矮小，其貌不揚，出身低下，是一個入贅②到齊國的人。但是這樣一個人，最終成為齊國上卿，得到了幾代君主的器重。他究竟有什麼過人之處呢？

淳于髡姓淳于，因為受過髡刑③，所以大家都叫他淳于髡。他面貌醜陋，但是能言善辯，善於用講故事的方法向國君進諫。

齊威王的時候，楚國派兵攻打齊國，齊威王派他去趙國搬救兵，給了他黃金一百斤和馬車十輛作為禮物出使趙國。淳于髡看到禮物後仰天大笑，把帽子上的帶子都笑斷了④。齊威王莫名其妙地看著他，小心翼翼地問道：「先生您是覺得禮物太少了嗎？」

「我怎麼敢這麼想呢？」淳于髡捂著肚子說。

「那您為什麼笑得這麼厲害？」齊威王不解地問。

淳于髡說：「我是想起來一個故事，我在路上遇到一個農夫，他拿著一只豬蹄和一杯酒對著上天祈禱：『老天爺啊，請您一定要讓我五穀豐登，米糧滿倉。』您說他給老天爺那麼少，要求得卻那麼多，好笑不好笑？」

齊威王聽懂了他的意思，馬上給了他黃金一千鎰，馬車一百輛和白璧十雙。淳于髡帶著這些東西到了趙國，趙王開心地接受了禮物，派出了十萬精兵和一千輛戰車來幫助齊國。楚國軍隊見趙國派出了這麼強大的軍隊來幫助齊國，連夜撤出了齊國的邊境。

淳于髡圓滿地完成了任務，齊威王非常高興，設宴為他慶功。酒宴上，威王問他：「先生啊，不知道您的酒量如何？」

淳于髡回答說：「臣喝一斗也醉，喝一石也醉。」

威王不解地問：「先生喝一斗就醉了，還怎麼喝一石呢？」

淳于髡說：「大王有所不知，在大王面前喝酒，執法官在旁邊，還有其他人，我心裡恐懼，喝一斗就醉了；如果家裡來了貴客，我小心地在旁邊陪酒，那麼差不多二斗也就醉了；如果來的都是很熟的朋友，促膝交談，臣能喝掉五、六斗；如果到了鄉間聚會，男女混坐，席間還有娛樂項目助興，那就是喝上八斗酒，也只不過兩三分醉意罷了；等到天黑了，只剩下主人和我，還有酒的香氣陣陣傳進我的鼻子，這個時候我最高興，一石酒也不在話下。」

齊威王點了點頭，又覺得這話裡邊還有什麼玄機。果然淳于髡繼續說：「故曰酒極則亂，樂極則悲；萬事盡然，言不可極，極之而衰。」意思就是說享樂的追求是無窮盡的，一味地追求享樂，就會走到邪路上去。

威王若有所思，便下令從此不再徹夜飲酒，還讓淳于髡負責接待諸侯賓客。

當時的楚國是個大國，一次淳于髡出使楚國，楚王看他身材矮小，就譏諷他說：「你們齊國就不能找個像樣的人來當使者嗎？您有什麼特長呢？」

淳于髡回答：「我並沒有什麼特長，只有一把長劍用來斬殺不懂尊重別人的君王！」

楚王驚了一下，說道：「先生請息怒，我只是跟您開個玩笑罷了！」

又有一次，齊王派淳于髡去給楚王送一隻鵠（ㄏㄨˊ），誰知剛出城門，鵠就飛得無影無蹤了。於是他托著空鳥籠來到楚國，對楚王說：「齊王派我來給您送上禮物，可是我不忍心鳥兒饑渴，把牠放出來喝水，誰知牠竟然飛走了。另買一隻欺騙大王很容易，可是我不願意這樣做；我想要畏罪自殺，但是又怕大王被別人說因為鳥獸而使人自殺；想要逃跑，又不忍心齊、楚兩國的關係就此間斷，只好前來認罪，任您處罰。」

楚王沒有怪罪淳于髡，反而讚賞地說道：「齊王有你這樣忠信的人真是福分啊！」還賞賜了淳于髡諸多厚禮，價值比那隻鵠要多很多。

1 選自《史記．滑稽列傳》。

2 入贅：春秋時齊國的風俗，家中的長女不能出嫁，要在家裡主持祭祀，否則不利於家運。這些在家主持祭祀的長女，被稱作「巫兒」，巫兒要結婚，只好招婿入門，於是就有了「贅婿」。這種風俗一直到漢代還很流行。如果不是經濟貧困，無力娶妻，一般男子是不會入贅的。

3 髡刑：古代一種剃掉頭頂周圍頭髮的刑罰，是對人的侮辱性的懲罰。

4 成語「冠纓索絕」的出處。冠纓，是繫帽子的兩根絲帶。索絕，指帶子斷了。意思是笑得帽帶子都斷了，形容人大笑的樣子。

田忌賽馬①

田忌是戰國初期齊國的名將，他與軍事家孫臏（臏ㄅㄧㄣˋ）是好朋友，兩個人配合默契，總是能夠出奇制勝。最後田忌卻遭人陷害離開了齊國，這到底是怎麼回事呢？

田忌是齊國的田氏貴族，他最大的功勞就是向齊威王推薦了孫臏。這還得從一次賽馬說起。

田忌很喜歡賽馬，有一次他和齊威王約好舉行一次賽馬比賽，他們商量好把各自的馬分成上、中、下三等進行比賽。比賽的時候，田忌用自己的上等馬對齊威王的上等馬，中等馬對中等馬，下等馬對下等馬，由於齊威王每個等級的馬都比田忌的強一些，所以田忌輸得很慘。田忌垂頭喪氣地正準備離開賽馬場時，孫臏攔住了他：「我看大王的馬不比你的馬快多少啊！」田忌生氣地說：「你不要再取笑我了！」孫臏笑著說：「我沒有取笑你，你再去賽一次，我想辦法讓你贏！」

田忌很相信孫臏，就去找齊威王，要求再賽一次，還增加了賭注。齊威王覺得好笑，就同意了他的要求，還把前面贏的錢都拿了出來，又在旁邊加上了一千兩黃金。齊威王說：「那就開始吧！」

一聲鑼響，比賽開始。孫臏先以下等馬對齊威王的上等馬，第一局輸了。齊威王輕蔑地說：

「這是誰想出來的笨主意啊！上等馬對上等馬尚且不能贏，還用下等馬來比賽，這不是雞蛋碰石頭嗎？」孫臏沒有理會這些諷刺，第二場比賽孫臏用田忌的上等馬對齊威王的中等馬，贏了一局。第三局比賽，田忌的中等馬對齊威王的下等馬，又勝了一局。比賽的結果是三局兩勝，田忌贏了齊威王。齊威王頓時對孫臏的謀略敬佩不已，田忌就趁機把孫臏推薦給了齊威王。

後來，魏國派兵攻打趙國，包圍了趙國的都城邯鄲。趙國國君向齊威王求救，威王當即命令孫臏為軍師，田忌為大將，出兵解救趙國。田忌打仗非常勇敢，但是有勇無謀，又是個急性子，一接到命令就要帶兵到邯鄲與魏軍廝殺。

孫臏則是一個善於謀劃的人，他不同意馬上趕去邯鄲。孫臏說：「我們要理清事情的來龍去脈才能找到最好的解決方法，否則就是白白送死啊！現在魏國出兵攻打趙國，魏國的精兵一定都在邯鄲，只剩下一些老弱殘兵留守國內。我們應該利用這個機會，直搗魏國都城。那樣，他們在外打仗的大軍必然會馬上趕回魏國救援，這樣趙國的圍就解了。」田忌聽完孫臏的一席話，佩服得五體投地。於是田忌帶著軍隊奔赴魏國都城大梁，果然不出孫臏所料，魏軍馬上從趙國撤兵了。

田忌和鄒忌一直感情不和，總是互相猜忌。田忌立下大功後，鄒忌更是寢食難安。這時候，鄒忌一個手下說：「您為什麼不建議大王派田忌去伐魏呢？如果他贏了，那是您的主意好；如果輸了，田忌就算不死在戰場上，回來也得軍法處置。」鄒忌認為很有道理，於是就遊說齊威王派田忌去伐魏。不料田忌在孫臏的幫助下，三戰三勝，名震天下，齊威王更加看重田忌了。一計不成，鄒忌那個手下又出了個主意。這個小官派了一個人去找人占卜，這個人對占卜的人說：「我是田忌將軍的屬下，將軍三戰三勝，現在欲圖大事，請您占卜一下，看看吉凶。」話音剛落，就有人抓住了這個占卜師，還讓他到齊威王面前把剛才聽到的話重複一遍。

田忌有口難辯，不得不逃到楚國避難。後來齊威王去世，新繼位的宣王才又把他請了回來。

1 選自《史記．田敬仲完世家》、《史記．孫子吳起列傳》。

戰國四公子之孟嘗君①

孟嘗君是戰國四公子之一，同樣也以養士聞名。不過他剛出生的時候父親並不想養活他，年幼的他只說了幾句話就改變了父親的想法，是什麼話有這麼神奇的功效呢？

孟嘗君的父親叫做田嬰，是齊威王的小兒子，戰國時期齊國的將軍。田嬰有四十多個兒子，不過他的小妾在某年的五月初五又生了個兒子，取名叫田文。田嬰知道後，來到小妾的房間，讓她立刻把孩子扔掉，說絕對不能養活這個孩子。但是剛剛做了母親的小妾心軟捨不得，就偷偷地把孩子留了下來。

等田文長大後，母親帶著他去見田嬰。田嬰憤怒地對他母親說：「我不是讓你把這個孩子扔了嗎？你為什麼還是把他養活了？」田文的母親低著頭不知道怎樣回答，倒是田文落落大方地叩拜完田嬰後，不卑不亢地反問道：「您不讓養育五月生的孩子到底是為了什麼？世界上哪有這樣的道理？」

田嬰說：「據說五月出生的孩子，長大了會和門戶一樣高，害父害母，對家族不利。」

田文接著問道：「那麼請您告訴我人的命運是上天授予的呢，還是門戶授予的？」田嬰聽到這話無言以對。田文見狀接著說：「如果命運是由上天授予的，那麼我的生命也是上天賜給的，你有權利去和上天抗爭嗎？天地君親，親還在天地之下，也在國君之下。您只要說動天地、說動國君，不需要您親自動手，我自己結束生命。」就連鄒忌和田忌這樣的大官都沒有在田嬰面前這樣慷慨陳詞過，田嬰對這個兒子有些刮目相看了。

田嬰不僅不再想殺田文，還特地請了很多名師來教導這個孩子；而田文果然不負眾望，變得博學多才，能言善辯。

有一天閒來無事，田文問他父親：「兒子的兒子叫什麼？」

田嬰說：「叫孫子。」

田文接著問：「那孫子的孫子呢？」

田嬰回答道：「叫玄孫。」

田文又問：「玄孫的子孫叫什麼？」

田嬰說：「這我就不知道了。」

田文說：「您擔任齊國宰相，已經經歷三代君王了，可是齊國的領土沒有增加，您自己卻積蓄了萬金的財富，而且門下也沒有一位賢能之士。俗話說，將軍的門庭必出將軍，宰相的門庭也必有宰相。現在您的姬妾可以肆意踐踏綾羅綢緞，國內的賢士卻穿不上粗布短衣；您的僕人吃飯時經常剩下飯食肉羹，而賢士卻連糠菜也吃不飽。在這樣的情況下您還一個勁地積攢財富，想要留給那些連名字都叫不上來的人，卻絲毫不考慮自己的國家在諸侯中逐漸失勢的情況，我覺得這件事情是很奇怪的。」

聽了兒子的這番話，田嬰不僅更加看重田文，而且從心裡佩服他。於是田嬰把自己的家事都交給了田文來處理，還讓他接待各國的來客。在田文的主持下，田家賓客來來往往，從不斷絕，而田文的名聲也逐漸傳播到諸侯國中。各國的國君都派使者來請求田嬰立田文為世子，田嬰答應下來。

田嬰去世後，田文繼承了他在薛邑的爵位，就是天下聞名的孟嘗君。

1 選自《史記．孟嘗君列傳》。

有大一統之勢的秦國

秦王嬴政能夠統一六國是站在前人的肩膀上的，正是有了幾代秦王的奮發圖強才換來了秦國的強大。那麼，秦王嬴政的祖先都是些什麼樣的人呢？

襄公開國①

秦王嬴政祖先的誕生充滿了離奇的神話色彩。傳說秦國的始祖是顓頊（顓頊）帝的孫女，名叫女修。有一天她正在織布的時候，忽然有一隻燕子從她頭頂飛過，掉下來一顆蛋，女修就把它撿起來吃了，沒過多久，女修就懷孕了，生下了一個兒子叫大業，這個大業就是大秦帝國最早的祖先了。

根據史書的記載，大業的子孫們有的幫助大禹治過水，有的幫助商湯滅過夏。嬴政的祖先來自大業後代中一個叫「鳥俗氏」的部落，這是一個遊牧部落，生活在黃河中游，與商族保持著密切的聯盟關係，地位很高。

武王伐紂的時候，秦國一個叫做惡來的祖先在戰爭中為了保護紂王被殺掉了。秦部落也因為這個原因被趕到了西部荒涼貧瘠的黃土高原上，為周朝的天子保衛邊塞，飼養馬匹。從那時候起，秦部落就從諸侯淪為了奴隸。

到了周穆王的時候，秦部落又得到了重視，因為部落裡出了一個叫做造父的人。周穆王喜歡狩獵，而造父善於駕車，不久就成了周穆王最寵愛的車夫。一次穆王得到了四匹寶馬，非常高興，讓造父帶著他巡遊四方，樂而忘返，結果就有人趁著朝內空虛造反了。周穆王知道這個消息後十分著急，造父安慰了他一番，就駕著馬車從遙遠的地方疾馳而歸，一天走了上千里，為周穆王贏得了時間，順利平息了叛亂。

非子是與造父同族的人，因為造父的原因也得到了寵信，他的特長是養馬。周孝王就任命他做了一個養馬的官。有了他的精心照料，馬匹繁殖得很快。周孝王非常賞識非子，就讓他在秦地建造城池，稱號是秦嬴。秦嬴的曾孫秦仲被周宣王任命為大夫去討伐西戎，但被西戎人殺死了。周宣王又找來秦仲的五個兒子，每個人賜7千名士兵，再次去討伐西戎，這次西戎戰敗，宣王賞賜了秦仲的子孫，並任命秦仲的長子為西陲大夫。

秦仲的長子就是秦莊公。秦莊公的大兒子叫世父，他一心一意地要為爺爺秦仲報仇；而他的弟弟則一心一意地想要把秦國變得更加強大，於是世父把太子之位讓給了弟弟，自己帶兵去征討西戎了。

這個弟弟就是號稱「秦國開國之君」的秦襄公。那時候，秦襄公只是一個大夫，儘管實力強大，地位卻比諸侯低了一級，所以他一直在尋找機會想把秦國的地位提高一些。

機會終於來了。還記得那個「烽火戲諸侯」的周幽王嗎？他真的被犬戎攻擊的時候，沒有一個諸侯趕來救他，因為大家都怕再次被他捉弄。但是秦襄公抓住了這個機會，他帶著軍隊前來救駕，幽王被殺死後，他又拚著性命保護周平王東遷。周平王非常感激他，就封他為諸侯，還對他說：「如果你能夠把岐山（今陝西省寶雞市境內）以西屬於西戎的地盤搶過來，那麼那個地方就賜給你好了！」

秦襄公非常高興，一來秦國成了諸侯國，可以和東方各國平起平坐；二來自己也擁有了更廣闊的封地，儘管還需要自己去和西戎爭奪，但是至少可以名正言順地發兵了。

秦襄公回國後立即招兵買馬訓練軍隊，沒出三年就把西戎趕到了更偏遠的西部地區。做出了這樣大的功績，秦襄公沒有驕傲，反而更加努力，臨死之前終於征服了岐山，並在那裡去世。經過數百年的艱辛努力，秦國終於從西部的一個小小的部族，成為雄踞西陲的諸侯大國。

1 選自《史記·秦本紀》。

秦穆公求賢治國①

秦襄公佔領岐山以西的土地之後，秦國逐漸有了一定的實力，但是因為它處於偏遠的西部地區，所以東部的諸侯國並沒有把秦國放在眼裡，直到秦穆公出現。

秦穆公是一個胸懷大志的人，他發誓一定要把秦國打造成一個強國。即位的第一年，他就親自率領軍隊打敗了茅津（今山西平陸縣西南）的戎人。雖然茅津人不多，但是面積很大，所以這一場戰爭就讓秦穆公在東方諸侯中出名了。

晉國國君十分看好這個極具潛力的人，就想把自己的女兒穆姬嫁給他，還讓穆姬帶了一群陪嫁的僕人一起上路。這些僕人大多是虞國的俘虜，因為前一年晉國剛剛消滅了虞國。僕人中有一個叫做百里奚的老頭，因為不甘心做奴隸就逃跑了，結果卻被楚國人抓住了。

秦穆公對百里奚的才華早有耳聞，在陪嫁的隊伍中找不到他，很是奇怪，最後才知道是被楚國人抓走了。秦穆公想用重金把他贖回來，一個大臣說：「如果用重金贖回，楚國就知道這不是個一般人，一定不會把他交給我們。」秦穆公想了一會兒，就派使者到楚國，對楚王說：「我國國君的陪嫁奴隸中有一個叫百里奚的逃到了貴國，請您讓我用五張黑色的羊皮把他換回去。」楚國國君一看這個人這麼不值錢，還是一個70多歲的老頭，就很痛快地答應了秦國的使者。

百里奚被帶回秦國後，秦穆公親自為他打開鐐

銬，並設宴款待他。席間秦穆公一直為他倒酒添菜，他總是毫不客氣地接受，不過就是不說話。酒席散了之後，秦穆公恭恭敬敬地向他請教治國之理，他說：「我只是一個亡國之臣，一個廉價的老奴隸，怎麼能與您討論這些呢？」

秦穆公聽了，馬上正了正衣冠，跪拜道：「用五張羊皮把您換回來實在是為了不讓楚國起疑心不得已而為之，請您千萬不要放在心上。」

百里奚看到秦穆公求賢若渴的樣子，就原諒了他。兩個人一直談論了三天，秦穆公覺得和百里奚很投緣，而且百里奚確實是一個不可多得的人才，就任命他做國相，管理國家大事。因為百里奚是用五張羊皮換回來的，所以人們也調侃地叫他「五羊大夫」。後來百里奚還向秦穆公推薦了蹇（蹇ㄐㄧㄢˇ）叔，說他的才能要高於自己，秦穆公聽了馬上任命蹇叔為上大夫。

秦穆公不僅重視人才，對百姓也非常寬厚。一次他非常喜歡的一匹駿馬跑丟了，他就派人去找。結果在一個叫做岐下村的地方找到了，不過已經被當地的村民捉住後殺掉吃了。負責找馬的人非常生氣，就想抓住他們治罪。

秦穆公知道後卻說：「君子怎麼能因為牲畜而傷害人呢？我聽說吃過好馬的肉，要是不喝酒的話會傷害身體的。來人，拿些酒給他們喝！」

這個村的村民都非常感激秦穆公。後來秦穆公與晉惠公在岐下村附近大戰，險些被晉惠公抓住，是這些村民組織起來幫助秦穆公轉敗為勝的！

秦國在秦穆公的治理下，對內招賢納士，富國強兵；對外開疆拓土，擴大外交，最終成為雄踞西方的大國。

1 選自《史記．秦本紀》。

崤山之戰①

雖然秦穆公是一位英明神武的君主，但是也犯過錯誤，這次錯誤讓三千人的軍隊全軍覆沒，三位將軍被敵人活捉。秦穆公是怎麼面對這次錯誤的呢？

有一個鄭國人投靠了秦穆公，他說：「我是負責掌管鄭國國都城門的小官，如果秦國想要偷襲鄭國，我非常願意為秦國做個內應。」

秦穆公聽了就非常想奪取鄭國的土地，於是就找來相國百里奚和上大夫蹇叔，詢問他們的意見。兩個人異口同聲地說：「這件事情絕對不能做！」

秦穆公說：「為什麼呢？這是一個很好的機會啊！」

百里奚說：「鄭國與秦國之間的距離有一千里，征戰的途中要經過好幾個國家。千軍萬馬浩浩蕩蕩地長途跋涉，這個行動怎麼能做到保密呢？鄭國人如果得到情報，做好準備，我們的行動幾乎沒有成功的可能。」

蹇叔補充說：「這個鄭國的小吏是一個來歷不明的人，根本不值得相信。他今天能夠背叛鄭國，明天也能夠背叛您。」但是秦穆公主意已定，擺了擺手說：「算了，你們不瞭解戰爭的奧秘，我已經決定了。」

秦穆公任命百里奚的兒子百里孟明為大將，蹇叔的兒子西乞術和另一個將軍白乙丙為副將，調集了三百輛兵車，讓他們擇日從東門外秘密出發。軍隊出發這天，百里奚和蹇叔來到隊伍面前，痛哭流涕。秦穆公很生氣地責問他們：「我剛要出兵，你們就來哭喪，這不是滅我軍士氣嗎？」

百里奚和蹇叔說：「大王請息怒，我們不是為了打擊士氣才哭的，只是因為年紀大了，兒子要出征，如果回來晚了，恐怕再也見不到他們了啊！」然後兩個人悄悄對自己的兒子說：「你們這次出征，真正可怕的是晉國。崤（ㄧㄠˊ）山（今河南省西部）一帶地勢險要，要是在那裡遭遇伏兵，必死無疑，你們一定要小心。」

軍隊出發去鄭國，必須要穿過晉國的領土。隊伍行進到滑地的時候，碰到一個叫做弦高的鄭國人。這個人本來是一個商人，帶著12頭牛到晉國販賣，看到浩浩蕩蕩的秦國軍隊，他害怕自己被殺，就撒謊說：「鄭國國君知道你們要來攻打鄭國，已經做好了迎戰的準備！現在特意派我送來12頭牛犒（ㄎㄠˋ）勞你們！」

三位將軍一聽，犯了嘀咕：「鄭國已經知道我們要偷襲，還做好了準備，這場仗看來注定失敗。可是就這樣無功而返也太丟人了吧？」於是他們就順道打下了滑城。

但滑城是晉國的土地，而且晉文公剛剛去世，即位的晉襄公十分惱怒：「秦國欺人太甚！我父親剛剛過世，還沒辦完喪事就來進攻我，也太小看我了！我一定要給他們點顏色看看！」

晉襄公把孝服染成了黑色，親自帶兵埋伏在崤山，只等秦軍來自投羅網。秦軍一進崤山就中了晉軍的埋伏，戰車毫無用武之地，士兵死的死，降的降，全軍覆沒，幾個將軍也落入了晉國手裡。晉襄公本來想殺掉他們，後來還是晉文公的夫人文嬴，也就是秦穆公的女兒為他們說了情，襄公才同意放他們回去。

三位將軍歸國的那天，秦穆公穿著喪服親自去郊外迎接他們，不但沒有責怪他們，還恢復了他們的官職，增加了俸祿。秦穆公哭著說：「因為我沒有聽從百里奚和蹇叔的勸諫才有今日之辱啊！都是我的錯！你們要記著報仇雪恨！」

後來秦晉大戰，晉國大敗。秦穆公來到當年崤山之戰的戰場，為戰死的將士修墳發喪，痛哭了三天，並且當眾作了自我檢討，讓大家多聽取別人的意見，不要犯跟他一樣的錯誤。

1 選自《史記．秦本紀》。

秦穆公稱霸西戎①

西部的一些少數民族部落經常騷擾秦國邊境，所以秦穆公一直想要消滅他們。遺憾的是，穆公身邊沒有一個瞭解西戎的人，這可怎麼辦呢？他稱霸西戎的大業還能完成嗎？

秦國的西部邊境上，有很多少數民族部落，其中最大的一個被戎王統治著。這個戎王雖然時不時地派人到秦國搶劫財物，但是對秦國文化卻非常嚮往，為了向秦國學習，他特地派了一個使得到秦國取經。

這個使者叫做由余，祖先是晉國人，早先因為逃難到了戎狄②，所以既會講戎人的語言，也會講秦、晉等中原國家的語言。

聽說少數民族首領派使者來訪，秦穆公非常高興，盛情款待了由余。隨後，又向他展示了秦國豪華的宮殿和豐富的糧食珠寶。由余看完後，並沒有表現出欣喜的樣子，反而對秦穆公說：「這些東西好是好，可是如果是鬼神幫您做了這些，就太勞累鬼神了；如果是老百姓來做，就苦了老百姓了。」秦穆公聽了很佩服他的遠見卓識。

秦穆公問由余：「我們中原各個國家都有自己的制度和法令，但就算這樣還是會出現叛亂。少數民族沒有這些政策，怎麼來治理國家呢？」

「大王有所不知，」由余笑著回答，「其實這些制度和法令是中原大地經常發生戰亂的原因。遠古時代，黃帝制定了禮樂制度，並且以身作則，但是也只能算是小治，後來的君主一代比一代糜爛奢侈，紛紛建立嚴苛的制度來監督和懲罰下面的民眾，民眾承受不了就會指責君王無情無義。這樣一來，積怨越來越深，最終上下相爭，導致互相殘殺，兩敗俱傷。而在戎國，沒有這樣那樣的監督和懲罰條例，君主對待百姓非常仁慈，百姓對待君主則非常忠心，所以君主治理一個國家，就像管束自己一個人一樣，不需要那麼多的條款，這才是真正的治國之道啊！」

秦穆公聽了更加佩服他，又為由余不是自己的臣子而擔心。他對內史廖（或作王廖、王子廖）說：「鄰國擁有這樣的人才，這是我們國家的禍患啊！你說應該怎麼對待他呢？」

內史廖為秦穆公出了個主意：「戎王居住在偏遠的地方，沒有聽過我們的歌舞樂曲，我們不妨送他一支樂隊和幾個美女，讓他沉迷其中。同時我們留住由余，儘量拖延他回國的期限，這樣戎王就會懷疑他。兩人之間有了隔閡，我們就可以遊說由余到秦國來。」

秦穆公便依計行事，戎王果然開始沉湎於酒色聲樂，整整一年都沒帶民眾更換新的草地牧場。看時機成熟，秦穆公就打發由余回國了。由余回國後看到戎王不理政事，牛馬大量死亡，百姓生活困苦，就向戎王進諫。但是幾次勸說都遭到了戎王的拒絕，心灰意冷之際，秦穆公派來的使者找到了他，勸他投奔秦國。

由余對戎王失望透頂，就離開了戎國來到秦國。秦穆公熱情地招待了他，還向他請教如何打敗戎國。後來秦穆公在由余的幫助下一舉攻克了戎國，其他的小國看到這種情況，知道自己的命運也不過如此，還不如趁早投降，於是他們就主動歸附了秦國。

經過這一番努力，秦國擴展了千里領地，最終在西戎稱霸。看到秦國如此強大，連周朝天子都不得不討好地送上了金鼓向秦穆公表示祝賀。

1 選自《史記．秦本紀》。

2 戎狄：春秋時居民中有華夏和戎、狄、蠻、夷之分。南方稱蠻，東邊稱夷，西邊叫戎，北邊叫狄。戎和狄主要分佈在今天的黃河流域以北和西北地方。

商鞅立木為信①

為了讓國家迅速崛起，戰國時期的很多國家都進行了改革，其中最有名的也是最有成效的就是商鞅在秦國的變法，但可悲的是商鞅最終死在自己制定的法律之下。

商鞅本來姓公孫，因為他在秦國輔助秦孝公實行變法卓有成效，秦孝公為了獎賞他，把他封到了商地，所以人們又叫他商鞅。

秦穆公之後，秦國的國力日益衰微，為了重現秦穆公時期的輝煌，秦孝公面向全天下招攬人才。商鞅得到消息就來到了秦國，透過侍從景監的引薦見到了秦孝公。

秦孝公懷著很大的興趣與商鞅進行了第一次會面，商鞅跟秦孝公講解治國的道理時，孝公一直打瞌睡，商鞅走後，孝公埋怨景監說：「你推薦的這是什麼人啊？只會夸夸其談！」

景監去問商鞅怎麼回事，商鞅說：「我跟大王講的是堯舜治理國家的辦法，大王根本領悟不了。」景監回去請求再給商鞅一次機會，孝公答應了，可是第二次見面仍然不歡而散。

商鞅說：「這次講的是大禹、商湯和文王的治國之道，大王根本不想聽。我已經知道了大王的心思了，不過若是藉由這種方法來強國，大王只能在短時間內取得成效，要想建立像商朝和周朝那樣的不朽偉業是不可能了。麻煩你再為我引薦一次吧！」果然第三次見面，秦孝公和商鞅聊得十分開心，秦孝公高興地對景監說：「商鞅果然是個人才！」

隨後秦孝公任命商鞅為左庶長，讓他負責變法。新法制定好之後，商鞅怕百姓不相信，於是在都城南門豎了一根三丈長的木頭，下令說：「能把木頭搬到北門者，賞金十兩。」人們圍著木頭議論紛紛，但是沒有人動。看到這種情況，商鞅把賞金加到了五十兩。終於有一個人禁不住誘惑，把木頭搬到了北門，商鞅馬上把承諾的五十兩黃金兌現。這個消息很快傳遍全國，百姓們相信商鞅言出必行。

但是新的法令讓人們生活很不習慣，於是有人慫恿太子觸犯了新法，商鞅知道後，因為不能傷害太子，所以處罰了他的兩個老師。第二天就沒有人敢違抗新法的規定了。新法實施幾年之後，秦國的國力壯大，重新贏得了諸侯的尊重。

但是嚴苛的新法只強調了懲罰，卻忽視了對人們的教化。為了防止犯罪發生，法律要求人們互相監視，互相揭露，否則就「一人犯法，全家受罰」。這阻礙了人與人之間的和睦相處，於是到了秦孝公後期，人們對商鞅的法律越來越不滿。

秦孝公逝世，太子繼位。太子的兩個老師計畫為自己報仇，他們詆毀商鞅有謀反之心。太子對兩個老師的心思心知

商鞅封邑

肚明，但是因為他也對商鞅很不滿，所以順水推舟，決定處死商鞅。商鞅聽到這個消息，趁著深夜逃跑了。但是慌亂之中沒有帶證明自己身分的憑證，出不了城門，於是他準備到附近人家借宿一晚，不料，主人不肯，還堅決要舉報他。那家主人說：「商鞅大人有命令，如果發現家裡或鄰居家藏有不明身分的人不舉報，就要全家受罰。」最終商鞅被自己的法律捆住了手腳，被扭送到王宮。

新的秦王對他處罰自己的老師這件事非常憤恨，其他的貴族也因為新法損害了自己的利益痛恨商鞅，所以都要求秦王對商鞅從重處罰，最終嚴苛的商鞅也受到了嚴苛的懲罰——車裂。

1 選自《史記．商君列傳》。

廁所中走出的名相①

范睢（**睢** ㄐㄩ）與張儀、李斯先後擔任秦國的丞相，他們幾個為秦統一六國做出了巨大的貢獻。范睢制定的「遠交近攻」、「強幹弱枝」的政策影響了秦國很多年，而這位富有才幹的丞相竟然是秦國的使臣從魏國「撿」回來的。

范睢是魏國人，他想用自己的才學幫助魏國成為一個強國，但是因為家境貧寒，沒有人引薦，只好投奔了魏國的中大夫須賈，希望有朝一日能夠出人頭地。

一天魏國國君派須賈到齊國拜見齊襄王，范睢隨行。到了齊國，齊襄王先把須賈狠狠地數落了一番，因為魏國曾經與燕國一起攻打齊國，須賈唯唯諾諾不敢回話。站在一旁的范睢挺身而出，替主人解了圍。

結果卻出乎范睢意料，須賈並沒有因此而感激他，反倒是齊襄王看上了他這個能言善辯的人才。齊襄王很想把他留在齊國，就派人送去了黃金十斤以及牛和酒。須賈身為正使，備受冷落，而隨從卻得到如此待遇，這讓須賈心裡很不是滋味。

回到魏國後，須賈越想越生氣，就把范睢在齊國受到齊王優待的事情告訴了丞相魏齊。魏齊認定范睢通敵賣國，就派人把他打得遍體鱗傷，肋骨斷了好幾根。范睢只好假裝死去，直挺挺地躺在血泊中一動不動。僕人向魏齊報告時，他喝酒正喝得盡興，就揮揮手叫人用席子把范睢裹起來扔進廁所裡。這還不夠，他還讓家中的賓客輪番向席子上撒尿侮辱范睢。

等到天色暗下來，范睢悄悄睜開眼睛張望，見只有一名卒吏在看守，便對他說：「我肯定活不了了，希望您能把我送到家裡，改天一定讓家人用重金感謝您！」卒吏見他可憐，又貪圖錢財，就把他送回了家裡。他的好友鄭安平把他藏了起來，還給他改名叫張祿。

後來鄭安平聽說秦國的使者王稽來到魏國，就把范睢推薦給了他。幾天後，王稽完成使命後偷偷地把范睢帶回了秦國。

不過，秦昭王對這些所謂的「名士」並沒有好感，認為他們都是憑著一張嘴混飯吃的，所以范睢一直沒有機會與秦昭王討論國事。後來他寫了一篇針砭（砭ㄅㄧㄢ）時弊②的文章呈給了秦昭王，這才引起了秦昭王的重視。

秦昭王召他進宮面談。他來到宮門口，看到秦昭王從對面過來，絲毫沒有躲避的意思。旁邊的宦官急忙上前：「大王來了怎麼不迴避？」

范雎故意加大了嗓門：「秦國哪裡有大王，只有太后和穰（ㄖㄤˊ）侯！」原來當時秦國的朝政都是太后和她的弟弟穰侯把持。雖然是諷刺了昭王，但是也說到了昭王的痛處，於是昭王就把他領進密室偷偷地商談國事。

就是在這間密室，昭王和范雎制定了「遠交近攻」、「強幹弱枝」的政策。在外交上，由近及遠，慢慢向東方推進；在內政上，則把穰侯趕出了朝廷，讓他回鄉養老，太后也被禁止干涉朝政。這些措施讓秦國變得日益強大，君主的話也越來越有分量。

范雎還幫助昭王想出了反間計，使秦國在長平之戰中大獲全勝；昭王也因此越來越信任范雎，有的時候還會刻意地偏袒他。

范雎是一個有仇必報的人，他在秦國為了丞相被封為應侯，有了權力。因此在須賈出使秦國的時候，范雎當著眾大臣的面狠狠羞辱了他一番，還讓他轉告魏王，如果不把魏齊的人頭交來，就派人滅了大梁，魏齊聞訊丟了相印投奔了平原君。秦昭王知道范雎曾經受過的侮辱之後，發誓要為他報仇，就設計把平原君騙到秦國扣了下來，要求趙國用魏齊的頭來換，走投無路的魏齊只好自殺了。

雖然范雎有仇必報，但是別人的恩情他也沒有忘記過。他向秦昭王推薦了曾經救過他的鄭安平和王稽，但是這兩個人能力有限，很給范雎丟臉。鄭安平領兵打仗，兵敗竟然投降了，范雎為此很內疚。秦昭王為了保護范雎，頒佈命令：「不許任何人提鄭安平的事情，否則按照叛國罪論處。」

范雎為秦國立了大功後選擇功成身退，是秦國難得的得享善終的丞相。

1 選自《史記·范雎蔡澤列傳》。

2 針砭時弊：砭，古代治病的石針。時弊，當前社會中存在的不正之風、惡劣習氣等。意思是像醫病一樣，指出時代和社會問題，求得改正向善。

蔡澤代范①

「奪君相位者，蔡澤是也。」這句話是范雎的繼任者蔡澤說的，他是個很有自信的人，短短的一段對話，他就讓范雎把丞相之位心甘情願地讓給了他。

蔡澤是燕國人，曾經周遊列國想謀取官職，但是一直沒有得到重用。一天，他找人相面，問道：「你看我這個人怎麼樣？」那個人上下打量了一番，然後說：「朝天鼻，端肩膀，凸額頭，塌鼻樑，羅圈腿。我聽說聖人不在貌相，大概就是說的先生您吧？」

蔡澤知道他是在跟自己開玩笑，就張狂地說：「富貴不用提，那是我本來就有的，我想知道的是壽命的長短。」

相面的人說：「先生的壽命，從今以後還有43年。」

蔡澤笑著表示感謝，對他的車夫說：「我手抱黃金大印，腰繫紫色絲帶，在人前備受尊重，享受榮華富貴，這樣的生活能過43年，應該滿足了。」車夫看了看他沒有說話，知道主人又在亂說話了。

路上蔡澤聽說范雎舉薦的鄭安平在秦國犯下了大罪，范雎慚愧得抬不起頭來，就改變方向來到了秦國。

一到秦國，他就四處宣揚：「我是來自燕國的蔡澤，沒錯，就是那個見識超群，能言善辯的智謀之士。我敢說只要我見到秦王，他一定會立刻罷免應侯，任命我為丞相。」

范雎聽了這些話心想：「這個人怎麼敢這樣張狂？我倒要看看他有什麼本事！」

於是范雎派人把他找來。蔡澤見到范雎，只作了個揖就大搖大擺地進來了。范雎本來就心裡不痛快，看到他如此傲慢，就生氣地斥責：「聽說你揚言要取代我做丞相？是真的嗎？」

蔡澤回答說：「千真萬確。」

范雎問道：「那你說說看你有什麼本事？」

蔡澤說：「您看問題可真遲鈍啊！一年有四季更替，它們各自完成使命後自動退去。人不是也應該這樣嗎？另外，手腳靈活，耳朵聽得清，眼睛看得明，心智聰慧，這難道不是每個讀書人的願望嗎？」

范雎說：「沒錯。」

蔡澤接著問：「身居高位，能夠治理一切，使萬物各得其所；活得長久，平安度過一生；天下都繼承他的傳統，固守他的事業，並永遠流傳下去；名聲與實際相符，恩澤遠施千里之外，世世代代都稱讚他，這難道不是聖人所說的最好的事情嗎？」范睢點點頭表示肯定。

「那麼秦國的商鞅，楚國的吳起，越國的文種，他們的悲慘結局你羨慕嗎？」

范睢知道他是要用這些人的故事來告訴自己要學會功成身退，就狡辯說：「商鞅侍奉秦孝公，使秦國國家安定，開拓了千里疆域；吳起侍奉楚悼王，不隨聲附和，堅持大義不躲避災難，終於使國家強盛；文種侍奉越王，即使君主受辱，仍然竭盡忠心，復國大功告成不自誇，富貴也不放縱。這三位先生，本來就是道德大義的標準。為了大義願意犧牲自己是讀書人應有的品質，難道他們不值得敬佩嗎？」

蔡澤說：「君主聖明，臣子賢能，這才是天下的大福。這樣看來，商鞅、吳起、文種作為臣子是正確的，但是他們的國君是錯誤的。世人說這三位先生建立了功績卻不得好報，難道是羨慕他們的無辜死去嗎？如果只有死才能樹立忠誠的美名，那麼微子就不能稱為仁人，孔子就不能稱為聖人，管仲也不能稱為偉人了。人們建功立業不都是期望功成人在嗎？性命與名聲都能保全的，這是上等；功名可讓後世效仿而不能保全性命的，是中等；名聲被破壞而性命得以保全的，是下等。」聽到這裡，范睢連連讚嘆。

蔡澤又接著說：「您的功績與商鞅、吳起和文種相比怎

麼樣呢？」

范睢回答說：「我比不上他們！」

蔡澤接著問：「那麼您的君主在親近忠臣、不忘舊情方面和秦孝公、楚悼王和越王勾踐比怎麼樣呢？」

范睢回答說：「這我不知道。」

蔡澤說：「這就是了，現在您的君主親近忠臣，不忘舊情比不上秦孝公、楚悼王、越王勾踐，而您的功績又比不上商鞅、吳起、文種，可是您的爵位顯貴，家族的富有已經超過了他們，如果您不知引退，恐怕遭到的禍患要比這三位更慘重，我私下裡都替您感到悲傷。」聽到這裡，范睢請蔡澤入座，待為上客。

過了幾天，范睢對秦昭王說：「有位客人叫蔡澤，口才、學問很好，秦國的大政完全可以託付給他。」秦昭王就召見了蔡澤，交談之後，很喜歡他。范睢趁機推託有病請求送回相印，昭王竭力挽留也沒用，只好讓他回家養老。

沒過多久，秦昭王就任命蔡澤做了秦相。蔡澤在秦國居住了十多年，侍奉過昭王、孝文王、莊襄王，侍奉秦王嬴政的時候，曾出使燕國，說服太子丹到秦國做人質。

1 選自《史記．范睢蔡澤列傳》。

甘羅拜相①

我們12歲的時候，還坐在教室裡聽老師講課，而有一個人12歲的時候已經作為使者出使他國了，這個人是誰呢？他就是甘羅。

甘羅的爺爺是秦朝的名臣甘茂，甘茂受到別人的排擠逃到了魏國，最後死在了那裡，而甘羅則留在了秦國，做了丞相呂不韋的門客。

當時秦朝正準備聯合燕國攻打趙國，呂不韋想派張唐到燕國去遊說，但張唐藉故推辭了。呂不韋無奈，準備放棄這個計畫，但是甘羅跑到丞相面前，稚氣地說：「呂大人，我願意去勸說張唐大人出使燕國。」

呂不韋一看是個小孩兒，不耐煩地擺擺手說：「你不要胡鬧了！」

甘羅說：「項槖（槖 ㄊㄨㄛˊ）7歲就做了孔子的老師，我現在已經12歲了，您就不能讓我試一試嗎？」

「那你就去試試吧。」呂不韋嘆了口氣轉身走了。

甘羅見到張唐就對他說：「大人，如果您不出使燕國，您的死期就不遠了。」

張唐一看是個毛頭小子，就鄙視地說：「你怎麼敢這樣恐嚇我！」

甘羅問他：「那麼您說是應侯范睢的權力大，還是文信侯呂不韋的權力大？」

張唐說：「那當然是呂大人。」

甘羅接著問：「那是您的功勞大，還是白起將軍的功勞大？」

張唐回答：「我比不得白將軍。」

甘羅說：「這就是了，當年白將軍不服從應侯范睢的命令被逐出咸陽，客死他鄉。現在文信侯的權力比應侯大得多，而您的功勞又比不上白將軍，而您違抗文信侯的命令，您說您會是怎樣的結局呢？」張唐聽了這一席話，嚇得說不出話，乖乖地準備出使燕國。

但是甘羅還有一個更棒的主意！他徵得呂不韋的同意，到趙國去遊說。準備妥當之後，年僅12歲的甘羅就坐車出發了。到了趙國，他對趙王說：「秦國和燕國聯盟就是想取得趙國的河間（今河北河間市），如果您願意把河間的五座城池獻給秦王，那麼我回去就說服秦王撤銷和燕國聯合攻打趙國的計畫。那時候，強大的趙國就可以去攻打燕國，您就可以取得比五座城池多得多的回報，而秦國是絕對不會干涉的！」趙王聽這個小孩說得很有道理，便讓人送上了河間五座城池的地圖和人口名冊，囑託甘羅帶回秦國送給秦王。

就這樣，甘羅不費一兵一卒就取得了河間，秦王非常高興，也很喜歡這個12歲的孩子，就把甘羅封為上卿，還把曾經封給甘茂的土地賞給了他。因為上卿是很高的官階，和丞相差不多，所以民間也說「甘羅12歲拜相」。

不僅秦王很喜歡這個有才有識的小甘羅，民間的百姓也很喜歡他。關於甘羅，民間還流傳著很多有趣的故事。甘羅雖然年紀很小就取得了功名，但是壽命卻不長，得到封號後不久就去世了。

傳說甘羅出殯那天，來為他送行的人們意外地發現抬著甘羅棺材的人竟然是兩個腿腳不便的人，走在前面開路的竟然是個盲人。人們非常好奇，但是家人都說是甘羅臨終前交代的，另外他還指定了自己的葬身之處。

到達甘羅的葬身之地得爬山過河，三個殘疾人在前面走著。山上藤蔓纏繞，盲人只好砍掉藤蔓開路，忽然一滴水飛進了盲人的眼睛裡，盲人的眼睛竟然好了！盲人把這個好消息告訴了另外兩個人，那兩個人半信半疑地把藤蔓上的水塗在了自己的腿上，他們的腿也一下子好了。三個人高興得手舞足蹈，然後他們試著在甘羅的脖子上也塗上了一些藥水。沒多久，甘羅就睜開了眼睛。

當然這只是一個美好的傳說，只是寄託了人們對甘羅早逝的惋惜。不過現在在洞庭湖地區，人們遇到疑難雜症，還是會拜甘羅的塑像希望早日康復。

1 選自《史記·樗（樗ㄕㄨ）里子甘茂列傳》。

第五章　百家爭鳴的春秋戰國

春秋戰國時期，戰爭頻繁，使得很多有識之士登上了歷史的舞臺。那個時候，各種學說和流派並存，是文化發展中一個「百花齊放，百家爭鳴」的時代，並為中國文化奠定了基礎。

以禮治國的儒家

至聖先師孔子①

孔子是我國最有名的教育家，有「至聖先師」之稱。但是他最初的理想並不是成為一名教書育人的老師，而是成為一個能夠幫助君主治理國家的賢臣。

孔子本名叫做孔丘，字仲尼，是春秋時期的魯國人。關於他名字的來歷有一個小故事：據說孔子剛剛生下來的時候，頭頂不平，有一塊地方凹了下去，看上去就像一道小小的丘壑，於是父親就給他取名叫做孔丘。那個時候，「子」是對學識淵博的人的尊稱，而孔丘以學識淵博、道德高尚而著稱，因此被稱為孔子。

孔子非常喜歡古代文化，也非常樂於鑽研古代文化。他曾經跟隨魯國的樂師師襄學琴，一支曲子學了十幾天之後，師襄很滿意：「嗯，不錯，可以學習新曲子了。」孔子卻不滿意，他說：「我現在掌握的只是曲調，技巧還不嫻熟。」過了幾天，孔子已經把曲子彈得非常流暢了，但他仍然不滿意：「這首曲子的神韻我還沒掌握，我再練習幾天吧！」又過了幾天，師襄笑著對孔子說：

「現在你已經彈得完美無缺了，可以學習新的曲子了。」

但孔子卻說：「我還沒體會出來這首曲子的作者是誰，他是個什麼樣的人，我還沒有完全掌握這首曲子的精髓，還要繼續學習這首曲子。」說完他又彈奏起來。

師襄見他如此堅持也就不勉強他了，這一天孔子高興地跑到了師襄面前，興奮地說：「我已經能從曲子中看出作者的樣子了。他的臉黑黑的，個子很高，眼睛炯炯有神地望著遠方，諸侯都臣服於他，這個人一定是周文王。」

師襄聽了，站起來對著孔子行了一個大禮：「您真是了不起啊！我的老師把這首曲子傳給我時跟我說這首曲子的名字叫做《文王操》。」

後來孔子為魯國的一個貴族管理倉庫，很快他就被提拔為專門管理工程建造的小官。但是孔子的志向並不在此，他的理想是治理國家，為了找到一位賞識他的國君，他決定離開魯國，去其他國家謀求發展。他不辭勞苦，帶領著弟子們周遊列國，奔走遊說。雖然他到處碰壁，但是從來沒有放棄過自己的理想。

孔子與弟子們被困在陳蔡之間的那段時期是他最為困窘的時候。由於不想讓孔子去楚國，所以陳蔡兩國的人便派了一些服勞役的人把孔子圍困在野外，孔子和弟子們不僅行動受到限制，而且連糧食都被斷絕了，有的弟子都餓得站不起來了。即使在這樣的困境中，孔子仍然不忘給弟子們講學誦詩，彈琴唱歌，後來楚國國君派兵給陳蔡兩國施壓才解救了他們。

又有一次在鄭國境內，孔子和學生們走散了，自己一個人站在城門下等候，不一會兒學生們就找到了他。原來是有一個路過的鄭國人告訴他的學生：「城門外有一個人相貌奇特，一看就是一位了不起的人物，只是有點狼狽，那無精打采的樣子有點像喪家之犬。」聽完這個描述，學生們猜到這個人十有八九是自己的老師，他們向老師轉述了路人的描述，孔子自嘲地說：「說我相貌奇特未必正確，但是說我像喪家之犬，這話真是對極了！」

就這樣，在外顛沛流離了14年，年老的孔子回到了自己的故鄉魯國。那時候的國君是魯哀公，雖然魯哀公總是會請人來向孔子請教治國的方法，但是魯哀公並沒有想過請孔子幫助自己。

孔子知道魯哀公的心思，也沒有向他提出過任何要求。從那以後，孔子開始潛心研究古代典籍，編成了《詩經》，隨後又完成了《書》、《禮》、《樂》、《易》、《春秋》等著作的編修工作。孔子把這些經典書籍作為教材，培養了大批的優秀人才。相傳孔子有弟子三千，其中精通「六藝」②的人有72人，這就是後人所說的「三千弟子，七十二賢人」。孔子73歲逝世，直到漢武帝「罷黜百家，獨尊儒術」之後，孔子的學說和思想才得到了統治者的認可。

1 選自《史記．孔子世家》。

2 六藝：中國古代儒家要求學生掌握的六種基本才能：禮、樂、射、御、書、數。

「亞聖」孟子①

孟子是戰國時期著名的思想家，他對儒家思想的發揚光大做出了巨大的貢獻，人們尊稱他為「亞聖」。這樣一個優秀的人是怎樣成長起來的呢？

孟子的成長與母親的精心教育是分不開的。孟子很小的時候，父親就死了，母親帶著他住在墓地附近。一天，孟子興沖沖地跑到母親面前，哇哇大哭，邊哭邊拜，孟母很奇怪，就問兒子怎麼了。這時候孟子「噗哧」一聲笑了，「那些來送葬的人就是這樣的呢！」孟母聽了這話，心裡一驚，想道：「這個地方太不適合孩子居住了。」很快孟母就找好了地方，帶著孟子離開了。

這次住的地方離一個屠宰場很近，孟子很快又開始模仿屠戶做買賣和宰殺牲畜，母親又帶著他離開了。這次孟母把家搬到了一座學堂跟前，很快母親就看到孟子開始跟著學堂裡的人學習行禮跪拜，嘴裡天天念念有詞，於是母子倆就在這裡長住了下來。

關於孟子，還有一個他休妻的故事也流傳很廣。有一天，孟子的妻子一個人在屋裡，就叉開腿坐著。孟子進屋看見妻子的樣子，怒氣沖沖地出去了，他對母親說：「這個婦人太沒禮貌了，我要休了她！」母親問他究竟出了什麼事情竟然要休妻，孟子把事情原委講了一遍。

孟母卻說：「這不是婦人不講禮貌，而是你不講禮貌。我記得《禮經》上說在進門的時候，必須先高聲詢問誰在屋裡面；要進入廳堂的時候，也要先高聲說話，讓裡面的人知道；當進屋的時候，眼睛必須往下看。《禮經》這樣說，就是為了不讓人措手不及。你到妻子休息的地方去，進屋沒有聲響人家不知道，因而讓你看到了她不雅的坐姿。這並不是你妻子的過錯，而是你的過錯。」

聽了母親的一番話，孟子意識到是自己錯了，從那以後再也不講休妻的事情了。可以說，孟子最終能夠成長為與孔子並列的「亞聖」，孟母的教育功不可沒。

孟子長大成人之後，正值諸侯之間征戰不斷，老百姓民不聊生。孟子看到這種情況，就效仿孔子遊說各國君主，但是收效甚微，各國君主中比較重視孟子意見的人就是梁惠王了。

一次孟子和梁惠王談論治國之道，孟子問：「用木棍打死人和用刀子殺死人，有什麼不同嗎？」

梁惠王回答說：「沒有什麼不同的。」

孟子又問：「那麼用刀子殺死人和用政治害死人有什麼不同？」

梁惠王說：「也沒有什麼不同。」

孟子接著說：「現在大王的廚房裡有的是肥肉，馬廄裡有的是壯馬，可是老百姓卻面有饑色，野外躺著無數餓死的人，這難道不是當權者帶領著野獸在吃人嗎！您想想，野獸相食尚且使人厭惡，當權者帶著野獸來吃人，怎麼能成為好的君主？」梁惠王若有所思地點了點頭。

又有一次，梁惠王疑惑地問孟子說：「為什麼我費盡心力治國，也愛護百姓，卻不見百姓來歸附我呢？」

孟子說：「那我就用打仗來打個比方吧！雙方軍隊在戰場上相遇，一番廝殺之後，打敗的一方免不了會丟盔棄甲，飛奔逃命。一個人跑得慢，只跑了五十步，卻去嘲笑跑了一百步的兵士貪生怕死。②您對這個事情怎麼看呢？」

梁惠王說：「都是逃跑，跑五十步和一百步有什麼區別呢？」

孟子說：「這就是了，雖然你熱愛百姓，但是你和其他的國君一樣喜歡打仗，與他們沒有什麼區別，所以百姓沒有來歸附。」

多年周遊列國沒有成效，孟子最後回到了故鄉，以著書立說、培養學生作為餘生的目標，他所寫的《孟子》也是儒家的經典著作之一。

1 選自《史記．孟子荀卿列傳》。

2 「五十步笑百步」的出處。比喻那些以小敗嘲笑大敗的人，又以「五十步笑百步」來比喻程度不同，但本質相同的做法。

無為自由的道家

神秘的老子①

老子是道家學派的創始人，孔子曾經向他請教過問題，他所撰寫的《道德經》開創了我國古代哲學思想的先河。而老子本人在歷史上卻是一個神龍見首不見尾的神秘人物。

《史記》中描述老子是一個「隱君子」，是一個非常神秘的人物，至今沒有人能夠確定老子是哪裡人，是做什麼的，甚至是不是曾經有過這麼一個人都有人質疑。不過，現在的學者比較認同的是老聃（聃ㄉㄢ）就是老子。

老聃出生在楚國的一個姓李的人家，剛一出生，人們就覺得這個孩子長相不同尋常：他的前額寬闊，耳垂特別大。當時的人們認為耳垂大的人有福，於是紛紛恭喜孩子的父親，說這個孩子將來必成大器。他的父親當即給孩子起名為「李耳」，又用表示耳垂很大的「聃」作為他的字，前面加上一個「老」字是希望他健康長壽。

老子從小就喜歡讀書，而且記憶力特別好，很快就成了遠近聞名的神童。但是他不滿足於自己的學識，一個人來到了當時全國的文化中心——東都洛邑（今河南洛陽）。因為學識淵博，他很快就在東周最大的圖書館裡擔任管理員了。

近水樓臺先得月，老子有了更便利的條件博覽群書，不久就成為全國聞名的大學問家，有很多人都來向老子請教問題，其中也包括孔子。孔子向老子提出了很多有關古代禮制的問題，老子淡然一笑，對孔子說：「你提到的這些人都已經死去很久了，恐怕連埋在地下的骨頭都爛掉了，就剩下這些話還在世上流傳。所以你沒必要一味地去模仿他們，不要被這些話束縛了自己的言行。君子應該有適應社會的能力，碰到機會就去幹一番轟轟烈烈的事業；沒有機會就遠離政治，好好享受自己的生活。你說呢？」

孔子很受啟發，回去後跟自己的弟子說：「我以前只知道鳥會飛、魚會游、獸會跑，但是牠們都可以用工具捉住，而對於乘風直上雲霄的龍來說，我就絲毫不瞭解了。今天我見到老子，發現他的知識如此廣博，見解如此深刻，我想他大概就是出神入化的龍的化身吧。」

老子在洛邑的時候，周王朝已經日漸衰微，周景王死後，王子朝與即位的周悼王之間發生了衝突，爆發了長達5年的內戰，百姓生活遭到嚴重破壞。王子朝兵敗之後逃到了楚國，還帶走了圖書館內的很多珍貴書籍，老子非常傷心，便決定離開這個洛邑，去民風淳樸、國家安定的秦國安度晚年。

老子騎著青牛來到了函谷關，過了函谷關他就到達秦國境內了，老子的心頓時輕鬆起來。這時候，一個名叫尹喜的守城官員認出了老子，他驚喜地跑過去迎接他。尹喜非常崇拜老子，他深深地對老子鞠了一躬，然後說：「先生這是要去哪裡呢？」

「我準備離開這裡，到秦國隱居去了。」

尹喜說：「我聽說先生學問廣博，既然您來到這裡，就在這裡休息幾天吧。您可以把您的學問見解編成一本書，這樣即使您去隱居過逍遙自在的生活，也可以用您的遠見卓識來為後人指點迷津哪！」老子被尹喜的真誠打動，於是在函谷關小住了幾天，把自己對於宇宙、人生和社會各個方面的見解都寫了下來，這就是流傳千古的《道德經》。

老子寫完書後就繼續向秦國進發了，從那以後就再也沒有人知道老子的行蹤了。不過人們都相信他是一個長壽的人，有人說他活了160歲，有人說他活了200歲，當然這些都是傳說，不足為信。

1 選自《史記．老子韓非列傳》。

逍遙的莊子①

「莊生曉夢迷蝴蝶，望帝春心託杜鵑」，唐代詩人李商隱的這句詩的靈感就來自莊子，莊子是一個崇尚自由的人，是道家的代表人物之一。

關於莊子最有名的就是「莊生夢蝶」的故事。據說有一天莊子在睡覺的時候，夢見自己變成了蝴蝶，他在花叢間自由自在地翩翩起舞。醒來之後，他陷入了沉思中，他始終搞不明白究竟是自己夢見變成了蝴蝶呢，還是蝴蝶夢見變成了自己。如果是自己變成了蝴蝶，為什麼自己能夠體會到蝴蝶獨有的飛翔之樂？如果是蝴蝶變成了自己，為什麼這一切會出現在自己的記憶之中呢？這個哲學問題困擾了莊子的一生。

又有一次，莊子與惠施在橋上遊玩。莊子說：「魚在水中游得多麼悠閒自得，這就是魚的快樂啊。」

惠施反問：「你不是魚，怎麼知道魚的快樂呢？」

莊子說：「你又不是我，怎麼知道我不知道魚的快樂呢？」

莊子還是一個淡泊名利，不願做官的人。

惠施做了梁國的國相之後，莊子去看望他。有人偷偷告訴惠施說：「莊子到梁國來，是想取代你做宰相啊！」惠施聽到後非常害怕，因為他知道自己的才學遠在莊子之下，就派人在國都搜捕了三天三夜。莊子聽說這件事情後仍去見他，並對他說：「南方有一種鳥，從南海起飛到北海去，不是梧桐樹不棲息，不是竹子的果實不吃，不是味道甜美的泉水不喝。此時有一隻貓頭鷹拾到一隻腐臭的老鼠，當這隻鳥飛過貓頭鷹面前時，貓頭鷹仰頭看著，發出憤怒的恐嚇聲，害怕自己的食物被搶走。現在你就是在拿梁國的國相之位恐嚇我啊！」聽了莊子的一席話，惠施羞紅了臉。

又有一天，莊子正在河邊悠閒地垂釣，楚威王的三個隨從來

莊生夢蝶

找莊子。「先生您好，楚威王想請您出山當宰相！」

莊子聽了，眼睛依然盯著水面，漫不經心地說：「聽說楚國有一隻神龜，死了三百多年了，國君依然把它保存得很好，還放在廟堂裡供奉。你們說這隻神龜是希望死後留著骨頭被萬人朝拜呢，還是希望活著爬在泥土裡搖頭擺尾呢？」三個隨從不假思索地說：「那肯定是在泥地裡活著啊！」莊子笑了笑，對他們說：「那你們還是讓我在泥裡繼續活著吧。」

這一天惠施來找莊子，兩人閒聊時，惠施說：「大王給了我一粒大葫蘆種子。我在家精心照料種植，結出一個巨大的葫蘆，有五石（古代重量單位）的容量。我把它切成兩半做瓢，可是太大了，盛滿水後一端就碎了。用它來盛別的東西也不合適，我最後只好把它砸爛扔了。」莊子說：「你為什麼不把大葫蘆繫在自己身上，暢遊五湖四海呢？為什麼一個葫蘆非得要做成什麼才有存在的價值呢？」

惠施和莊子的基本觀點不同，所以兩個人經常互相看不慣，但是內心對對方又有一種惺惺相惜的感情。對莊子來說，雖然惠施不同意他的觀點，卻是唯一能夠理解他的人，惠施去世後，莊子對別人說：「最懂我的那個人已經不在了！」

1 選自《史記．老子韓非列傳》。

崇尚律法的法家

代表人物吳起①

吳起是春秋末期戰國初期著名的政治家、卓越的軍事家，也是法家的代表人物。後世把他和孫武合稱「孫吳」，著有軍事書籍《吳子》。但是他為了功名不擇手段，所以後人對他的評價也是褒貶不一。

吳起是衛國人，他的祖輩本來是貴族，但是到他這一代時已經家道中落了。吳起從小就有一個想法，就是人生在世，一定要當大官才能成功。於是他既不經商也不參與耕種，而是帶著家裡剩下的錢財四處結交達官貴人，希望謀求一官半職。最後，他把所有的家財都用光了，也沒有得到任何官職。鄰居、同鄉的嘲笑讓他憤恨，他一怒之下殺死了30多個譏笑自己的人。殺人之後，他決定逃走，臨行前，他咬著自己的胳膊向母親發誓，如果他做不到卿相，就絕不回來。後來吳起跟著老師學習兵法，母親去世他都沒有回家去奔喪。老師覺得他無情無義，就跟他斷絕了師生關係。

吳起來到魯國，魯國國君覺得他是個人才，有心派他帶兵攻打齊國，但是吳起的妻子是齊國人，所以國君有所顧忌。吳起覺得這樣一個大好機會不能錯失，就回家殺了自己的妻子，以表示自己對魯國的忠心。後來吳起把齊國打得落花流水，吳起心想：「魯國這樣一個小國，依靠我把齊國打得大敗，這下國君一定會重用我了。」

但是他錯了。魯國是一個非常重視倫理和禮義的國家，所以看到魯國國君竟然讓一個受到譏笑就殺鄉鄰，為了功名不去為母親奔喪，為受重用就殺妻的人掌握兵權，大臣們紛紛勸說魯國國君不要重用吳起。漸漸的，魯國國君也疏遠了他。

吳起並沒有因為這些而改變自己的言行，他轉而投奔了魏文侯。魏文侯詢問周圍人：「吳起這個人，你們看怎麼樣？」

有位大臣說：「他貪慕功名，品行不端，但是他帶兵打仗確實有一手，我們的將領中恐怕沒人能比得上他。」魏文侯就派他去攻打秦國。吳起沒費多大力氣，就從秦國手裡奪過來5座城池。

魏文侯重用了吳起，派他去鎮守邊境，抵擋秦國和韓國的入侵。魏文侯去世後，魏武侯繼位，魏國的大臣害怕吳起危害到自己的利益，就都向魏武侯進讒言，希望武侯能疏遠吳起。吳起見情況不妙，就逃到了楚國。

楚國的國君楚悼王早就聽說過吳起的大名，當即就任命他做國相。吳起也不辱使命，他訓練軍隊，提高了楚軍的戰鬥力，還改革了楚國的政治，制定了嚴明的法律，把許多沒有本事、夸夸其談②的人趕出了朝廷，然後大幅度地削減了貴族的開支，把這些錢財投入到軍事建設中。沒過幾年，楚國在吳起的改革下日益強大起來，周圍的國家擔心楚國的強大會威脅到自己的國家，但是因為害怕吳起，誰都不敢對楚國輕舉妄動。

楚國雖然強大了，但是楚國的貴族和那些被淘汰的官員都恨透了吳起。但因為有楚悼王的支持，他們也只能暗地裡叫罵。終於盼到了楚悼王過世，他們迫不及待地要誅殺吳起。吳起得到消息，逃到了楚悼王停放屍體的地方，趴在了楚悼王的屍體上，他想這樣那些大臣們就不敢使用兵器了。可是眾人已經顧不得這麼多了，他們只想殺死吳起，人們拿起弓箭把吳起和楚悼王的屍體一起射成了「蜂窩」。後來因為射殺楚悼王這件事，有70多個家族被滅族。

1 選自《史記・孫子吳起列傳》。

2 夸夸其談：華而不實，滔滔不絕地空談。

法家集大成者韓非①

韓非多次向韓國君主進諫，屢屢失敗；但是他的學說卻得到了遠在秦國的嬴政的賞識，到了秦國之後，他的命運改變了嗎？

韓非是戰國時期韓國的貴族，天生口吃，不過文章寫得非常好。他和秦國的丞相李斯都是荀子的學生，二人還是很要好的朋友。

兩人完成學業後，李斯去了秦國，最終成為秦國的丞相；而韓非則滿懷著對祖國的熱愛，回到了韓國，他要用自己的才學把韓國變成強大的國家。韓國是戰國七雄中最弱小的，在秦國的威逼下不斷割地求和，韓國國君最大的願望就是能夠保證自己國家的土地不再被割讓，而沒有成為強大的國家的心思，所以韓非第一次進諫，就被韓王婉言謝絕了。

但是韓非沒有退縮，他覺得也許是自己的口吃影響了表達，所以他決定用自己最擅長的文章來說服韓王。他看到韓國社會的腐敗落後，寫下了《孤憤》；看見韓國的官吏四處搜刮百姓，而面對秦國的威逼，又只能搖尾乞憐時，韓非怒其不爭，寫下了《五蠹（蠹ㄉㄨˋ）》。但是他並不是一個只會批評社會的「憤青」，他還提出了自己的解決方法——《內外儲》。他感嘆自己和天下辯士的命運，又寫下了《說林》和《說難》。這些書籍和文章洋洋灑灑，有十多萬字，他的大名也隨著書本傳遍了天下，世上的每個人都知道韓國出了一個很厲害的人物叫韓非。

秦王嬴政也知道了韓非，他命令侍從官把韓非的書搜集齊全，開始仔細閱讀。他在看到《五蠹》和《孤憤》的時候，激動地站了起來，拔出自己的寶劍，大聲說道：「我一定要和這個人結交，否則我死不瞑目啊！」

此言一出，秦國馬上派出了十萬秦軍向著韓國衝去。秦王知道懦弱的韓國一定會求和，於是就提出了要見韓非的要求。聽到這個要求，韓王鬆了一口氣，原來秦軍只是想找一個沒用的韓非啊！很快他就派人找到了韓非，讓他出使秦國。

但是秦王怎麼也沒想到文采斐然的韓非竟然是口吃，溝通起來很是費勁，便很後悔自己有些衝動的做法，秦王想：要瞭解韓非，知道他的學說，看他的書就成了。何必非看這個人呢？於是，秦王草草地結束了對韓非的接見。

韓非回到住所之後，一位秦國的大官求見。韓非覺得很奇怪，自己現在受到了秦王的冷遇，還有誰願意來看他呢？迎出去之後，他驚奇地發現這個大官竟然是自己經常思念的老朋友李斯。韓非著書立說期間，兩耳不聞窗外事，連自己的好朋友成了秦國的丞相都不知道。

兩個人見面之後，互相問候，訴說了離別後各自的經歷和感受。韓非覺得自己留在秦國有依靠了，於是他把自己沒有流傳到外面的書也拿給李斯看。李斯看完後心裡很害怕，因為書的一小部分被傳出去已經讓秦王動用了十萬大軍去搶韓非，要是秦王看到了整本，那還得了？自己的地位怎麼辦？

李斯產生了要除掉這個老朋友的想法，機會還真讓他等到了！有一次韓非上書秦王建議先攻打其他國家，再攻打韓國。李斯抓住這個機會對秦王說韓非是個奸細，始終心向韓國。秦王盛怒之下賜韓非死罪，得到這個命令之後，李斯連忙派人送去了毒酒。第二天，秦王後悔想赦免韓非，但是已經太遲了。

韓非就這樣不明不白地死掉了，但是他寫的書卻一直在世間流傳，直至今天。

1 選自《史記．老子韓非列傳》。

善於用兵的軍事家

承上啟下的軍事家田穰苴①

田穰苴這個名字對我們來說比較陌生，但他是繼姜子牙之後最著名的軍事家，孫子、孫臏等人都非常推崇他的理論，現在我們就來認識一下這位承上啟下的軍事家。

田穰苴（穰苴 ㄖㄤˊ ㄐㄩ）是春秋末期齊國人，是田氏齊國的旁系子弟，因被封為大司馬，所以也有人叫他司馬穰苴。

齊景公的時候，晉國和燕國都派兵攻打齊國，齊景公非常害怕，就詢問晏子誰能出戰。晏子推薦了田穰苴，齊景公就像找到了救命稻草一樣，馬上任命穰苴為將軍，迎擊晉國和燕國的軍隊。但是田穰苴推辭了，他說：「我本來是一個卑賤的人，現在突然之間被提拔為將軍，士兵們不服從我，百姓也不相信我，還是請您派一位位高權重的人做將軍吧！」齊景公聽了這話，頓時頹喪了下來。晏子是個聰明人，問田穰苴：「將軍是不是有什麼要求，不妨直說！」田穰苴說：「如果非要我去做大將軍，我希望大王您能派一名大臣做監軍，以使眾將士聽命。」

「那就讓莊賈去吧！」景公長長地舒了一口氣。莊賈是景公面前的「紅人」，是當時最受寵愛的大臣。景公安排妥當之後，穰苴與莊賈約定第二天中午在軍門外會合。

第二天，穰苴早早就來到了軍中，為了定準時間，他吩咐手下立起了測日影的木表，打開了測時的漏壺。而莊賈呢，因為平時驕縱慣了，被任命為監軍，非常高興，親朋好友設宴歡送，直到太陽快要落山了才晃晃蕩蕩地來到軍中。

田穰苴生氣地說：「我們不是約好了正午見嗎，你為什麼要遲到？」

莊賈解釋說：「因為要和您去打仗我的親朋好友設宴為我餞行，所以就把時間耽誤了。」

穰苴正色道：「身為國家的將領，從接受任務的那一刻起就應該忘掉家庭；在軍中頒佈了命令之後就要放下親情和兒女情長；在戰鼓擂響的時候就應當不顧個人安危。現在晉國和燕國已侵入了我國國土，百姓十分恐慌，前線的戰士們浴血奮戰，國君都急得吃不下東西，可以說現在齊國的安危全都維繫在你我的肩上，你怎麼還有心思吃飯喝酒呢？」

這一席話說得莊賈啞口無言，低頭不語。這時候穰苴就把軍內管軍法的人找來問他說：「按軍法，誤了時間應如何處置？」軍法官說：「應當殺頭。」

莊賈聽到這裡，酒一下子全醒了，急忙吩咐隨從去向齊景公求救。隨從揚鞭而去，還沒來得及趕回來，穰苴已經下令把莊賈斬首示眾了，看到這種情況，將士們都知道了田穰苴是一個言出必行的人。

派去求救的人到了齊景公那裡把情況如此這般描述了一遍，齊景公也急了，忙拿出自己的信物派人來救莊賈。這位特使坐在馬車上，到了軍門前停都沒停就闖了進去。穰苴平靜地對使者說：「莊賈已經被斬首示眾了，請轉告國君，『將在外君命有所不受』。」說完轉頭問軍法官：「坐著馬車在軍中奔跑應該怎麼處置啊？」軍法官說：「應當殺頭。」使者聽了嚇得渾身發抖。穰苴說：「可是國君的使者是不可以殺掉的，來人哪，把特使的隨從拉下去斬首！」然後還砍斷了使者乘坐的車廂左邊的木柱，殺了一匹馬，叫使者回去向齊景公稟報，而田穰苴自己則帶著隊伍向前線進發了。

1 選自《史記．司馬穰苴列傳》。

兵家之祖——孫子①

你一定聽說過《孫子兵法》這本書吧？它的作者孫武與田穰苴是遠親，兩個人都屬於齊國田氏家族的分支。但是孫子不是在齊國成名的，而是在吳國。這是怎麼回事呢？

孫子原名叫做孫武，他的曾祖父和祖父都是齊國的將軍，這使他從小就能夠接觸到各種軍事書籍，他不僅瞭解黃帝作戰的實際情況，還知道伊尹、姜太公和管仲的用兵方法，再加上他出身將門，從小也耳聞目睹了一些戰爭，這對他在軍事方面的培養是非常重要的。

當時的齊國，內部危機四伏，崔杼（杼 ㄓㄨˋ）殺死了國君，緊接著又發生了「崔慶之亂」，貴族內部爭權奪利的鬥爭愈演愈烈。孫武對此非常反感，於是離開齊國，隱居到吳國潛心研究兵法。

孫武來到吳國後，在郊外認識了從楚國逃難而來的伍子胥，兩人相見恨晚，很快就成了很好的朋友。伍子胥幫助吳王闔閭奪得王位之後，得到了闔閭的重用。闔閭為了稱霸天下，需要一位軍事家來籌畫指揮，伍子胥就推薦了孫武。

但是孫武自從來到吳國之後，一邊種田，一邊寫書，從來沒有宣傳過自己。吳王連這個名字都沒有聽說過，便認為一個農夫能有什麼大本事呢？所以未曾召見孫武。伍子胥沒有放棄，反覆地向吳王推薦，據說一天早晨就推薦了7次，吳王這才答應見見孫武。

孫武拿著自己寫的兵書覲見吳王，吳王看罷讚嘆不已，又聽到孫武講得頭頭是道，心裡暗自敬佩。

「你的兵法實在是令人耳目一新，讓寡人受益匪淺，但是不知道能不能用在實際中呢？可不可以小規模地演練一下，讓我們見識見識？」吳王闔閭似乎故意給孫武出難題。

幾個人一起來到了練兵場，孫武看到那些「士兵」有些意外，因為那是宮中的180名宮女，帶頭的兩個是吳王最寵愛的姬妾。吳王得意地看了看孫武，心裡想：「我倒要看看你的水準！」

孫武平靜了一下，信心滿滿地走到宮女們面前，把她

們分成兩隊，讓兩任姬妾分別任隊長，然後開始宣講操作要領。安排就緒之後，孫武擊鼓發令，但是宮女們對這個「遊戲」感到新奇，她們根本不聽號令，一個個笑個不停，根本沒有隊形可言。孫武召來軍吏，要根據兵法斬殺兩位隊長。吳王一看急了，馬上派人說：「我已經知道您能用兵了，但是沒有這兩個美人侍候，我吃飯都沒有味道，請赦免她們吧。」

孫武一口回絕了：「臣受命為將，將在軍中，君命有所不受。」殺掉了兩位隊長後，孫武任命另外兩個人充當隊長，繼續練兵。

這一次眾宮女前後左右，進退迴旋，全都合乎規矩。孫武請闔閭檢閱，闔閭心中不快，託辭不來，孫武便走到吳王跟前說：「賞罰分明，這是兵家的常法。對士卒一定要威嚴，他們才會聽從號令，打仗才能克敵制勝。」聽了孫武的一番解釋，吳王闔閭心中暗自敬佩，不久便拜孫武為將軍。而孫武也不辱使命，最終幫助吳王闔閭完成了稱霸大業。

1 選自《史記．孫子吳起列傳》。

智鬥同窗的孫臏①

孫武死後一百多年，孫家又出了一位名垂千古的軍事家，他就是孫臏，孫武的後世子孫。孫臏原來並不叫這個名字，那這個名字是怎麼來的呢？

孫臏和龐涓是鬼谷子的徒弟，師弟孫臏天資聰穎，過目不忘，而師兄龐涓雖然也很聰慧，但是與師弟比起來，就差了一大截。他們在學習兵法的時候，關係很親密，就像親兄弟一樣。

不久，龐涓聽說魏惠王正在招賢納士，龐涓本來就是魏國人，他覺得自己開創大業的機會到了，就決定下山投奔魏惠王。鬼谷子見他去意已決，就放他下山去了。下山之前，龐涓對孫臏再三保證，說一旦自己出人頭地，馬上向魏惠王推薦他，然後兄弟倆一起做一番大事業。善良的孫臏對此深信不疑，囑咐他多加保重。

龐涓到了魏國之後，一連打了好幾場漂亮的勝仗，很快得到魏惠王的賞識，被封為將軍。可春風得意的龐涓沒多久就高興不起來了，怎麼回事呢？原來他想到了孫臏。他知道自己的才幹遠遠比不上孫臏，按照當初的諾言，把他推薦給魏惠王，孫臏很快就會超過自己；如果不推薦他，萬一他去了別的國家，自己真的與他打起仗來並不是他的對手。過了不久，龐涓想出了一條妙計。

幾天之後，正在山上認真研習兵書的孫臏接到龐涓的一封信，信中邀請他趕快下山共同建功立業。孫臏覺得師兄真夠意思，激動得一晚上沒睡著覺，第二天就拜別了老師，來到了魏國。孫臏來後，龐涓盛情款待了他。幾天過去了，魏惠王那邊卻一點動靜也沒有，孫臏非常相信自己的師兄，就一直安心等待。

一天，孫臏正在看書，忽然外邊傳來一陣喧鬧聲，他還沒弄清楚是怎麼回事，就被綁了起來。一個人宣佈孫臏私通齊國，要挖去孫臏的膝蓋骨，這就是「臏刑」，也是後世把他叫做「孫臏」的原因。不僅如此，他們還在他臉上刺上了字，讓他以後再也沒法面對世人。原來，自從孫臏來到魏國，龐涓就一直在魏惠王面前詆毀孫臏，最終使他遭受如此橫禍。

孫臏看出了龐涓的真面目，為了脫身，他開始裝瘋賣傻，一會兒哭，一會兒笑。龐涓聽說了這些，並不相信孫臏真的瘋了，就叫人把他扔到豬圈去，偷偷派人觀察。孫臏披頭散髮，在豬圈裡倒頭就睡，甚至還把豬糞塞到嘴裡大嚼。龐涓這才認為孫臏是真瘋了，從此放鬆了對孫臏的監視。

一天，孫臏聽說齊國有個使臣來到魏國，就偷偷去拜訪。這位使臣從孫臏的談吐中認定這是一個了不起的人才，就答應幫他逃走。於是，孫臏藏在齊國使臣的車子裡，秘密地回到了齊國，不久孫臏就因為幫助田忌賽馬得到了齊威王的賞識。

西元前342年，龐涓帶領10萬大軍，分三路進攻韓國，韓國國小勢微，就派出使臣向齊國求救。齊威王認命田忌為主將，孫臏為軍師去救韓國。孫臏與龐涓之間的生死較量拉開了序幕。

龐涓決定與齊軍決一雌雄，不料孫臏採用誘敵深入的方法，齊軍不肯交戰，稍一接觸就向東退去，龐涓緊追不放。

第一天，齊軍營地有10萬人的飯灶；第二天，還剩5萬人的灶；到第三天，只剩3萬人的灶了。龐涓得意地說：「我就知道齊國的士兵都是膽小鬼，如今不到三天就逃跑了大半！」於是他傳令：「留下步兵和笨重物資，集中騎兵輕裝前進。」

當魏軍來到一個叫做馬陵道的地方時，孫臏指揮早已埋伏好的弓箭手見到火光就萬箭齊發。龐涓聽說前面的道路被樹木堵塞，忙上前察看。朦朧間他看到路旁有一大樹，上面隱約有字，於是派人點起了火把。當龐涓看清樹上的那一行字時，大吃一驚，原來樹上寫著：「龐涓死於此樹下！」

他這才知道中了孫臏的計，但是已經太遲了。埋伏在山林中的齊軍，萬箭齊發，魏軍亂成一團，死傷無數。龐涓身負重傷，知道敗局已定，就拔出佩劍自殺了。齊軍乘勝追擊，徹底打敗了魏國的軍隊，俘虜了魏太子。

1 選自《史記．孫子吳起列傳》。

燕國名將樂毅①

燕國本來是一個實力很弱的國家，但是自從燕昭王招攬賢士以來，燕國發展非常快，所以很多大國都對燕國虎視眈眈。即使是在這種四處受敵的情況下，燕國還是差一點滅了齊國。這都要歸功於一個叫樂毅的人。

樂（樂ㄩㄝˋ）毅是魏國將軍樂羊的後代，樂羊被封在中山國附近，幫助中山國復了國。後來中山國被趙武靈王所滅，於是樂毅就成了趙國人。不過樂毅沒有趕上趙武靈王最風光的時候，趙武靈王死後，他逃到了祖先發跡的地方——魏國。

魏昭王知道樂毅是樂羊的後代，給了他非常豐厚的封賞，但是沒有給他兵權，而是讓他做了一個外交官。即使沒有做大將軍，樂毅的鋒芒也吸引了很多人的目光，這其中就包括正在廣招賢士的燕昭王。

一次，魏王派樂毅出使燕國，燕昭王很想把樂毅留在燕國。但是，樂毅是使臣，如果就這樣留下了，可能會引起一場外交紛爭。燕王便修書一封說明情況，魏昭王看到信後，回覆說願意讓樂毅留在燕國。

燕昭王得到樂毅後十分高興，連忙向樂毅請教國事。而樂毅對燕昭王的問話全都採用了逃避的策略，這讓燕昭王很不痛快。最終樂毅在燕國沉寂下來了，沒了燕昭王的詢問，樂毅倒是樂得清閒，他每天和朋友釣釣魚，喝喝酒，日子過得不亦樂乎。這些消息很快傳到了魏王的耳朵裡，魏王笑著說：「還好我們沒用他！祖上是名將，子孫可未必！」

這樣過了一段時間，燕昭王對樂毅由滿懷希望變成了失望，最後已經對他絕望了。正當燕昭王決定給他一塊封地，讓樂毅去養老的時候，樂毅卻在一個深夜穿著盔甲來到了燕昭王的宮殿。

原來，樂毅之所以表現得放蕩不羈，是為了麻痹大國的神經，他想要出其不意地戰勝那些虎視眈眈的大國，他的第一個目標就是齊國。這天晚上，燕昭王和樂毅秘密謀劃了戰勝齊國的計畫。

第二天，燕昭王把樂毅發配到了偏遠的地方，並且派了5千人押解他。其實這5千人是樂毅挑選的精兵，他是想把他們帶到不引人注目的地方繼續加以訓練。巧的是，蘇秦為了報答燕昭王的恩情，選擇了到齊國去臥底，他一方面把齊國的動態源源不斷地送回燕國，另一方面則用花言巧語讓齊湣王失去了民心。

樂毅的5千精兵訓練好後，燕國聯合了秦國、魏國、楚國和趙國，一舉包圍了前去會盟的齊國大軍。而齊國駐守本國的軍隊則一直盯著魏、趙、秦，根本沒有想到弱小的燕國會攻打齊國，所以一路上燕軍沒有遇到多少抵抗，很快便佔領了齊國的70多個城池，只剩下即墨和莒城。樂毅採取了穩守穩打的方法，想圍困齊國，直到他們彈盡糧絕，自己投降。

但是計畫趕不上變化，燕昭王竟然在這個時候過世了。繼位的新君中了田單的反間計，撤換了樂毅，最後燕國軍隊被田單逐出了齊國。

樂毅接到了命令之後，知道新君不信任自己，回燕國恐怕凶多吉少，就回到了故鄉趙國。燕軍大敗之後，燕國國君十分後悔，同時也害怕樂毅投奔趙國對自己不利，就派人向樂毅道歉。樂毅寫下了著名的《報燕惠王書》，表明自己不會效忠昏君的態度。不過樂毅在燕國的名譽得到了恢復，他也沒有報復燕惠王。從此樂毅就在燕趙兩國之間自由往來，得到了兩國人民的愛戴和尊敬。

1 選自《史記．樂毅列傳》。

火牛破敵的田單①

一千多頭尾巴上點著火，身上畫著五彩龍紋的牛出現了，這是一場盛大的慶祝活動嗎？不，這一幕出現在戰場上，這一切究竟是怎麼回事呢？

田單是齊王的遠房親戚，最初他只是一個管理集市的小官，沒有人認識他。

齊湣（湣 ㄇㄧㄣˇ）王時期，與齊國素來不和的燕國派出大將樂毅，聯合趙國、楚國、魏國和秦國的軍隊一起討伐齊國。齊國抵擋不住，連連敗退，最終退到莒城（今山東省莒縣）。

田單雖然不甘心做亡國奴，但是他沒有職權，只能帶著族人一路往東逃。在逃跑的過程中，田單發現，車子的木車軸露在外面很容易損壞車子，也影響趕路的速度。他就讓族人把車軸過長的部分鋸掉，再用鐵箍包住。很多人因為車子受損被燕軍抓住，但是因為田單的英明決策，家人順利逃到了即墨（今山東即墨）。

這時候的齊國只剩下莒城和即墨還沒有淪陷。聽說齊湣王藏在莒城，燕軍集中兵力去攻打。後來有一個叫淖的大臣趁機殺死了驕奢的齊湣王，擁立他的兒子為王，這就是齊襄王。襄王帶領著百姓拚死抵抗燕軍的進攻，堅守莒城。

燕軍見莒城久攻不下，改攻即墨。原來的守城官員在戰爭中犧牲了，於是人們推舉了善於觀察、有勇有謀的田單做將軍。剛好在那個時候，支持樂毅的燕昭王去世了，而新即位的燕惠王與樂毅不和，田單利用這一點想出了一招反間計。

田單揚言：「現在齊王已經死了，齊國只剩下兩座城池。而樂毅與燕王不和，怕自己回去被殺，所以他想在齊國稱王。因為齊國的百姓還沒有歸順，所以他就放緩了進攻即墨的速度。如果現在換成另一名大將，即墨就徹底完了。」燕惠王果然聽信了這個傳言，罷免了樂毅的職務。

反間計成功後，田單開始計畫收復失地了。他想盡辦法鼓舞士氣，同時讓燕軍的防備越來越鬆懈。過了一段時間，田單覺得時機已到，便派人從城裡搜集了一千多頭牛，又給牛披上大紅綢子，上面畫上五顏六色的蛟龍，又在牛角上綁上了鋒利的尖刀，最後在牛尾巴上拴上了一束沾滿油脂的蘆葦。

到了晚上，田單命令士兵在城牆上鑿了幾十個大洞，然後點燃了牛尾巴上的蘆葦，把牛趁著夜色放了出去。5千士兵跟在牛群後面。牛被點燃的蘆葦燒得疼痛難忍，瘋狂地往前衝去。

燕軍聽到外面一陣喧嘩，出了營帳就發現一大群怪物衝著他們飛奔而來，凡是碰到這些怪物的人都非死即傷；狂奔的牛群在前邊開路，5千精兵跟在後邊見燕軍就殺；那些不能上陣殺敵的老弱婦孺，也都拿著銅盆敲打助威。燕軍驚慌失措，四處逃竄。齊軍乘勝追擊，一直追到黃河邊上，路上經過的70多座城池全部回歸齊國。隨後，田單把齊襄王從莒城迎回了齊國的都城臨淄。

齊襄王為了獎勵田單復國的壯舉，封他為平安侯。

1 選自《史記．田單列傳》。

戰國第一名將白起①

白起是戰國第一名將，但是為人殘暴，喜歡斬殺俘虜，在長平之戰中更是把40萬戰俘活埋，所以人們也叫他「人屠」。

秦國到了秦昭王的時候，已經是一個實力雄厚的國家了，白起是當時的大將軍。

白起曾經率兵攻打韓國，斬殺了24萬韓軍，隨後秦昭王寫信給楚襄王，說要與楚國決一死戰。楚襄王非常害怕，只好與秦國講和了，還娶了秦國宗室的一名女子為妻。之後的時間裡，楚襄王總是與秦昭王會盟，表示臣服於秦。

但是楚襄王的心裡並不願臣服於秦，他總是想戰勝秦國，後來又有一個主張「合縱抗秦」的縱橫家來勸說楚襄王。楚王被這個人一激，馬上派出使臣前往各個諸侯國進行遊說。

秦昭王聽到這個消息，十分憤怒，決定要懲罰一下楚國，便派出白起去攻打楚國。白起很快攻下了楚國的國都，焚燒了楚王的墳墓，楚王不得不把都城遷到一個叫做陳的地方，並且準備反擊。

但是湊來湊去也只找到了*10*萬人，雖然奪回了長江邊上的*15*個城邑，但是再也沒有實力與秦國抗衡了。經過秦國這一連串的打擊，直到滅亡，楚國都沒有再現曾經的輝煌。

還記得上黨這個地方嗎?沒錯，就是那個被韓國太守獻給趙王的地方。趙王接受了這個地方之後果然惹惱了秦國，秦昭王派人去攻打趙國。趙王派老將廉頗出戰，廉頗根據敵強我弱的形勢，採取了堅守不戰的策略，不管秦軍怎麼挑戰，趙國就是不出兵。後來秦國國相范睢收買了趙國的權臣，散佈流言說：「秦國最害怕的就是趙奢的兒子趙括了，廉頗那個老傢伙不足掛齒，他現在不敢出戰，就快投降了！」趙王對於廉頗不出戰本來就頗有微詞，聽了這樣的流言之後，就派趙括代替了廉頗。

「新官上任三把火」，趙括一來就把廉頗的部署全部打亂了，更改了部隊的制度，撤換了大批將領，這使趙軍的戰鬥力大幅度下降。

而秦國則派出了更加勇猛的白起。這一切都是悄悄進行的，白起的名氣太大了，為了防止趙軍有所防備，秦王下令：「若把此次戰役的指揮者是白起的事洩露出去，殺無赦！」

毫無實際作戰經驗的趙括面對百戰百勝的白起，結果可想而知。白起圍困了趙軍好幾個月，趙軍斷糧後甚至有人自相殘殺來獲取食物。趙括帶兵突圍好幾次也沒有成功，最後被射死在戰場上，40萬趙軍投降。白起說：「這些趙國士兵反覆無常，不全部殺掉，恐怕日後會成為禍患！」於是把趙國的俘虜全部活埋，只留下了兩百多個人回去報信。

長平一戰，秦軍先後殺死了趙國45萬人，趙國上下非常悲痛。後來還是平原君求救於楚國和魏國，趙國才免除了亡國的危險。

過了幾年，秦國又一次佔領了上黨，白起率兵圍攻邯鄲。韓國和趙國驚恐萬分，派出了蘇代去賄賂范雎，並出主意說：「白起一旦滅趙，他的功績就算是周公旦、姜子牙也比不了啊，到時候您就要屈尊於白起之下了！」范雎為了自己的位置，說服了秦昭王，命令白起撤兵。

從那以後，白起就與范雎結下了仇怨。後來秦又發兵攻打邯鄲，不過這次的統帥不是白起，而是另一位將軍，這位將軍進攻邯鄲很不順利，秦昭王就想重新啟用白起，白起則堅持稱病不出。秦昭王碰了一鼻子灰，范雎又來請，白起更不給他面子了，還得意地說：「當初不一舉拿下邯鄲，現在如何？」

秦昭王聽說後對白起很不滿，把他貶出咸陽，到杜郵的時候，秦昭王與范雎聽說白起心中不服，很有怨言。為絕後患，秦昭王派人送了一把寶劍，讓他自殺。白起仰天長嘯：「我有什麼錯，竟然到了自殺的地步？」過了好一會兒，他又說：「當年長平之戰，我殺死了幾十萬俘虜，確實該死啊！」

白起無罪受死，秦國的百姓十分懷念他，到處都有人祭祀他。但是東方六國的人聽說白起死了，都高興得喝酒慶祝。

1 選自《史記．白起王翦列傳》。

不抵抗將軍——李牧①

李牧是「戰國四大名將」②之一，他第一個打破了匈奴不可戰勝的神話，但是使用的方法卻很奇特，那就是不抵抗。「不抵抗將軍」是怎麼戰勝匈奴的呢？

李牧小的時候就是個「孩子王」，總是帶著小孩子們一起玩打仗的遊戲。人們發現，李牧站在哪一邊，哪一邊就會取得最終的勝利。鄉親們覺得，這個孩子是個當將軍的材料，於是在推薦賢士的時候，他們一致推舉了李牧。

李牧雖然才能不同尋常，但是長相卻很普通，眼睛斜視，頭髮很少，甚至還有些駝背，所以趙王只讓他做了一個宮廷衛隊的小隊長。在這裡，李牧顯示了傑出的領導才能，他帶領的隊伍每次參加比賽總能夠取勝。

3年之後，趙王讓李牧去駐守雁門關，打擊匈奴。在這裡，李牧改變了朝中設立的官職，他讓這些官員管理各自的領地，唯一的要求就是不能讓匈奴人搶走任何財物。沒有戰爭的時候，李牧就帶著雁門關的軍民進行各種各樣的軍事訓練，在他的帶領下，雁門關的人們都摩拳擦掌，期待著與匈奴人大戰一場。

不久，匈奴人果然來了！不過出人意料的是，李牧派人四處呼喊：「大家只可以放箭守衛，不能出戰！誰的糧草有損失，我就要給他點顏色看看！」

一時間，本來興沖沖的人們頹喪了下來，當然匈奴也沒佔到什麼便宜。雙方就這樣悶悶地打了3天，最後匈奴人失望地走了。不僅匈奴人失望，雁門關的軍民也對這個太守大失所望，他們暗地裡都叫他「不抵抗將軍」。

這種事情反反覆覆發生了幾次之後，李牧手下軍官紛紛向趙王投訴。趙王派了一個又一個使臣去斥責他，每次李牧都虛心接受意見，但是下次匈奴人進犯，他依舊故我。「好一個虛心接受，堅決不改！本王撤了你！」趙王惱怒地下令，派了另一位將軍取代了李牧。

李牧被罷免後，沒有生氣也沒有辯解，而是開心地回家休養了。但是雁門關的百姓卻開心不起來了，因為新來的將軍非常勇猛，匈奴人一來就馬上出兵，可惜的是每次都大敗而歸。匈奴兵倒是也消滅了幾個，但是自己的損失也很大，被掠走了很多財物和人民。一年下來，雁門關從一個富裕的地方變成了一個窮得叮噹響的貧困之地。

這個時候，趙王又想起來李牧的好，接連下了幾道詔書派李牧去雁門關，李牧都推說自己身體不適，不能再出戰了。又一次雁門關被大掠的消息傳來後，趙王親自來到了李牧家裡，請求李牧再次出山。李牧說：「大王如果還想任命我為雁門太守，我就還是按我以前的辦，您要是不同意，我是無論如何也不會回去的。」趙王同意了。

匈奴人知道李牧雖然膽小，但是他在雁門關的時候，匈奴從來沒有佔到過任何便宜，聽說李牧回來了，他們就改去侵略其他地區了。那一年草原大旱，匈奴精兵傾巢而出，分三路去各國搶掠食物和人民，但是雁門關在「不抵抗將軍」的領導下卻無戰事，落得個清靜。

不過李牧馬上就展開行動了，他挑選了5萬精兵、一千多輛戰車和兩萬匹戰馬浩浩蕩蕩地來到了匈奴的腹地。這時候匈奴守城的都是些老弱殘兵，這些老弱殘兵一見趙國大軍入侵，立即通報最近的一支匈奴軍隊，讓他們派10萬人馬回援。

先回來的是一支騎兵，趙軍遇到這支騎兵馬上就落荒而逃。匈奴人這才知道原來是「不抵抗將軍」來了，他們嬉笑著等待大隊人馬的到來，準備殺掉這5萬趙軍。

匈奴的10萬人馬趕到了，5萬趙軍卻失去了蹤跡。正在匈奴人納悶的時候，一支鐵甲戰車和鐵甲戰馬組成的隊伍從三面氣勢洶洶地包圍了他們。匈奴人連忙逃向那個唯一的缺口，但是這個缺口是個陷阱，一到這裡，他們就被埋伏在這裡的趙軍一舉殲滅了。從那之後的十年裡，一提起李牧，匈奴人就不禁心生畏懼。

不過李牧的結局卻很悲慘，他沒有戰死沙場，而是死在了秦國人的反間計下，殺死他的人是自己祖國的忠勇之士。李牧死後沒多久，趙國就被秦國消滅了。

1 選自《史記．廉頗藺相如列傳》。

2 戰國四大名將：白起、廉頗、王翦、李牧。

王翦請田①

王翦是秦國消滅六國時最大的功臣，除了韓國之外，其他的五個國家都是他與兒子王賁平復的。相比於其他的戰國三大名將，王翦是很少見的得享天年的大將軍。

王翦出生在一個武將世家，不過他的祖先中並沒有特別出色的大將軍。年少時，伴隨他成長的是《孫子兵法》以及父輩用木頭為他製作的刀槍劍戟等玩具。其中他最喜歡的就是一把20多斤重的木製大刀了，年僅8歲時便已經可以把這把刀在空中掄圓了。

長平一戰，不僅讓白起功成名就，也讓趙國上下空前團結起來。剛剛取得勝利的秦軍被趙國的少年軍和魏韓聯軍打得狼狽出逃。秦王正發愁沒有白起那樣的名將時，王翦出現了。他說：「我們不能等，韓、魏、趙雖然戰勝了我國的軍隊，但是他們的元氣也耗盡了，現在他們更需要停戰休養。但我們的元氣未損，士氣未衰，而且今年東方六國遭遇了蝗蟲災害，國力下降，而我國獲得豐收，國力上升。現在正是我們滅掉六國最好的時機！大王，我們出兵吧！」

王翦被任命為大將軍後，雄赳赳氣昂昂地向著趙國出發了。因為秦國沿途州縣糧草充足，只攜帶了輕便的武器。與白起的殘暴不同，王翦是一個善於瓦解敵人內心的人。幾乎沒用一兵一卒，他就拿下了9個城池。他們來到邯鄲之後，包圍了三面，只留下了通向秦國西北的方向沒有部署一兵一卒。六國也因為糧草問題，沒人前來救援。邯鄲被圍困了3百多天之後，面黃肌瘦的趙國人出城投降了。

後來王翦和兒子王賁又接連滅掉了魏國和燕國，這不僅使其他國家害怕，秦王也害怕了。他擔心這個手握重兵的將軍謀反，於是對王翦說：「一直在外征戰，相信將軍也累了吧？不如這樣，你暫時回家去休息休息，如何？」

聰明的王翦立刻看透了秦王的心思，他馬上跪拜說：「謝謝大王關心，臣這就歸隱田園。」秦王連忙解釋：「不不不，王將軍您誤會了！我不是讓您告老還鄉，只是不再讓您披掛上陣了。軍國大事上，您還要多出主意才是。」

「是！臣遵命！」說完王翦就交出了兵符，回家去研究天下局勢了。看著他走出去的背影，秦王滿意且放心地點了點頭。

秦王準備對楚國下手了，他詢問各位將軍的意見，當他問到年輕的李信時，李信自信地說：「只要20萬大軍就可以生擒楚王。」

「老臣認為至少要60萬大軍。」王翦平靜地說。

「王將軍，我看您是老了啊！」秦王笑著說。

不久，秦王給了李信20萬精兵去攻打楚國。一切都很順利，李信的捷報不斷從前線傳回來。但是王翦卻覺得有些太過順利了，於是他不顧避諱，到秦王面前說楚國可能在誘敵深入，極有可能會伏擊秦軍。秦王聽了，卻把王翦趕回了自己的封地。

過了沒多久，果然傳來一個壞消息，李信的軍隊被楚國人消滅，李信被殺。這個時候，秦王再也顧不得自己的面子了，騎上快馬狂奔到王翦家裡，希望他出任攻楚的大將軍。王翦說：「微臣依然需要60萬大軍，少一萬我也不敢出發。」

秦王皺了皺眉頭，心裡暗自揣度：「60萬大軍……這麼多人，萬一他要反了，我就只有死路一條了！」彷彿是看出了秦王的心思，王翦笑著說：「如果這次出征能凱旋，請您賜我一塊肥美的土地，現在臣的封地太偏僻了，也太小了。同時，臣的府庫也捉襟見肘，還希望大王加以充實；還有我的兒子們希望您能給他們封個大一點的官。要是大王都照辦，臣攻打楚國就沒有後顧之憂了。」秦王見王翦出征的目的全都是為了自己家裡，就不再懷疑他了。

60萬大軍浩浩蕩蕩地出發了，路上，王翦的副手突然問：「將軍您從來不是貪婪的人，怎麼這次向大王要了那麼多東西呢？」

王翦聽後大笑：「哈哈，大王見我的功勞太多，已經有點害怕了。我向他討要土地和錢財，他就知道我最終想要的是什麼了。這樣他才會更加信任我們啊。去，派人再向大王討要一些土地！」

王翦還未立功就三番五次地討要土地，大臣們都看不下去，只有秦王沒有說話，全都開開心心地答應了。兩年後，楚國也成了秦國的郡縣。

1 選自《史記．白起王翦列傳》。

左右時局的縱橫家

主張合縱的蘇秦①

蘇秦是戰國時期著名的遊說家，他聰明無比，甚至在自己被暗算致死之後，還能抓住刺殺自己的兇手。這到底是怎麼回事呢？

蘇秦和張儀都是戰國時期有名的遊說家，史學家又把他們稱作「縱橫家」。其中蘇秦主張「合縱」，意思就是聯合從北到南的燕、趙、魏、韓、齊、楚六個國家一起對抗秦國；而張儀則主張「連橫」，就是處於西方的秦國聯合東方的一個或數個國家共同制伏其他的國家。

蘇秦出生在洛陽一個普通的百姓家庭，但他從小就伶俐善辯，勤奮好學。長大以後，他想依靠自己的智慧來光耀門楣，於是就去齊國向鬼谷子學習權謀之術，與他一起拜師的還有張儀。

過了幾年，蘇秦辭別了老師，出去遊說，結果諸侯沒有一個願意採納他的意見。窮困潦倒的他回到了家鄉，他的兄嫂們譏笑他說：「我們周人②的風俗就是治理產業，從事工商，你如今丟下老本行去憑嘴皮子賺錢，不是活該倒楣嗎？」蘇秦無話可說，從此閉門不出，把自己的藏書又翻了一遍，認真研究了一本叫做《陰符》的書。過了一年，他又自信滿滿地上路了。

蘇秦遊歷了好多國家，還是連連受挫，最後他得到了燕王的賞識。燕王還資助他車馬錢財，派他去遊說其他國家加入「合縱」聯盟。蘇秦不斷遊說，最後六國君主都表示願意聽從他的安排，完成「合縱」大業；他還被推舉為縱約長，同時擔任六個國家的國相。

一次，他遊說的過程中路過家鄉，昔日嘲笑他的兄嫂都謙卑地跪在地上伺候他用飯。蘇秦笑著問：「嫂子，您如今怎麼如此謙卑？」

「現在您地位尊貴，錢財眾多啊！」他的嫂子恭敬地回答。

蘇秦說：「同樣是我，富貴時，親戚就敬畏我；貧賤時，他們就輕視我。親戚尚且如此，何況那些不相干的人呢！假如我當時聽了嫂嫂的話，現在怎麼可能擁有這六國的相印呢？」

蘇秦與燕王的母親私通，事情敗露後，燕王並沒有怪罪他。為了報答燕王，他自願去齊國擔任間諜，暗中幫助燕國。到了齊國，齊宣王任命蘇秦為客卿，宣王死後，齊湣王繼位。蘇秦勸說齊湣王大肆鋪張，厚葬宣王來表明自己的孝心。他還讓齊湣王大興土木，以此來顯示齊國的富庶。齊國很多大臣反對他，甚至還派人刺殺他。蘇秦受了重傷逃跑了，齊湣王非常生氣，一定要捉拿兇手。蘇秦臨死前對齊湣王說：「大王，我死了之後，把我五馬分屍，對大家說我是燕國的間諜，這樣兇手就會自己出現了。」齊湣王按照他說的做了，那個兇手果然自己出來邀功了。

蘇秦死後，他的弟弟蘇代和蘇厲繼承他的事業，最終兩個弟弟也成為當時的名士。

1 選自《史記．蘇秦列傳》。

2 周人：洛陽是東周的都城，所以蘇秦的兄嫂以「周人」自稱。

主張連橫的張儀①

蘇秦是主張合縱抗秦的，而張儀的主張正好相反，是連橫。蘇秦和張儀是同門師兄弟，但為什麼他們會持有完全相反的主張呢？

張儀和蘇秦都是鬼谷子的徒弟，和孫臏和龐涓不一樣，他們學習的是謀略和遊說之術。張儀和蘇秦學成後，分別投奔了不同的國君。

張儀來到了楚國，與蘇秦的風生水起相比，張儀的日子並不好過。一次楚國的國相設宴飲酒，宴會快結束的時候，楚相發現丟了一塊珍貴的玉璧。大家怎麼找也沒找到，就開始分析誰最有可能拿走這塊玉璧。有人說：「張儀家裡窮，多半是他貪財偷去了吧！」竟然有許多人同意這個看法。

張儀連忙為自己辯白，可是大家一致認定是他拿了玉璧。楚相叫人把他抓起來嚴刑拷打，張儀堅決不承認，最後被打得奄奄一息。

張儀忍著痛爬回了家裡，妻子看見他的慘相，哭著說：「他們怎麼下得了手啊？早知道今天這個樣子，你還不如不去讀書……」張儀勉強笑了笑，安慰妻子說：「沒事，我沒事……你看看我的舌頭還在嗎？」

妻子生氣地說：「都快被打死了，還關心舌頭！」

張儀卻說：「沒關係，只要舌頭在，我就一定能出人頭地！」

張儀在家裡養傷的時候，聽說自己的師弟蘇秦已經得到趙王的重用，心裡想：倒不如去投奔師弟，參與合縱的事業！拿定主意後，張儀就打點行裝找蘇秦去了。

張儀風塵僕僕地來到趙國，投奔到蘇秦門下。蘇秦吩咐僕人安排張儀住下，卻幾天都不肯見張儀。張儀有些不高興，這樣悶悶地坐了幾天之後，蘇秦終於有時間見他了。他整理了一下衣服，滿懷希望地去見蘇秦。

沒想到的是，蘇秦竟然對他冷冰冰的，都沒讓張儀在堂上吃飯，而是在院子裡擺了一張小桌子，吃的東西和僕人是一樣的。更過分的是，蘇秦還不斷地譏諷他：「張儀啊，當年我們一塊念書的時候，你不是比我厲害嗎？現在怎麼回事啊？你啊，一定是太懶了！你這個樣子來找我我也幫不了你啊，你呀，最好還是回去種田吧！吃完飯趕緊走吧！」說完，蘇秦就轉身走了。

張儀擦了擦眼淚，心裡暗下決心：「走就走！現在你想合縱抗秦，我就偏偏要去秦國拆了你的聯盟！」張儀來到咸陽後，看見國富民強，心裡很開心，覺得終於找到用武之地了。可是，他很快就又傷心了：「身上沒什麼錢，又沒人幫忙引薦，怎麼去遊說秦王啊！」

天無絕人之路，跟他住同一家旅店的一位客商和他交談時，對他講的東西很感興趣。聽說他沒有錢之後，客商馬上送他許多財物車馬，讓他去上下活動。依靠這些資本，張儀很快就見到了秦惠王，還被封為客卿。

那位客商離開秦國時，張儀苦苦挽留。客商卻說：「實話跟您說吧，我只是蘇秦先生的一個下人。您走後，他對我說：『這個師兄一定能成一番大事，成就會遠在我之上。如果他留在趙國，屈居於我之下，恐怕不會有什麼發展了。他的出路在秦國，我只能用這種辦法把他逼走了。』還有那些錢財，也都是蘇先生給您的。」

後來果然不出蘇秦所料，張儀取得了巨大的成就，而且從歷史結果來看，張儀的「連橫」戰勝了蘇秦的「合縱」。

1 選自《史記．張儀列傳》。

第六章　秦滅六國統一天下

在諸侯混戰的春秋戰國時期，秦國後來居上成為最強大的國家，最終在秦王嬴政的帶領下完成了統一天下的重任，中國出現了第一個統一的封建國家。

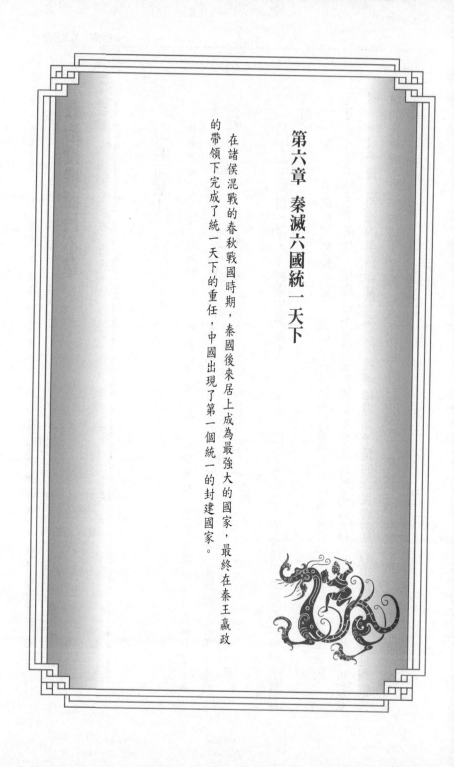

政治投機商呂不韋

奇貨可居①

呂不韋是一個非常成功的商人，他低價買進貨物，高價賣出，很快就積累了巨大的財富。不久，他又看到了一個巨大的賺錢機會，這次的投資對象是一個人，這個人是誰呢？呂不韋成功了嗎？

呂不韋是陽翟（翟 ㄓㄞˊ，今河南省禹州市）的商人，他往來各地，憑著精明的頭腦，積聚了萬貫家財。

一次，呂不韋到邯鄲做生意，遇到了當時在趙國做人質的秦國公子子楚。子楚是秦國太子的兒子，但不是正妻所生，父親也不喜歡他，所以才被送到趙國當人質。當時秦國還經常攻打趙國，所以子楚在趙國的生活非常不開心。呂不韋得知子楚的身世之後，心中竊喜：這可是個值大錢的寶貝啊！呂不韋投入了自己人生中最大的賭博中，他決定憑藉自己的金錢和才能來扶植子楚。

呂不韋找到子楚後，對他說：「我能光大您的門庭。」

子楚苦笑著：「您還是先光大自己的門庭，再來光大我的門庭吧！」

呂不韋笑著說：「我的門庭還要靠您來光大啊！」

子楚聽出呂不韋的弦外之音，就與他深談起來。

呂不韋說：「您的父親是秦國太子，您有20多個兄弟，自己又不受寵愛，就算您的父親成了秦王，您也很難成為太子啊！」

子楚苦惱地說：「您說的是，可是我又能做什麼呢？」

「現在您的父親最寵愛華陽夫人，而華陽夫人沒有兒子，我覺得我們可以利用這一點。我願意為您到秦國去遊說，讓她在您父親面前為您說好話，立您為繼承人。」子楚聽到呂不韋這樣說，連忙對他拜了一拜：「如果事情成功，秦國的天下我一定與您共享！」聽到這句話，呂不韋滿意地笑了。

呂不韋拿出五百金送給子楚，讓他在趙國結交賓客，之後又拿出五百金買了一些奇珍異寶，親自去秦國遊說。呂不韋首先拜見了華陽夫人的姐姐，把帶來的東西都獻給了她才得以見到華陽夫人。他對華陽夫人說子楚是一個賢德之人，結交的賓客遍及天下，還在趙國日夜思念太子和夫人。

華陽夫人聽了很高興，呂不韋趁機說：「美色是用來侍奉別人的，年老色衰就會失寵。現在您受到太子寵愛卻沒有兒子是很危險的，不如趁早在太子的兒子中找一個有才能又孝順的人，立他為繼承人，像對待親生兒子一樣對待他，太子死後，您也不會失勢。如果您在這個時候幫子楚一下，他一輩子都不會忘記您的恩德，那麼您在秦國一輩子都會得到尊敬！」

華陽夫人答應幫助子楚，她向太子哭訴道：「臣妾得到上天的眷顧才能讓您如此寵愛我，可是我卻沒能為您生下一個兒子，這真是我的無能啊！現在在趙國做人質的子楚是一個賢能的人，希望您能立他為嗣君，這樣我老了也有個依靠。」太子答應了他，又賞賜了很多禮物給子楚，還讓呂不韋輔佐他。

後來子楚即位後任命呂不韋為丞相，封為文信侯。呂不韋就這樣用自己的商業頭腦、萬貫家財換來了大權在握。

1 選自《史記．呂不韋列傳》。

大權獨攬①

為了幫助子楚獲得王位，呂不韋不僅在錢財上十分慷慨大方，連自己最喜愛的姬妾都送給了子楚，這件事也讓秦王嬴政的身世變得撲朔迷離。

呂不韋娶了趙國一個富豪的女兒為妾，一天子楚來到呂不韋家裡，呂不韋設宴款待他。席間，呂不韋對子楚說：「今天高興，我找個人來助助興！」說著拍了拍手，讓趙姬出來跳舞。這個趙姬體態婀娜多姿，伴著樂曲翩翩起舞，就像仙女一樣。子楚不由得看呆了，連舞曲結束了都不知道。呂不韋看到子楚這個樣子，知道子楚在打趙姬的主意。

子楚回過神來，問道：「先生，這位女子是何人啊？」

「這是我前幾天買回來的一個舞女。」呂不韋撒了個謊。

「嗯，這個……呂先生，我有個不情之請……」子楚低著頭，擺弄著衣袖。

呂不韋說：「公子有話不妨直說！」

子楚說：「是這樣的，我想請先生把這個女子送給我，做我的姬妾。」

呂不韋說：「公子您先回去吧，我把她打扮打扮再給您送過去！」子楚高興地說：「那就先行謝過先生了！」

子楚離開後，呂不韋心想：「為了子楚，我把自己的身家都搭上了，現在不能為了一個女人前功盡棄啊！」於是他就把趙姬送給了子楚，過了不久，趙姬就生下了一個兒子，就是後來的秦王嬴政。有人說趙姬在嫁給子楚之前已經懷有身孕，有人不同意這種說法，關於「秦始皇到底是誰的兒子」這個問題，目前歷史學家們還沒能得到一個確切的答案。

子楚繼位後，呂不韋被封為文信侯，權傾朝野。三年之後，年紀幼小的嬴政繼位。嬴政仍然尊呂不韋為丞相，還稱呼他為「仲父」，表明自己對待呂不韋就像對待父親一樣敬重。這時候的呂不韋登上了權力的巔峰，成為強大的秦國真正的統治者和決策者。

當時，東方國家中的「戰國四公子」禮賢下士，結交賓客，名揚四海。呂不韋覺得秦國比那些東方國家還要強大，自己是堂堂的丞相，還是秦王的「仲父」，在養士方面絕不能輸給那四個貴族。因此他也招來了三千多個門客，還讓這些門客把看到的和聽到的事情都記錄下來，綜合在一起，寫成了一本書。呂不韋覺得這本書包羅萬象，記載了古往今來的事理，就把這本書定名為《呂氏春秋》。

這本書的完成讓呂不韋很有成就感，他把書的內容寫在布匹上，掛在咸陽城裡，說是誰能增刪一個字，就賞給這個人一千兩黃金，但是始終沒有人做到。當然，這並不意味著這本書真的好到了不用修改的地步，只是人們都懼怕呂不韋的權勢，大家害怕得罪了他之後引火焚身。

1 選自《史記．呂不韋列傳》。

中國第一個皇帝——秦始皇

呂不韋只顧著享受權力帶來的快樂，卻沒注意到那雙一直怒視著他的眼睛。他從來也沒有想過這個尊稱他為「仲父」的孩子會成為自己的對手……

嬴政奪權①

嬴政13歲的時候，他的父親子楚也就是莊襄王去世，他接替了王位。由於年少，又剛剛即位，所以國家大事都由大臣們來處理。呂不韋是丞相，又被尊為「仲父」，他的野心很大，想要依靠秦國的力量吞併天下。

呂不韋不知道的是，這個13歲的孩子年紀雖小，野心卻絲毫不比他小，所以當嬴政漸漸長大，呂不韋卻仍舊把持著朝政不願意交還他的時候，可以想像嬴政是多麼憤怒，他一直在盤算著怎樣除掉這個「眼中釘」。

嬴政一直在尋找機會，當有人告發嫪毐（**嫪毐**）的時候，嬴政敏銳地意識到機會來了！這個嫪毐是何許人呢？這就要從子楚去世之後說起了。

子楚去世之後，趙太后和呂不韋舊情復燃，經常秘密往來，呂不韋還隨意出入太后的寢宮。嬴政長大後，呂不韋害怕自己與太后的事情暴露，他覺得趙姬這樣不檢點的女人，遲早會出事，自己可不能被一個女人扯了後腿。

呂不韋下定決心疏遠趙姬，但是他又想要做得滴水不漏。於是他找到了一個叫做嫪毒的人做自己的門客，這人相貌堂堂，玉樹臨風，一表人才。果然，不久之後，太后就知道了呂不韋府裡有這麼一個人，非常想見見他。呂不韋給進了圈套的太后出了個主意，他說：「我派人去揭發嫪毒，就說他犯的罪要被處以宮刑，然後我們買通行刑官，讓他假裝處罰嫪毒，這樣嫪毒就可以混進王宮伺候你了！」太后聽了非常開心。

太后非常喜愛嫪毒，很快就把呂不韋拋到了九霄雲外。但不久後，太后竟然懷上了嫪毒的孩子。她怕事情暴露，就對嬴政說住在咸陽不吉利，想要換個環境，然後就搬到了雍城的宮殿去住。嫪毒總是陪伴在太后左右，雍城宮中的事情都是他說了算，光是奴僕就有好幾千人。

過了幾年之後，有人向嬴政告發嫪毒其實不是宦官，還與太后生下了兩個孩子。秦王嬴政勃然大怒，下令嚴查這件事情，一定要查出全部真相。嫪毒覺得反正都是死，不如乾脆起兵謀反。嫪毒的兵和秦兵在咸陽大戰，嫪毒兵敗後被五馬分屍。

嬴政順著嫪毒的線索繼續追查，發現嫪毒原來是呂不韋推薦的，就免去了他的丞相之位，把他流放到了河南。

呂不韋在河南的一年裡，各國的賓客還是絡繹不絕地去拜訪呂不韋，這讓嬴政很不快也很擔心，於是他寫了一封信給呂不韋：「你對秦國有什麼功勞？秦國封你在河南，給你10萬戶封邑？

你跟秦王又有什麼關係？卻叫你仲父？現在命令你全家搬到巴蜀去居住！」呂不韋拿著信，老淚縱橫，想到秦王一直不斷地逼迫自己，終是難逃一死，就喝毒酒自殺了。

知道了呂不韋自殺的消息，嬴政長長地舒了一口氣，「終於徹底剷除了攔著我親政的呂不韋！」

就這樣，嬴政終於徹底清除了呂不韋等人對朝政的影響，走上了統一天下的道路。

1 選自《史記．秦始皇本紀》。

「始皇帝」的由來①

我們都知道秦始皇是中國第一個皇帝，在他之前諸侯國君主或稱侯，或稱王，那麼嬴政為什麼要給自己改這麼一個稱號呢？

秦王嬴政消滅六國，天下剛剛統一，他就召見了大臣們商討建立新王朝的事情。他說：「前一段時間，韓王卑躬屈膝，又是獻土地，又是獻玉璽（璽），說要做我的臣子。可是沒過幾天，他就聯合趙國和魏國來攻打我，所以我最後佔領了韓國；後來呢，是趙王。他派李牧來訂盟約，我按照盟約放了他們的人質，結果呢？他們還是在太原起兵了。魏國、楚國和齊國也一樣，都是說話不算數的國家。最可氣的是燕國，太子丹竟然派了荊軻來刺殺我，真是膽大包天！現在六國都已經

認罪稱臣，天下總算安定下來了，不過我不想再稱王了，好像諸侯並不把『王』這個稱號當回事兒！這樣我就不能揚名天下，流芳百世了。你們商量一下，把名號改成什麼比較好呢？」

幾個大臣湊在一起商量了一番，然後對秦王說：「從前五帝的領土已經夠遼闊的了，諸侯都來朝貢天子，但是總是有一些人不服從天子的命令。現在您率領著秦國的部隊消滅了所有的叛逆之臣，在國內設立了郡縣，統一歸中央管轄，這是以前從來沒有過的事情，就連五帝也比不上您啊！我們已經和博士們商量過了：『古代有天皇、地皇和泰皇，其中泰皇最尊貴。』臣等冒死建議以『泰皇』作為您的帝號，天子的命令稱為『詔』，天子自稱『朕』，您看怎麼樣？」嬴政說：「我覺得五帝的『帝』字可以保留，這樣吧，去掉前面的『泰』字，保留後邊的『皇』，合起來叫做『皇帝』，其他的事情就按你們說的辦吧！」

後來秦王嬴政又追封子楚為太上皇，自己則自稱「始皇帝」，他說：「朕為始皇帝，後世按照數位順序排列，稱為二世、三世直到萬世，這樣一代一代傳承下去，無窮無盡。」

秦始皇還把十月作為新年的第一個月，十月初一為新年的開始；皇室的主要顏色是黑色，以黑色作為服裝和旌（ㄐㄧㄥ）旗的顏色，普通人不得隨意使用；另外秦始皇主張以嚴刑峻法來管理民眾，認為所有的事情都要依照法律辦理，如果犯罪就要實行殘酷的刑罰。

秦始皇統一六國之前，各國的貨幣都不相同，有鏟子形的，有圓形的，秦始皇把它們全部統一成一樣的形狀，一樣的重量。你可別小看這個改革，它在經濟發展上產生的作用可是很大的！比如說，一個趙國人想去韓國買一樣東西，那麼他就要先換成韓國的貨幣，然後才能在韓國購買東西。這就會使怕麻煩的人減少買東西的次數，當然不利於國家經濟的發展。現在好了，所有的人都使用一樣的貨幣，無論走到哪裡，都可以隨意地進行交易。

在文化上，秦始皇統一了文字，這和統一貨幣促進經濟發展是一樣的。全國人民寫著一樣的字，使得全國各地的文化交流也越來越頻繁。更重要的是秦始皇「車同軌」的思想，現在世界上的人們也還在用著這個思想。

「車同軌」是什麼意思呢？在秦始皇統一中原之前，各國是沒有統一的制度的，所以車輛的大小也不一樣，車道也有寬有窄。國家統一之後，車輛還要在不同的車道上行走，多不方便啊！秦始皇就規定車輛上兩個輪子的距離一律改為六尺，使車輪的軌道相同。這樣，全國各地車輛往來就方便多了。

現在無論哪個國家生產的汽車都能在世界各地行駛，這也是秦始皇「車同軌」思想的延續。

秦始皇的治國大業就這樣轟轟烈烈地展開了。

1 選自《史記．秦始皇本紀》。

巡遊天下①

秦始皇統一了六國，設立了郡縣，功勞的確很大。怎麼才能讓天下的人和後世百姓都知道自己的功勞呢？秦始皇想了一個好主意。是什麼好主意呢？

以前三皇五帝巡遊天下是為了瞭解老百姓的疾苦，秦始皇巡遊天下則是為了彰顯自己強大的威力，擴大自己的影響。

他的腳步踏遍了他所統治的每一寸領土，從北國到江南，從泰山到錢塘江，光是向當時的百姓顯示自己的偉大還不夠，他還要後世所有的人都記住他，所以他在石頭上刻下碑文，宣傳自己統一天下的功績。

一年，秦始皇去東部巡遊，登上了泰山，在泰山上立下石碑，舉行了封禪大典，祭祀天地。秦始皇下山的時候，忽然來了一陣狂風暴雨，他趕忙跑到附近的一棵樹下躲避。雨過天晴之後，秦始皇拍著樹說：「你替朕遮風擋雨，功勞很大，朕就封你一個五大夫吧！」

秦始皇繼續向東行進，在琅琊（**琅琊** ㄌㄤˊ ㄧㄝˊ）山上祭拜完之後，他在這裡停留了三個月。這三個月裡，他大擺酒宴，舉行了豐富多彩的娛樂活動，玩得不亦樂乎。他非常喜歡這個地方，就從其他地方遷來了三千戶百姓，為了讓他們在這裡安心住下去，就免去了他們*12*年的賦稅和徭役。秦始皇派人重修了琅琊台，立了一塊石碑來頌揚自己的功德。

秦始皇在回國的路上，經過彭城（今江蘇徐州），就想把當年掉落在泗水中的周朝傳國寶鼎打撈上來，結果他派出的一千多人全都無功而返，秦始皇只好無奈地離開了。秦始皇的這股氣最後卻撒在了「湘夫人」身上。秦始皇到了湘山祠下，忽然遇到了大風，船隻幾乎不能前進。秦始皇生氣地問：「湘江的神靈是誰？」

有大臣回答：「是湘夫人，傳說是舜的兩個妻子。」

秦始皇生氣地說：「這兩個人這樣不尊敬我，竟然興風作浪阻攔我！派人去把江邊山上的樹都給我砍光！」

秦始皇巡遊還有一個特點，那就是從不保密，時間和路線對全國人民發佈，這給很多刺客創造了便利。西漢的大功臣張良就曾經在他巡遊的路上刺殺過他。

張良和另一個大力士事先埋伏在已經公佈的路線上，道路兩邊雜草叢生，是一個隱藏的好地方。不一會兒，遠方騰起了一片灰塵，沒錯，是秦始皇的儀仗浩浩蕩蕩地過來了。張良和那個大力士奮力把很重的大鐵錘扔向了最豪華的一輛車，但是只砸中了車前的橫木，張良和大力士便趁著秦軍亂作一團的時候逃走了。

不僅在野外，就是在咸陽城裡，也會有人行刺秦始皇。這天，秦始皇身穿便裝，正在咸陽城內來回踱步，忽然有人衝出來要刺殺他，幸虧身邊的護衛捨命相救，秦始皇才撿回了一條命。秦始皇回宮後，越想越氣，就下令搜捕這個刺客。官兵在關中一帶連續搜查了20多天，也沒有找到關於這個刺客的一丁點線索，秦始皇只好作罷。

秦始皇在一次巡遊中又來到了那個叫做琅琊的地方，在那裡遊玩了幾天之後，繼續前行。可是不幸的是，秦始皇在這次巡遊中染上了重病，最後死在了路上。

1 選自《史記．秦始皇本紀》。

求仙入海①

秦始皇統一天下，享盡了人間富貴之後，陷入了恐懼之中，這麼厲害的人物，他到底害怕什麼呢？

不管多麼厲害的人物，總有一天會死，秦始皇就是陷入了這個恐慌中。怎麼辦呢？秦始皇想到了神仙，神仙不都是長生不老的嗎？他們一定有辦法幫助自己。其實，秦始皇四處巡遊的目的之一也是為了尋找能讓人長生不老的仙丹。

秦始皇第二次出遊的時候，來到海邊，望著波濤翻滾的大海，遲遲不願離去，眼神裡流露著對仙人的羡慕和渴望。手下人看出了他的心思，就趕緊物色能夠尋找仙丹的方士②。

有一個叫做徐福的人，聽說秦始皇正在招募方士，就上書說：「附近的渤海灣裡邊有三座仙山，分別叫做蓬萊、方丈和瀛洲。這幾座山都很奇特，瓊樓玉宇在雲霧中若隱若現，仙人們駕著雲朵往來，喝的是甘露，吃的是長生不老的仙丹。如果皇上想要長命百歲，就請齋戒沐浴，表達對神靈的尊敬和決心。我願意帶著童男童女去海上，為陛下尋找不老仙丹。」

秦始皇非常高興，馬上派徐福帶著大量的金銀財寶、充足的糧食和幾千童男童女出發了。可是，徐福在海上漂流了很長時間，也沒有找到那三座仙山。因為沒有完成任務，還浪費了大量的錢財，他嚇得不敢回來覆命，最後帶著這些童男童女找了一個小島躲了起來。

雖然徐福一去不回，但是秦始皇並沒有灰心。一次，他巡遊來到了碣（ㄐㄧㄝˊ）石山，只見這山高聳入雲，山前大海茫茫，似乎透著一股仙氣。他連忙打聽山裡是不是有神仙。有人告訴秦始皇，碣石山裡住著兩位神仙，可是這兩位神仙行蹤飄忽不定，誰也不知道他們在哪裡，不過一個叫做盧生的燕人與這兩個神仙有些交情。秦始皇一聽馬上召來盧生，催促他趕快去尋找神仙。後來秦始皇又陸續派出了侯生、石生等人去海上尋仙。

這些人的運氣並不比徐福好，區別是他們回到了秦國，並狡辯說：「我們這些人怎麼也找不到神仙是因為有不乾淨的東西侵犯了我們，他們故意藏起來了。方術的要求上說，人只有遠離惡鬼，真人才會到來。所以陛下如果想要見到神仙，就必須隱藏自己的行蹤，讓鬼怪找不到才可以。」

秦始皇聽了，馬上下令將咸陽兩百里以內所有的宮殿都用長廊連接起來，然後下令誰也不許洩露皇上的行蹤，違反規定的人一律處死。一次，秦始皇看見丞相的衛隊排場很大，很不滿。有人把這事告訴了丞相，丞相馬上就下令減少了隨從。秦始皇很生氣：「一定是有人洩露了我的話！」說完就處死了身邊的人。

但是即使秦始皇隱藏了自己的行蹤，侯生和盧生還是找不到仙丹，他們就逃跑了。秦始皇拍著桌子吼道：「我徵召這些方士，是想讓他們振興國家，煉就仙丹，他們可好，不僅找不到仙丹，還全都逃跑了！」這也是後來「焚書坑儒」的一個導火線。

1 選自《史記．秦始皇本紀》。

2 方士：尊崇神仙思想而推奉方術之士。其出現不晚於周，至秦漢大盛，並逐漸形成了專門的方士集團，即所謂方仙道或神仙家。

焚書坑儒①

人們都知道，秦始皇統一六國後，做了一件天人共憤的事情，那就是「焚書坑儒」，這使得秦朝以前的名著典籍絕大多數被燒毀，還殺害了大批的讀書人。秦始皇為什麼要做這件令人痛恨的事情呢？

西元前213年，秦始皇在咸陽宮設下酒席大宴群臣，當時中國最有知識的70多個儒生也前來祝酒。

其中有一個叫做周青臣的人端著酒杯走到秦始皇面前，說道：「皇上真是一個了不起的人啊！想當年我們秦國的面積不過方圓千里，仰仗著您的英明神武，秦國統一了天下，現在天下人都臣服於您的腳下。原來的諸侯國都成為我們的郡縣，又派了能幹的人去領導他們。天下的百姓都不再承受戰爭的痛苦了，這都是您的聖明帶來的結果啊！您的豐功偉業一定會流芳百世的，從古至今，還沒有一個人能夠和您相比呢！」

聽了這一番話，秦始皇非常高興，有些飄飄然了。但是一些儒生看到周青臣那阿諛奉承的嘴臉都非常厭惡，其中淳于越是一個性急耿直的人，聽了這番話，便忍不住站出來說：「我聽說從前的商朝和周朝天子得到天下之後，都分封弟子和大臣為諸侯，讓他們作為天子的重要輔助力量，所以這兩個朝代都能統治天下達千年之久。如今您的兄弟和兒子卻和普通人沒有任何區別，萬一出現企圖謀殺君主、奪位篡權的亂臣賊子，誰能夠幫您呢？只有遵循古制才能夠長久，周青臣只是奉承您，而沒有指出您的過錯，這不是忠臣的作為。」

秦始皇聽到這一番慷慨陳詞，沒有生氣。他平靜地問道：「各位都來討論一下周青臣和淳于越的觀點吧。」眾人各抒己見，議論紛紛。

一直沒有說話的丞相李斯走上前去：「臣以為天下沒有完全相同的統治方法，天子應該根據形勢的變化來調整統治方法，這樣的道理書呆子們是永遠無法理解的。他們只知道死記硬背書本上的教條，厚古薄今②，胡說八道，總是以為自己比別人高明，對當前的政治形勢指指點點。老百姓在他們的鼓動下也跟著起鬨，這對國家的統治沒有一點好處。臣斗膽提出一個建議，希望陛下同意。」

「什麼建議，說來聽聽。」

「我建議為了統一思想，只保留有關秦國歷史、醫藥、占卜和種植的書，其餘的書統統燒掉。」

秦始皇同意了李斯的建議，並詔告天下：如果有不遵從命令的人，格殺勿論。

書本典籍可是儒生們的命根子，聽到這一消息，他們都很悲憤，但是因為害怕被殺，不敢公開反抗，只能私下裡聚在一起詛咒秦始皇。恰好這個時候秦始皇派出去尋仙的盧生和侯生逃跑了，秦始皇大怒：「我燒毀沒有用的書籍，又大量招納人才，希望能夠藉由他們來求得天下太平，但是這幫人竟然不幹正事，還在背地裡說我的壞話，簡直無法無天！」

秦始皇下令搜捕對自己不滿的儒生，各地官員為了表示自己的忠心，對儒生們嚴刑拷打，逼他們互相檢舉揭發，有460個人受到了牽連。秦始皇派人在咸陽城外挖了一個大坑，把他們全部活埋來警示天下。

後來公子扶蘇就此事向秦始皇進諫，秦始皇大怒，罰他到邊關與蒙恬一起抵抗外族侵略。

1 選自《史記·秦始皇本紀》。

2 厚古薄今：重視古代，不重視現代。

「秦朝第一相」李斯

呂不韋在秦國一手遮天，秦王嬴政對他十分不滿，呂不韋自殺之後，嬴政認為呂不韋的那些門客也都是煽風點火的人，所以想要把在秦國的外國人全都趕走。這時一個叫李斯的楚國人阻止了他。

李斯諫逐客①

李斯是楚國人，年輕的時候在郡裡當了一個小官。一次他去廁所的時候，看到廁所中的老鼠在吃髒東西，每當有人或者狗進來的時候就驚慌失措地逃跑。

後來李斯到糧倉也看到了一隻老鼠，那老鼠吃的是糧倉中顆粒飽滿的粟米，住的是寬敞的大房子，也沒有狗或者人的干擾。李斯不由得感嘆：「一個人有沒有出息，就和這兩隻老鼠一樣啊，所處的環境決定了生活狀態啊！」

李斯決心要改變自己所在的環境，他首先拜了當時的儒學大師荀（荀）子為師，向他學習治理天下的學問。完成學業後，李斯就來到了當時最強大的秦國，尋找能夠讓自己大展宏圖的機會。他選擇了做呂不韋的門客，呂不韋也非常賞識他，任命他為郎官，這樣李斯就得到了面見秦王的機會。

李斯曾經與秦王有一次長談，談話中李斯鼓勵秦王消滅六國，一統天下，這一切正與秦王嬴政的心思不謀而合。不久，嬴政就任命李斯做了客卿。

後來嬴政迫使呂不韋自殺後，有大臣提議驅逐各國來秦國遊說的人，李斯也在被驅逐的名單中。李斯不想自己這麼多年的努力就這麼白費了，就寫了一篇《諫逐客書》給秦王。其中寫道：

「我覺得您下令逐客是不明智的。以前秦穆公招攬人才，由余是從西戎來的，百里奚來自楚國，蹇叔是宋國的，從晉國招來了丕豹和公孫友。這五個人都不是秦國人，但是都得到了秦穆公的重用，最後秦穆公成為西戎霸主。孝公任用商鞅進行變法，秦惠王利用張儀的計策得到了大片肥沃的土地；秦昭王得到了范雎，聽從他的建議，然後開始逐漸吞併其他國家，這為您現在統一天下奠定了基礎。這些做出突出貢獻的人都是別國的客卿。這樣看起來，客卿沒有任何一點對不起秦國，如果這四位君主不接受他們，而是把他們趕走，那麼秦國還能像現在這樣強大嗎？

「還有，如果現在您驅逐在秦國的客卿，讓他們去幫助其他的國家，您就等於是在削弱自己的同時還把人才送給了其他國家，這就像是『把武器借給敵人，把糧食送給強盜』一樣！這樣下去，要是國家沒有危險是不可能的，更不要說完成您統一天下的大業了！」

看了李斯的上書，秦王一下子就清醒了，他立即廢除了逐客令，恢復了李斯的官職。後來的事實證明，秦王嬴政留下李斯是一個明智的決定，在李斯的幫助下，嬴政僅僅用了20多年的時間就統一了中國。

1 選自《史記·李斯列傳》。

沙丘之謀

秦始皇一直沒有立太子，臨死之前希望傳位於賢明的長子扶蘇，最終卻是小兒子胡亥繼位成了秦二世，這到底是怎麼回事呢？

西元前210年，秦始皇去東南部巡遊，丞相李斯和宦官趙高隨行，很受秦始皇寵愛的小兒子胡亥吵著一起去，秦始皇答應了。

回咸陽的路上，秦始皇病得很重，到了沙丘（今河北廣宗縣），已經奄奄一息了。他強撐著對趙高說：「快給扶蘇寫詔書，讓他把軍隊交給蒙恬，趕快到咸陽去主持葬禮。」但是還沒有來得及把詔書交給信差，秦始皇就去世了。這時候詔書和皇帝印璽都在趙高手上，並且只有胡亥、趙高和李斯知道秦始皇去世的消息。

李斯對另外兩個人說：「皇帝在外面去世，又沒有正式立太子，現在我們要保守秘密，否則可能會天下大亂。」

為了掩蓋屍體的腐臭，他們命人買了很多的魚蝦裝在車上，這樣人們就不能分辨出魚腥和屍臭了。

李斯像

做完這一切之後，趙高湊到李斯跟前，小聲說：「皇帝去世的事情，還沒有人知道，立誰為太子，現在是我們兩個人說了算。你說我們該怎麼辦？」

李斯一聽，連忙斥責他：「始皇有遺命，傳位於長子扶蘇，現在你說這話是什麼意思？」趙高就像沒聽到他的話一樣，繼續說：「從來都是『一朝天子一朝臣』，公子扶蘇繼位之後，以他和蒙恬的關係，恐怕丞相就要換人嘍！而胡亥是一個厚道仁愛的人，如果立他為太子，他一定會繼續尊您為丞相的。」李斯稍微有些動心，但是仍然沒有鬆口：「我李斯只執行皇帝的遺詔，沒什麼可考慮的。」趙高立即換了一副兇橫的面孔：「常言道『識時務者為俊傑』，現在天下的權力和命運都掌握在胡亥手裡，難道你要等到他當了皇帝再來處罰你？」李斯仰天長嘆，答應了趙高。

胡亥、趙高和李斯三個人偽造了秦始皇的遺詔，立胡亥為太子，然後又偽造了一份詔書給扶蘇和大將軍蒙恬：「公子扶蘇駐守邊疆十幾年，不但沒有立下任何戰功，還多次上書誹謗我，多有怨言，如此不忠不孝之人，賜劍自行了斷！將軍蒙恬輔佐公子不力，一併賜劍自殺！」扶蘇接到詔書，悲痛欲絕，要遵從命令自殺。蒙恬勸他說：「這事有蹊蹺（**蹊蹺**ㄒㄧ ㄑㄧㄠ），您最好跟皇上確認一下，如果是真的，再自殺也不遲啊！」但是扶蘇是一個忠厚的人，他含著淚說：「父親命令自己的兒子自殺，我怎麼敢違抗命令呢？」說完就拔劍自刎了。而蒙恬拒絕自殺，被關了起來，最終也沒能逃脫趙高的魔爪。

聽到扶蘇自殺的消息，李斯和趙高都鬆了一口氣，於是就帶著臭烘烘的隊伍回到了咸陽。到了咸陽之後，他們公佈了秦始皇的死訊，立胡亥為二世皇帝。

秦二世和趙高葬了秦始皇以後，作賊心虛，怕篡奪皇位的事情敗露，於是兩人合謀殺害了秦始皇的12個公子和10個公主，受到株連的大臣更是不計其數，就連李斯也在一年之後被趙高陰謀陷害而死。

被害身戮①

雖然李斯在幫助胡亥登上皇位這件事情上違反了作為一個臣子的道德，但是他還是希望胡亥能夠成為一位聖明的君主，可是胡亥卻成了趙高的傀儡。

趙高擔任郎中令的時候，得罪了不少人，他很害怕大臣們在胡亥面前揭發自己，於是他就對胡亥說：「為什麼天子是天下最尊貴的人呢？這是因為大臣們只能聽見他的命令，卻看不到他的面容。陛下您現在還很年輕，很多事情處理起來沒有什麼經驗，萬一出了差錯，就不能向天下人顯示您的明智了，這樣您的威信也會大大降低啊！」

胡亥一聽，緊張地問：「那該怎麼辦呢？」

趙高拍了拍胸脯說：「您聽我的，保證不會出錯！」胡亥便說：「你有什麼主意，快說來聽聽。」趙高說：「陛下您不如就待在宮裡，等著大臣們把公事寫成奏章呈上來之後，您跟近臣商量之後再頒佈命令，這樣就萬無一失了。」

秦二世很高興地接受了趙高的建議，從那以後他就不在朝堂上接見大臣了，一直待在宮裡面，這樣做的結果是國家所有的事務都被趙高掌握了。

趙高聽說李斯對胡亥的行為不是很滿意，就找到了李斯，對他說：「函谷關以東叛賊很多，但現在陛下只知道玩樂。我想勸說陛下，可是我人微言輕，您貴為丞相不能坐視不管啊！」

李斯有些惱怒：「我早就想勸說陛下了，可是我現在沒有機會見到他啊！」

趙高說：「等哪天皇上有空我馬上通知您！」

這一天，秦二世正跟姬妾們玩得開心，忽然聽到傳報說李斯求見，秦二世很生氣地讓李斯回去了。原來是趙高故意挑了這一天讓李斯惹怒秦二世，後來李斯又求見了幾次，每次都是秦二世玩得正高興的時候。秦二世對趙高抱怨：「這個丞相不知道到底是怎麼回事。我空閒的時候他不來，每次都是我玩得正高興的時候，他就來商量事情。丞相是故意找我麻煩嗎？」

趙高故意挑撥說：「陛下難道沒看出來嗎？丞相也參與了沙丘之謀，現在您當了皇帝，但是他的地位卻沒有提高，他是想讓您封他為王啊！」

胡亥睜大了眼睛問：「真的嗎？你怎麼這麼說？」

趙高說：「陛下有所不知，丞相的大兒子駐守三川，現在的叛賊陳勝是丞相故鄉鄰縣的人，正因為這層關係，陳勝才敢這樣狂妄啊！」

李斯知道趙高誹謗自己的事情之後，就上書揭發趙高的罪行，趙高則反過來說李斯謀反。無奈胡亥只相信趙高，還下令讓趙高去查辦李斯。

趙高才不會放過這樣一個害死李斯的機會呢！他對李斯嚴刑拷打，最終李斯含冤認罪。不過李斯還對胡亥抱有一絲希望，他寫了一封信給胡亥請求活命，但是趙高把信截了下來，還說：「你一個囚犯，憑什麼上書？」

趙高還偽造了一些證據，最後胡亥判李斯腰斬。行刑那天，李斯和小兒子一起被押解到咸陽街市，李斯捧著小兒子的臉，哭著說：「我現在只想跟你牽著黃狗，在家鄉打打野兔，但是這個簡單的願望也無法實現了。」胡亥不僅殺了李斯和他的家人，還滅了他的三族。

1 選自《史記．李斯列傳》。

秦二世之亡

二世胡亥①

秦始皇曾經計畫把皇帝名號按照數字一直排列下去，直到千秋萬代，他一定沒有想到剛剛傳到第二代，秦朝就土崩瓦解了。

胡亥登上皇帝的寶座之後，認命趙高為郎中令，負責處理朝政。

古代的時候，皇帝死了都要建廟祭祀，在如何宣揚秦始皇的功績這方面，胡亥比秦始皇本人想得還要周到。他認為傳統的葬禮根本配不上秦始皇的偉大功績，就讓官員們討論更加隆重的祭祀秦始皇的方法。

大臣們商量之後說：「古時候天子祭祀，七代以前的都不需要祭祀。但是始皇帝的廟可以命名為始皇廟，永遠保留，以後不管多少代的皇帝，都要祭祀始皇帝；還要為始皇帝添加更多的貢品和牲畜，這一點不難，只要向百姓多收一些賦稅就可以了；還要規定以後的天子必須親自捧著好酒祭祀，所有的大臣都必須按規定行禮，進獻貢品。」胡亥聽了這些建議非常滿意，只是苦了老百姓，老百姓們背上了更加沉重的負擔。

完成葬禮之後，秦二世又對趙高說：「朕現在太年輕了，還剛剛即位，恐怕天下的百姓都不服從。當年父皇四處巡遊不僅能展示自己的強大，還能以此來震懾天下。現在如果我不去巡遊，恐怕會被看成是膽小鬼，遭到天下人的嘲笑，這樣還怎麼統領天下呢？」趙高會意地點點頭，就去準備巡遊的儀仗了。

秦二世按照秦始皇當年出遊的路線重新走了一遍，每到一處，就在秦始皇曾經樹立的石碑上刻上新的文字，還在旁邊再立一塊石碑，刻上隨從大臣的名字，宣揚先帝的功德和自己的威信。

秦二世靠陰謀奪取皇位，心裡總覺不安，有一天他跟趙高說：「現在大臣們都不是很順從，更可怕的是其他幾位公子，他們都盯著我的皇位，以後恐怕會起兵造反啊！」趙高思考了一下，湊到秦二世面前說：「那我們就來個先下手為強！」

過了不久，很多忠臣都被秦二世以巡遊過程中表現不佳為由革去了官職，還有些位高權重的甚至丟了腦袋。後來秦二世又逼死了自己的幾個兄弟姐妹。大臣們覺得有些過分，就來勸諫，但是來勸諫的人卻得到了誹謗朝廷的罪名。

從那以後，官員們為了保住自己的官位，再也沒有人說真話了。看到朝中大臣都不再反對自己，秦二世又陸續殺死了其他皇子。

公子高是最後一個死的，他看到兄弟姐妹慘死，知道自己在劫難逃，但是他不願意像其他兄弟那樣讓自己的家人也慘遭毒手，就自己來到胡亥面前說：「陛下，請允許我為父皇殉葬！」胡亥非常高興地應允了，還賞賜了很多金銀珠寶給公子高的家人。

胡亥吃喝玩樂，花錢如流水，還大興土木，繼續修建阿房宮，但是百姓的日子苦不堪言，所以各地都有人舉起反旗。不過胡亥一直生活在趙高編織的謊言裡，認為天下太平。一個被派出去調查的人回來告訴胡亥：「陳涉已經在原來的楚地起義，武臣自立為趙王，魏咎自立為魏王，田儋（儋ㄉㄢ）自立為齊王，沛公劉邦也已經在沛縣（今江蘇沛縣）起義，項梁也在會稽起兵。他們之間互相承認，並且已經聯合起來向西進軍。」胡亥聽完惱怒地說：「把他拉下去斬了！在朝廷裡危言聳聽，動搖民心，一定是心懷不軌！」

然後胡亥又派了一個使者去打探情況，使者撒謊說：「那些都是小規模的起兵，如今都已經被抓獲了！」胡亥聽後讓他退下，又開始心滿意足地喝酒了。

可是第二年，陳涉就打到了胡亥家門口，秦二世連忙叫人商量對策。這時候一個叫做章邯的大將軍請命出征，戰勝了陳涉，打敗了項梁，還沉重地打擊了其他的起義軍。可以說章邯大大地延緩了秦朝滅亡的速度，但是他最終還是沒能阻止秦朝的滅亡。

1 選自《史記．秦始皇本紀》。

指鹿為馬①

趙高幫助胡亥登上了皇帝的寶座，他手中握有的權力越來越大，最終他不再滿足於只做一個臣子，而想要成為皇帝。怎樣才能知道其他大臣是不是支持他呢？

趙高本來是趙國人，秦王滅掉趙國的時候，他被擄到秦國。嬴政聽說他是一個精通法律的人，於是把他提拔為中車府令，負責管理皇帝的車馬儀仗，還讓他去教胡亥斷案。趙高是一個善於察言觀色、溜鬚拍馬的人，因此很快得到了秦王的賞識和信任。有一次他犯了罪，根據法律應該判處死刑，還是秦始皇親自幫他求情，才保住了他的性命。

沙丘之謀中，趙高經過一番威逼利誘，說服李斯和他一起擁立胡亥為二世皇帝。胡亥登基以後，每天只知道吃喝玩樂，而趙高則漸漸地成為秦王朝中最有權勢的人。害死李斯之後，趙高更是肆無忌憚，絲毫不把胡亥放在眼裡。

一天，趙高趁著大臣們向胡亥朝賀的時候，牽來了一隻鹿，並指著這隻鹿說：「這匹馬是我進獻給陛下您的。」

胡亥一聽有東西要獻給自己，非常高興，就跑到跟前來看，然後他笑著對趙高說：「您是在開玩笑嗎？這明明是一頭鹿啊，怎麼能說是一匹馬呢？」趙高堅持說這是一匹馬，還讓大臣們來斷定。那些正直的大臣都說這是一隻鹿，而平時害怕趙高的人都附和著說這是一匹馬。其實這一切都是趙高的陰謀，他是在為自己稱帝做準備，想看清楚到底哪些人是不分青紅皂白聽他的話，哪些是不聽話需要對付的。

胡亥聽到竟然有這麼多人說這是馬，開始懷疑自己受到了鬼怪的迷惑，連鹿和馬都分不清了，就決定到上林苑去養病。到了上林苑，胡亥整天只知道四處打獵遊玩。一天一個無辜的行人誤闖上林苑，胡亥竟然把他射死了。趙高趁機對胡亥說：「即使您貴為天子，無緣無故殺死沒有罪的人，上天也是不允許的。恐怕上天會降下禍患，您還是快到遠離皇宮的地方去消災祈福吧。」胡亥一聽，急忙打點行裝離開了皇宮，到望夷宮住。

剛剛在望夷宮住了三天，趙高就跑進來對胡亥說：「不好啦，山東的強盜打進咸陽來了！」胡亥一看，後面果然有一隊穿著白衣服，手裡拿著武器的人衝了進來，但是這些人不傷害趙高，而是虎視眈眈地看著胡亥。胡亥一下子明白了眼前發生的一切，原來他最信任的丞相造反了！但是一切都已經無法挽回了，趙高逼著胡亥自殺，自己則拿了玉璽想當皇帝。

趙高上朝宣佈自己要成為皇帝，文武百官沒人擁護他。無奈之下，趙高只好立公子子嬰為皇帝。子嬰繼位之後，擔心趙高再次作亂就假裝生病不上朝。趙高前來詢問病情的時候，早就與子嬰商量好要除掉趙高的宦官韓談就出手殺死了他。

1 選自《史記．秦始皇本紀》。

陳涉起義①

大澤鄉起義是中國歷史上第一次農民起義，是由陳涉領導的。陳涉是一個農民，但是又不是一個普通的農民，他有哪些過人之處呢？

陳涉又叫陳勝，涉是他的字。陳涉是一個農民，但是他是一個讀過書的農民，也正因為如此，他才有自己的字。

陳涉早年的時候在陽城為地主耕地，有一天，他幹活累了，就招呼著大夥休息。他笑著對這些夥計們說：「如果有一天我們當中誰發達了，一定不要忘記今天一起幹活的老夥計啊！」

大家紛紛擺手說：「發達？還是算了吧。我們只不過是幫人耕地的，什麼時候能輪到我們富貴呢？真是白日做夢啊！」

陳涉拍了拍身上的土，站起來說：「燕雀安知鴻鵠之志哉！」意思就是說，你們這些人啊，就像胸無大志的燕子和麻雀一樣，哪裡能夠理解鴻鵠的志向呢！

西元前*209*年，秦二世下令徵兵戍守漁陽（今北京市密雲西南）。陳涉和一個叫做吳廣的人也在徵召之列，兩個人分別被任命為正、副屯長。陳涉和吳廣經過一段時間的接觸，結成了知己。

當走到一個叫大澤鄉（今安徽宿州西寺坡鎮）的地方時，瓢潑似的大雨連續不停地下了好幾天，道路泥濘不堪，根本就沒法前進。在這種情況下，他們是無論如何也不能按期趕到目的地了。當時的法律規定，凡是不按期限到達的屯兵一律斬首示眾，這些屯兵一時間非常沮喪。

陳涉和吳廣心裡也並不輕鬆，他們商量著說：「現在我們逃跑是死路一條，繼續前進還是死路一條，我們還不如起兵抗

秦。既然同樣是死，為什麼不幹一番大事業呢？」陳涉接著說：「這麼多年，百姓一直生活在水深火熱之中，而且據我所知，胡亥並不應該繼承王位，應該繼位的是公子扶蘇。而扶蘇受到全國人民的愛戴，如果我們用公子扶蘇的名義起兵，一定會有很多人回應的。」

起義的第一步是樹立威望。陳涉和吳廣買來一條魚，把一塊寫著「陳勝王②」的白綢子塞進魚肚子，第二天士卒把魚買回來準備烹調的時候發現了那個綢子，這件事很快就傳開了。當天晚上，人們又聽到狐狸的叫聲：「大楚興，陳勝王！」一直叫了很長時間，其實這也是陳涉派吳廣假裝的。第二天，人們都用非常奇怪的眼神打量著陳涉。

吳廣一向愛護士卒，人們都願意為他效力。為了激起公憤，吳廣趁著押送隊伍的軍官喝醉的時候故意大聲說要逃跑。軍官果然上鉤，重重地鞭打吳廣，還拔出佩劍要殺死他，吳廣奪過佩劍殺死了這個軍官。

這時候，陳涉走上前去，大聲呼喊：「我們在這裡遇上大雨，耽誤了行程，如果在規定的時間到不了目的地，我們就會被處死；逃跑被抓回來也是死。身為男子漢大丈夫，不死就算了，死就一定要轟轟烈烈！王侯將相不是天生的貴族，我們也不是不能建功立業的賤民！」士卒們聽到這樣一番慷慨激昂的話之後，都表示願意追隨陳涉、吳廣。

起義軍首先攻佔了大澤鄉，又相繼攻下很多地方。在前進的過程中，無數的百姓加入了起義軍的隊伍，陳涉自立為王，定國號為「張楚」。

但陳涉的起義軍沒有最終奪取政權，而是被秦朝大將章邯打敗，陳涉也被投降秦國的車夫殺死。

1 選自《史記．陳涉世家》。

2 王：為王，稱王。

破釜沉舟①

陳涉兵敗之後，緊隨其後起義的有兩個重量級人物，那就是項羽和劉邦，現在先來認識一下項羽。

項羽是戰國時期楚國大將軍項燕的後代，項氏家族世世代代都是將軍，被封在項地，所以姓項。項羽的叔叔項梁為了躲避仇人，帶著項羽來到了江浙一帶。

有一次秦始皇巡遊的時候，項梁和項羽去觀看，看著聲勢浩大的巡遊隊伍，再看看志得意滿的秦始皇，項羽自言自語說：「叔叔，那個人可以取而代之。」

項梁慌忙捂住了他的嘴巴，說：「不要胡說，被別人聽到是要掉腦袋的！」項梁雖然嘴上這樣說，但是心裡覺得項羽的志向不同尋常，就開始精心栽培項羽，教他舞刀弄劍。過了沒多久，項羽對叔叔說：「我不想學這些沒用的東西，我想學那種能夠指揮千軍萬馬的知識！」項梁笑著看著這個侄子，不久就請人教他兵法。項羽身材魁梧，力氣過人，當地的青年對他十分敬畏。

陳涉在大澤鄉起義後，項梁和項羽也殺了本地的郡守回應。陳涉死後，項梁召集了各路兵馬來商議發展大計，其中也包括劉邦。

謀士范增給他們出了一個主意，讓他們找到楚懷王的後代立為王，這樣可以得到民心。很快他們找到了楚懷王的孫子，借用他祖父的謚號也叫做楚懷王。項梁的隊伍得到楚地百姓的擁護之後，兩次打敗秦軍，於是項梁開始變得驕傲自大，最終被章邯殺死在定陶（今山東菏澤市中部）。

章邯打敗項梁之後，就向北去攻打趙國，在這裡發生了歷史上著名的「鉅鹿（今河北平鄉西南）之戰」。事情是這樣的：

西楚霸王項羽像

趙國抵擋不住章邯的進攻，就向楚國求救，楚懷王派出宋義、項羽和范增去援救趙國。但是到了安陽（今山東曹陽東南）之後，宋義傳令按兵不動，這樣一直待了46天，項羽忍不住就去責問宋義怎麼回事。宋義大笑著說：「您有所不知啊，現在我們最好的選擇就是坐山觀虎鬥，到時候兩敗俱傷，我們再出兵，一下就可以滅掉兩個軍隊！」

項羽私下裡召集士兵說：「現在我們和趙國一起攻打秦軍，還可能成功，但是我們的主帥卻在延誤時機，我想為天下除掉此人，不知各位意下如何？」

「我等願意追隨項將軍！」對宋義早有不滿的士兵們都高聲叫好。第二天一早，項羽就去大帳中斬下了宋義的頭顱。楚懷王對宋義不聽命令早有不滿，所以並沒有責怪項羽，還任命他做主將。項羽取得軍權之後，指揮大軍渡河。過河之後，項羽發佈了一個讓所有人都吃驚的命令：破釜沉舟②。他命令每個人只能帶三天的乾糧，讓士兵們明白此去鉅鹿，只能向前，沒有退路。

項羽帶領軍隊到達鉅鹿之後，包圍了秦兵，與秦兵大戰幾次，都勝利而歸。其實在項羽到來之前，已經有諸侯前來救援，但是大家都不敢輕易出戰，項羽的勝利就好像給所有人吃了一顆定心丸，這些諸侯紛紛歸附項羽，尊他為統領。從那以後，項羽成了各路諸侯的上將軍，就連章邯都投降了項羽。

1 選自《史記．項羽本紀》。

2 破釜沉舟：釜（ㄈㄨˇ），古代的鍋。就是把做飯的鍋打碎，把船沉沒。比喻斷絕了自己所有後路，下定決心打勝仗。

鴻門宴①

當時楚懷王派出來救援趙國的軍隊有兩路，一路是項羽的隊伍，直接去救援趙國；另一路則是由劉邦率領的，向西去攻打秦國。楚懷王和他倆約定：誰先進入函谷關，平定關中，誰就可以在關中稱王。

劉邦在張良的幫助下首先平定了關中，但是他並沒有進關，而是在關外安營紮寨，還命令官兵不得進城搶東西，也不許騷擾百姓。這樣一來，關中百姓都盼望著劉邦能夠在關中稱王，但是劉邦「謙虛」地拒絕了：「本來我和諸侯有約，誰先進入關中，誰就稱王，但是我想暫時退兵，等到其他諸侯都到了再做決定。」其實，這也是張良為劉邦出的主意，這一番說辭只是為了最大限度地收買人心。

再說項羽這邊，趙國的危難解決之後，他就帶著大隊人馬來到了函谷關，看見城門緊閉，才知道劉邦已經平定了關中。項羽怒火中燒，發誓要殺掉劉邦。當時劉邦只有10萬兵力，而項羽擁兵40萬，如果真的發生戰爭，結局是可想而知的。

項羽有個叔叔叫項伯，他和張良很要好，生怕張良在戰爭中丟了性命，就趁著夜色跑到了劉邦營中，請求張良和他去投奔項羽。張良知道了項羽的想法之後，馬上去見劉邦。劉邦急得臉色發白：「這可如何是好？」

張良為劉邦出主意：「我去告訴項伯，讓他轉告大將軍，就說您沒有背叛大將軍的意思，只是在這裡守城敬候大將軍的到來，城裡的一草一木都沒敢動。」

劉邦又問：「您與項伯誰年長？」

張良說：「項伯年長。」

劉邦說：「請您把他請來，我要以對待兄長的禮節招待他，並親自拜託他。」兩人相見後，項伯答應幫助劉邦據實以報，還再三叮囑：「您明天一大早就來向將軍道歉吧！一定不要忘了啊！」項伯趁著夜色又回到了項羽軍中，把劉邦讓他說的話都告訴了項羽，請求原諒，還說第二天劉邦就會來請罪。

范增知道這件事情之後，就對項羽說：「這是除掉劉邦的好機會！明天一定要見機行事！」

項羽有些猶豫，但還是答應了。

第二天一大清早，劉邦就帶著幾名隨從來到了項羽在鴻門的軍營，項羽設宴招待他。酒席上，范增屢次給項羽使眼色，項羽都假裝沒看見。范增沒有辦法，走出營帳，對項莊說：「我們將軍還是心腸太軟，一會兒你請求舞劍助興，找個機會殺了劉邦。錯過了這次機會，以後我們都得做劉邦的俘虜！」

項莊走入大帳，請求舞劍。項莊拔劍起舞，越來越靠近劉邦，項伯發現他來者不善，於是也站起來一起舞劍，用自己的身體保護著劉邦。

漢高祖－劉邦

張良見事情不妙，就走出來找到了樊噲（噲 ㄎㄨㄞˋ）。樊噲看到張良就問：「裡面情形怎麼樣？」張良說：「現在情況很緊急，項莊舞劍，每一劍都指向沛公。」樊噲一聽，二話不說就往裡衝，嘴裡喊著：「你們給我讓開，我要與沛公同生共死！」

樊噲所過之處，衛士紛紛倒地，樊噲則大踏步地走進了營帳，頭髮豎起，怒氣沖沖地瞪著項羽。項羽嚇了一跳，握住寶劍問道：「你是誰？」

樊噲回答：「我是沛公的護衛樊噲！」

項羽說：「好一個壯士！賜他酒喝！」樊噲一飲而盡。項羽見狀，說：「再賜他一塊肉！」樊噲接過肉，席地而坐，把盾牌當桌子，用劍把肉切開，很快就吃了個一乾二淨。項羽鼓掌叫好，問道：「您還能再飲一杯美酒嗎？」樊噲慷慨激昂地說：「我死都不怕，還怕一杯酒？當初楚懷王與諸侯約定，誰先進關中，誰就稱王。現在沛公攻破秦軍，卻對那些財物分文不取，真心實意地等候您的到來！而您卻處處懷疑沛公，不給他賞賜也就罷了，還要派人殺死他！您這是在走暴秦滅亡的老路啊！」項羽無言以對。

不一會兒，劉邦藉口上廁所，從小路逃跑了。樊噲進入帳中說：「沛公酒量不大，剛剛喝多了，怕在您面前失態，就先回軍營了。沛公臨行前一再叮囑我要把這白璧一雙、玉斗十對送給您和范先生。」

項羽接過白璧，輕輕放在座位上，范增則惱怒地把玉斗用劍砍了個粉碎，拂袖而去，嘴裡說著：「你們都是些不能做大事的人啊！」

1 選自《史記．項羽本紀》。

楚漢相爭①

項羽放走劉邦猶如放虎歸山，項羽稱王關中之後，劉邦很快就起兵反叛，但是第一次，劉邦就敗下陣來……

鴻門宴之後，項羽如願以償地在關中稱王，但是與劉邦安撫人心相反，項羽採取了殘暴的方式來對付關中的百姓。

項羽進入咸陽城，殺掉了已經投降的秦王子嬰，一把火燒掉了秦國的宮殿。

也許有人會問了：「項羽為什麼不留下宮殿在這裡稱王呢？」項羽的謀士也提過同樣的問題，還說：「這一帶土地肥沃，有山河做屏障，是成就霸業的寶地！」但是項羽是一個非常好面子的人，他說：「富貴了卻不回鄉，就像穿著好衣服在夜裡走路一樣，誰能看到呢？」這個謀士退下去之後說道：「都說楚國人是穿著衣服裝人的猴子，果然如此啊！」項羽聽說後就把這個人扔進鍋裡煮了。

項羽向楚懷王報告了入關的情況，楚懷王說：「那就按以前約定的辦吧。」項羽給了楚懷王一個徒有虛名的稱號「義帝」，但是實際上這個義帝一點實權都沒有。

項羽很想稱王，但又不好意思，就先把自己的手下分封了。不過他和范增還是時刻提防著劉邦的，所以就把劉邦封在了偏遠的巴蜀之地，稱他為「漢王」。這片土地道路艱險，是秦朝流放犯人的地方，不過這片土地也屬於關中，所以項羽就心安理得地把這個偏僻的地方給了劉邦。項羽本人則自詡為西楚霸王，定都彭城。當時的項羽，雖然沒有稱帝，但實際上已是天下英雄的領袖。

劉邦去自己封國的時候，燒毀了身後的棧道，他這樣做除了是防止其他諸侯來襲，更主要的是向項羽表明自己不會東進的決心。不過沒過多久，劉邦就聽從了韓信的計謀，平定了關中，並不斷向東推進；另外幾個不滿項羽分封的諸侯也趁機而動。

這時，劉邦給項羽送去了一封信，表示只要把關中原本屬於自己的土地還給他，就可以撤兵。項羽同意了劉邦的條件，但是另外幾個諸侯卻不滿意，他們一定要殺了項羽。項羽很生氣，就去攻打齊國。齊國脆弱不堪，很快就投降了。投降之後，楚軍延續了殘暴的作風，放火燒了齊國的城市，強搶齊國人的子女。這讓齊國人很憤慨，他們重新聚集起來進行反抗。這一次，他們抱著必死的信念與楚軍交戰，精銳的楚軍竟然沒有佔到一點便宜。

看到楚軍後方空虛，劉邦就邀約了五路諸侯去討伐楚國，不料西楚霸王帶著疲憊的士兵趕回來之後還是把他們打得落荒而逃。

項羽一路追殺，劉邦逃到家鄉沛縣，只找到自己的兒子和女兒。劉邦坐車逃命，覺得情況緊急，有好幾次把兒女推下車，好讓馬車跑得更快。每次滕公都會跳下車，把兩個孩子抱上馬車。反覆了好幾次後，一位大臣對劉邦說：「即使拋棄了兩個孩子，馬車也不會跑得更快，但是您怎麼能拋棄這兩個孩子呢？」劉邦的父親和妻子這時都已經被項羽抓住了。

劉邦集結了一大批殘兵敗將，準備與項羽決一死戰，可是那些曾經和他聯盟的諸侯現在已投降了項羽，劉邦只好跟項羽求和，希望只保留一小部分土地給自己。但是范增卻堅決反對，他說：「這次再不消滅劉邦，以後就真的沒機會了。」

聽說項羽不同意求和是因為范增，劉邦便使用了反間計逼走了范增，而自己則逃回去重新積聚力量。

1 選自《史記·項羽本紀》。

烏江自刎①

劉邦慢慢恢復了元氣，再次與項羽爭奪天下，這次是他們兩個人之間的決鬥。

劉邦帶著自己的殘兵敗將逃到了成皋（皋 ㄍㄠ）（今河南滎陽縣境內），在那裡休養練兵，實力漸漸恢復。而此時的項羽正忙著攻打東方的諸侯，並沒有關注劉邦的動向，等到他想討伐劉邦的時候，發現劉邦的實力已經不能小看了。

項羽在廣武（今河南滎陽縣境內）拉開陣勢，準備與劉邦決一死戰。劉邦帶領了幾十萬人與項羽對峙，雙方各有勝負，打了幾個月也沒有結果。最後項羽急了，架起了一口大鍋，把劉邦的父親劉太公懸在上面，派人去給劉邦送信：「快點繳械投降，不然我把你爹扔進鍋裡煮了！」接到劉邦的回信，項羽大怒，劉邦是這樣說的：「我與您都是楚懷王的臣子，我們曾經相約為兄弟，我爹就是你爹，如今你要煮了自己的父親，我也沒辦法，不過別忘了分我一杯羹！」

項羽還沒見過這麼無賴的人，舉起寶劍就要殺死劉太公，項伯攔住了他：「現在天下未定，會是怎樣的結局誰也不知道，你最好不要把事情做絕。再說，胸懷天下的人都不會因為家眷改變自己的初衷，您殺了太公，除了增加仇恨之外，沒有任何好處。」

項羽帶兵與劉邦僵持著，其他地方卻不斷傳來城池被韓信攻破的消息，項羽就派手下大臣曹咎（咎 ㄐㄧㄡˋ）繼續與劉邦對峙，自己則去援救那些被攻下的城池。臨走之前，項羽千叮嚀萬囑咐，不管漢軍怎麼叫囂，都不要出戰，一定要等自己回來。

曹咎是個急性子，開始的時候還能忍得住，但是沒過多久，他就被劉邦激得沉不住氣了，派兵迎戰，果然大敗，曹咎最後自殺謝罪。元氣大傷的項羽只好與劉邦簽訂協定，平分天下。

但是劉邦可不是項羽，簽訂了協議之後，他手下的謀士都勸他乘勝追擊，一舉奪得天下。劉邦覺得有道理，就邀約天下諸侯合擊項羽。

此時的項羽早已不是當年那個一呼百應的西楚霸王，而是一個遭到天下諸侯反對的人。幾番苦戰之後，他被漢軍圍在垓（垓 ㄍㄞ）下（今安徽靈璧縣）。一天夜裡，項羽的大營周圍響起了楚國的歌曲，歌聲連綿不絕，越來越大，項羽以為楚地已經完全被佔領了，就叫來虞姬，在大營內喝悶酒。他一邊喝一邊唱：「力拔山兮氣蓋世，時不利兮騅（騅ㄓㄨㄟ）不逝，騅不逝兮可奈何，虞兮虞兮奈若何！」虞姬與項羽反覆吟唱，互相應和，最後虞姬拔劍自刎，讓項羽毫無牽掛地突圍，在場的所有人都熱淚盈眶。

項羽趁著夜色突圍，來到了烏江（今安徽和縣東北的烏江浦），這時只剩下26個人跟隨著他。烏江的亭長早就在那裡等著他了，亭長跪拜說：「請項王渡江東去，那裡有沃野千里，民眾數十萬，足可以稱王。現在江邊只有我一條小船，漢軍追來也無法渡江，請您馬上上船！」

項羽仰天長嘯：「這是天要亡我啊！我當年領著八千子弟渡江西征，如今無一生還，我有什麼臉面回去見江東父老？」說完，他撫摸著烏騅馬，對亭長說：「這匹烏騅馬隨我征戰多年，日行千里，我不忍心殺了牠，就送給您，把牠帶回江東，好生照顧吧！」

追兵此時也來到了烏江口，項羽帶領著部下衝進漢軍陣中，殺死了數十名漢軍將士，自己手下的將士也全都戰死。渾身鮮血的項羽來到了一個叫做呂馬童的人面前說：「這不是我的老鄉嗎?我聽說，漢王以千金、一萬戶封邑來懸賞我項羽的人頭，現在我就把這個好處便宜了你吧！」說完就舉起寶劍自刎（刎ㄨㄣˇ）了。

一代梟（梟ㄒㄧㄠ）雄，就這樣壯烈地死在了烏江邊上。後世對項羽的評價褒貶不一，有人讚賞他不肯渡江的氣節，有人則說他不懂隱忍，也許回到江東可以再成大事。你的想法是什麼呢？

1 選自《史記．項羽本紀》。

第七章　大發展時期的西漢

西漢是中國歷史上非常強大的國家，不僅出現了治國的明君，而且湧現出了很多具有傳奇色彩的賢明臣子。這一時期中國的經濟和文化也取得了巨大的進步，是中華民族大發展時期。

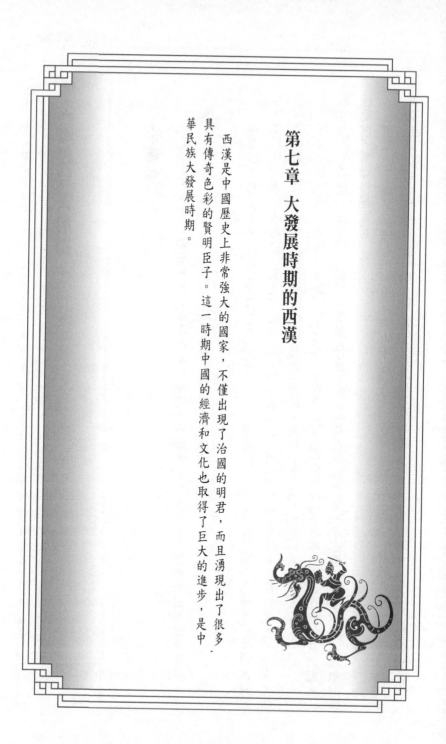

大風起兮雲飛揚

沛縣起兵①

西漢的第一位皇帝就是秦末各路諸侯起義時的另一個重量級人物——劉邦。劉邦出身貧寒，還遊手好閒，因此誰都沒有想到這樣一個人會成為開國皇帝。

劉邦是沛縣人，所以他也被稱為「沛公」。年輕時候的劉邦喜歡喝酒，經常在小酒館裡賒帳，由於朋友多，人緣好，還做了個亭長。但是當上亭長之後的劉邦特別喜歡取笑人，不少人都被他作弄過。當地人都不願意把自己的女兒嫁給他，所以30多歲時他還沒有結婚生子。

後來一個叫做呂公的富商搬到了沛縣，他第一眼看到劉邦就覺得此人不是凡人，就想把自己的女兒許配給他。呂公找到劉邦，畢恭畢敬地說：「我有一個女兒，品質相貌都還不錯，我想把她嫁給你，幫你料理家務。」

劉邦聽了倒是很開心，但是呂夫人不願意了，大聲斥責呂公說：「你真是太荒唐了！整天念叨著要給女兒找個好人家，多少人來提親你都推了！現在你挑來選去竟挑出這麼一個小混混？」

呂公執意要把女兒嫁給劉邦，說：「你不懂，這個人將來一定大富大貴，不能光看眼前這點小利益。」呂公的女兒就是後來的高祖皇后呂雉（ㄓˋ）。

呂雉雖然是大家閨秀，但是卻有吃苦耐勞的良好品德，家裡的事情自己承擔下來，讓劉邦在外面安心做亭長。

有一次，劉邦看到了秦始皇出巡的龐大聲勢，情不自禁地說道：「做大丈夫就應該這樣啊！」後來劉邦奉命押送本縣的工匠去驪山修建陵墓，劉邦不敢怠慢，徵集了一批人就火速出發了。大家都不願意到那麼遠的地方去做苦力，一路上不斷有人逃跑，劉邦眼見著人越來越少，心想：這樣下去到了驪山也得死啊！

他把剩下的人召集在一起說：「你們到了驪山之後也是死路一條，我不忍心把你們往死路上送，這樣吧，你們各自逃生去吧！」眾人問：「那您怎麼辦呢？」

劉邦說：「你們不要擔心我了，我逃到哪是哪吧！你們快走吧！」眾人都被劉邦感動了，有十幾個人願意留下來追隨他。

這一天晚上，劉邦和他們一起往前走，忽然有一個人驚慌失措地跑過來說：「前面的路上有一條大蛇，我們走不過去，還是換條路吧！」這天劉邦喝了點酒，借著酒勁，滿不在乎地說：「男子漢大丈夫，一條蛇有什麼好怕的！我今天一定要從這條路走過去！」說完，他一個人帶路前行，不一會兒就看到了那條橫躺在路中間的大蛇。

微醉的劉邦一下子就醒過來了，那條蛇足足有兩米長，正挑釁地吐著芯子看著他。劉邦心裡一驚，也想換條路走，但是大話已經說出去了，只能硬著頭皮舉起劍向蛇砍去，蛇瞬間被砍成了兩半，這下同行的人更佩服劉邦了。

陳涉在大澤鄉起義之後，沛縣的縣令也想加入這個潮流中，他的手下蕭何和曹參（ㄙㄢ）說：「你是朝廷委派的官員，你來號召大家起兵，恐怕沒有人聽你的，還是把劉邦叫回來，讓他把那批流亡在外的人也帶回來。聽說他們現在有幾百人了，只要把他們召集到自己的手下，沛縣的人就會聽從你了！」

不過劉邦帶著人回來之後，縣令卻反悔了，他怕自己控制不住劉邦，就把劉邦這批人關在了城門外，還準備殺掉出主意的蕭何和曹參。這兩個人得知消息後連忙逃出城來，投奔了劉邦。劉邦寫了一封信號召城裡的豪傑們殺掉縣令，迎接他們進城。

城內的人早就想跟隨劉邦做大事了，他們一看到信就殺掉了縣令並打開了大門。劉邦就這樣邁出了建立新王朝的第一步。

1 選自《史記·高祖本紀》。

高祖論得天下①

出生貴族家庭，熟讀兵書的項羽為什麼會輸給一個出身市井的小民劉邦呢？我們來聽聽劉邦自己是怎麼說的。

劉邦消滅項羽，建立新王朝之後，天下逐漸太平。長久以來一直在馬背上顛沛流離的劉邦也鬆了一口氣，他恢復了以前在沛縣輕鬆悠閒的生活，經常設宴叫大臣們一起喝酒作樂。

一次在酒席中，劉邦問在場的文臣武將：「我們這麼多年一起打天下，是老朋友了。你們說我最終能夠戰勝項羽取得天下，是什麼原因？想來項羽也是一個英雄，號稱西楚霸王，但是他為什麼被我打敗了呢？今天我們不分君臣，你們都說說，不要故意說好聽的話。」

大臣們聽了之後紛紛唱起「讚歌」，有的說劉邦天資聰穎，有的說劉邦是真命天子，上天一定會幫助他的……劉邦越聽越生氣，臉色變得越來越難看了。

這時，一個人站起來回答說：「既然陛下讓我們暢所欲言，那麼我就直說了。陛下對人沒有禮貌，喜歡作弄欺負別人；而項羽呢，卻是一個愛護部下的人。那麼為什麼陛下最後取勝了呢？我覺得是陛下攻城掠地之後，能夠把所得到的一切與眾人一起分享；而項羽卻嫉賢妒能，有功的人不但得不到封賞，還可能會遭到殺身之禍，他對那些有才能的人一直心存懷疑，不加以重用。就是他失去天下的原因。」

劉邦得意地敲了敲酒杯，臉色緩和了不少，笑著說：「你說得有點道理，但是你只知其一不知其二。一個能做大事的人，不一定非得超群出眾，但是他一定是一個善於用人的人。如果說善於用兵，坐在大帳裡出謀劃策，決勝千里之外，我不如張良；論治理國家，安撫百姓，籌集糧餉，我比不上蕭何；說起帶領百萬大軍在戰場廝殺，戰必勝，攻必取，我比不上韓信。這三個人，都是世間少有的絕頂人才，我能夠得到他們的幫助並且重用他們，這才是我能夠取得天下的原因啊！不過說起來，項羽也不是孤家寡人，他身邊本來有一個范增，頗有謀略，但是項羽卻不善於利用這樣的人才。如果他聽從范增的建議在鴻門殺掉我，又或者在我兵敗之時不顧一切追殺我，那麼現在的天下不一定是我的！而項羽剛愎（愎ㄅㄧˋ）自用，不相信別人的話，最後被我所殺也是情理之中啊！」

在場的大臣們聽了劉邦的這一番話，沒有一個不信服，他們紛紛稱讚劉邦善於識人、用人，正是因為劉邦的英明才開創了大漢盛世。

劉邦在成為九五至尊的時候還能清醒地認識到自己的不足，不忌諱自己的短處，也沒有把別人的功勞據為己有，這樣看起來，劉邦最終能夠奪得天下是有一定的必然性的。

1 選自《史記．高祖本紀》。

高祖還鄉①

劉邦稱帝之後，住在舒適豪華的未央宮裡，卻日日思念著自己的家鄉，最後決定回鄉走一趟。在那裡，他留下了一首膾炙人口的《大風歌》。

劉邦稱帝後，像普通人家的兒子一樣，每隔五天就去拜見一次父親。太公並沒有覺得不妥，可是太公的僕人覺得這樣不太合適，就對太公說：「天上沒有兩個太陽，地上也沒有兩個君王。皇上雖說是您的兒子，但畢竟是一國之君；您雖說是他的父親，但畢竟是他的臣子，讓君王來拜臣子不僅不合禮儀，也顯示不出皇上的尊貴和威嚴啊！」

於是，當劉邦再次來拜見父親的時候，太公提前跑到大門口去迎接，還倒退著進屋，不給劉邦行禮的機會。劉邦十分不解，趕忙走下車來攙扶著太公，詢問是怎麼回事。太公就說：「皇上是天下人的君主，怎麼能因為我一個人亂了天下的禮法呢？」劉邦聽後下詔書尊太公為太上皇，這樣拜見父親就是合乎禮法的了。劉邦覺得僕人的話非常有道理，所以也賞給了他五百斤黃金。

劉邦定都長安後，命令蕭何建造一座新的宮殿，取名未央宮。為了慶祝未央宮的落成，劉邦在宮殿前面舉辦了酒席。席間，劉邦雙手捧著酒杯對太上皇劉太公說了一番祝酒之詞，然後又笑著說：「父親啊，您以前總是說我遊手好閒，不務正業，比不上我的哥哥。今天您見到這麼壯大的場面，您看我的產業和哥哥的相比，誰更多些？」群臣哈哈大笑，太公則尷尬地笑笑，沒有說話。

雖然搬進了豪華的宮殿，過著自在的生活，但是劉邦卻變得更加思念家鄉了，他在外面奔波了這麼多年，一直想回鄉去看看。故鄉的父老鄉親都是那麼親切和令人牽掛，如今衣錦還鄉，這是多麼愜（愜ㄑㄧㄝˋ）意的一件事情啊！

大臣們得知劉邦的想法後，悄悄地在沛縣建了一處行宮。父老鄉親們聽說劉邦要回來看他們，都樂得合不攏嘴。他們都想看看從這片土地走出去的天子如今的威儀。為了迎接劉邦的到來，他們選出了一百名青年加緊排練歌舞。

劉邦歸來後，家鄉的父老鄉親為他舉辦了盛大歡迎酒宴。在動聽的音樂中，百名年輕人翩翩起舞，熟悉的鄉音和曲調在劉邦的耳邊縈繞。在酒酣（酣ㄏㄢ）耳熱②之際，劉邦感慨萬千，情不自禁地唱起歌來，他一邊擊筑一邊唱道：

「大風起兮雲飛揚，威加海內兮歸故鄉，安得猛士兮守四方！」

歌詞的意思就是：「大風吹起，塵土飛揚，成為皇帝的我衣錦還鄉，如何能得到更多的勇士來為我守衛國家，讓我有更多的機會與鄉親們飲酒歌唱呢？」唱著唱著，劉邦慷慨傷懷，不由得流下了眼淚。

劉邦在故鄉待了十幾天，朝中不時送來催他返程的信件，雖然捨不得與父老鄉親團聚的歡樂，但是作為一國之君，還有更多更重要的事情等待著他去做。

1 選自《史記．高祖本紀》。

2 酒酣耳熱：形容喝酒喝得正高興的時候。

休養生息，文景之治

幸運的劉恒①

漢文帝劉恒在歷史上的評價很高，他開創了「文景之治」，為西漢的發展奠定了基礎。不過，皇帝之位本來輪不到他的，那他是怎麼做了皇帝的呢？

劉邦死後，漢惠帝繼位。漢惠帝就是劉邦在逃亡中屢次被扔下車的那個男孩，他的母親是呂后。

呂后是一個心狠手辣的人，而漢惠帝又生性懦弱，所以朝中大權漸漸集中到了呂氏家族的手裡。漢惠帝死後，呂后更加瘋狂地分封呂氏家族，想要讓呂氏稱霸天下。跟隨劉邦打天下的大臣們不忍心看到自己辛辛苦苦打下來的江山就這樣拱手交到別人手裡，所以高祖劉邦的老臣陳平和周勃聯合起來誅滅了呂氏的勢力。

消滅了諸呂之後，眾大臣想選擇一位能幹的皇子來繼承王位，可是選來選去也沒有發現合適的人選。原來呂后為了鞏固自己的政權，殺掉了劉邦好幾個兒子，越是出色的、能幹的，越先遭到殺害。

就在大臣們議論紛紛的時候，不知道誰提了一句：「你們覺得代王怎麼樣？」大家這才想起遠在大漠的代地（今內蒙古、山西和河北的交界處）還有一位皇子，他就是劉恒。

劉恒是劉邦的第四個兒子，他的母親薄姬出身不好，是項羽所封的魏國的一個宮女。劉邦建立漢朝後，選了很多宮女進宮，薄姬就是其中的一個。後來薄姬做了劉邦的姬妾，生下了劉恒。劉恒一出生，薄姬就遭到了劉邦的冷落。

不過，薄姬很喜歡道家那種「清淨無為」的思想，對後宮的鬥爭並不熱衷，失寵之後，她就靠每天看書來打發時光。受到母親的影響，劉恒從小就很謹慎，從不惹是生非。大臣們都很喜歡他。他7歲的時候，幾十位大臣保舉他做代王，薄姬就跟著兒子到代地去生活了。

代地跟其他皇子的封地相比算是偏遠地區，不過劉恒也因此躲過了呂氏的迫害；同時他那種不爭名逐利的態度也讓呂后沒有把他列入「黑名單」。

大臣們覺得劉恒可能沒有其他幾位皇子出眾，但是他寬厚仁慈，在當地的口碑也很好。很快，朝中大臣就派出使者去請劉恒回都城繼位。

不過劉恒心裡有些忐忑（**忐忑**），不知道這些大臣們葫蘆裡賣的什麼藥，就戰戰兢兢地帶著自己手下的文官和武將出發了。到了都城，劉恒看到丞相們都站在城門外迎接自己，覺得他們是真心擁立自己，稍稍鬆了一口氣，就加快速度來到他們面前。一見面，周勃就說：「代王，請借一步說話！」

「不知道您要說的是公事還是私事？」代王警惕地問道。

「是公事！」

劉恒說：「既然是公事，那就不需要借一步說話，公事就是天下人的事，理應讓大家都知道，您就在這裡說吧！」

周勃怔了一下，說道：「是這樣的，傳國玉璽（璽ㄒㄧˇ）在我這裡，我想讓你來保管它！」在場的人都知道這是讓劉恒繼承皇位。

劉恒心想，接受了這傳國玉璽，肯定會成為眾矢之的；不接受吧，以後肯定沒有機會再拿到了。思考了一下，他推託說：「您說的這件事不是小事，我才疏學淺，恐怕難當大任。您還是另選賢明吧！」大臣們一致說代王就是最合適的人選，最後劉恒謙虛地接過了玉璽，說道：「既然你們沒有找到更合適的人選，那我就暫時代為保管！等有了更合適的人，我就交給他！」

劉恒即位之後，宣佈大赦天下，全國百姓可以舉行宴會，慶祝5天。

1 選自《史記．孝文帝本紀》。

儉以養國①

劉恒雖然貴為天子，但是他在生活上卻非常節儉，從來不鋪張浪費，百姓紛紛效仿，整個國家形成了一股勤儉節約的良好風氣。

漢文帝在位的時候，有一年天上出現了兩次日食現象。那時候的人們都比較迷信，漢文帝趕緊召集群臣商議：「上天生養萬民，又選了皇帝作為自己的代表。如果君王缺乏仁義，做事不公平，上天就會用異常的天象來警告他。現在連續兩次出現這種現象，一定是我哪些地方沒有做好，上天在譴責我，你們趕緊回去想想，我做錯了什麼事情，請及時告訴我。」

沒過多久，漢文帝就下令各地官員整頓政務，一定要減少徭役，不要干擾老百姓正常的生產和生活。除了這些，他還減少了軍隊的開支，因為邊境上匈奴時時進犯，不能撤出邊防的守軍，所以他就撤銷了宮廷的衛隊。

文帝十分節儉，他在位的20多年裡，宮殿、行宮、車駕甚至衣服都沒有增加。只有一次，他忽然很想建一座露臺，就找來工匠們準備開工。動土之前，工匠們把建造露臺所需要的錢數告訴了文帝，文帝聽了皺了皺眉頭說：「算了吧，你們回去吧！這個露臺不能建，勞民傷財！」原來這座露臺的預算是一百兩黃金，相當於十戶中等平民的家產。

文帝從來不穿綾羅綢緞，總是穿粗布衣服。即使是他寵愛的妃子，也絕不允許穿著拖到地面的長裙。宮裡的帷帳上也沒有繡花的圖案。文帝用自己的行為告訴天下的百姓，提倡節儉是大漢的政策，皇帝都這樣做，你們還有什麼理由過奢侈的生活呢？

古時候，皇帝一即位就要考慮自己死之後的事情，其中最重要的就是修建陵墓，這個方面漢文帝也不能免俗。為了不因為死人的東西勞民傷財，漢文帝下令不要修建高大的陵墓，隨葬品也不許使用金銀銅等貴重的金屬，只允許使用瓦器和陶瓷。

除了節儉，漢文帝還信奉「以德服人」的治國之策。一次，南越王尉佗造反，自立為南越國武帝。漢文帝知道戰爭一旦開始，受苦的就是各地的老百姓，包括南越的少數民族，於是他決定用仁義來感化他們。漢文帝把尉佗的兄弟請到國都，並沒有因為尉佗造反懲罰他們，反而殷勤地招待他們，還賜給他們很多寶物。尉佗聽說這件事後，十分感動，就取消了帝號，表示願意服從漢文帝的領導。大臣中如果有人收受賄賂，漢文帝知道後也不會懲罰，還會拿出更多的錢來獎賞他，讓他自己內心愧疚，主動悔改。

漢文帝勤儉節約，用仁義教化百姓，無論做什麼都從百姓的利益出發。幾年之後，漢朝一掃秦末那種政治混亂，貧困落後局面，百姓都生活富足，有禮有節，中華民族又煥發出了勃勃生機。

1 選自《史記．孝文帝本紀》。

孝治天下①

除了儉以養國和仁義治天下，漢文帝還是一個非常孝順的人，《二十四孝》的故事裡他排名第二，僅次於舜帝。

俗話說「久病床前無孝子」，就是說一個人要是生病生得久了，連自己的兒子都不願意再伺候他了，不過漢文帝打破了這個說法，傳說漢文帝的母親薄姬曾生病三年，在薄姬生病的三年裡，漢文帝經常不睡覺，即使睡覺也不脫衣服，如此便能時時關注母親的病情，端水送藥。每一次母親吃藥的時候，他都會親自嘗一下之後再端給母親，確保湯藥不會太燙。

薄姬厭倦宮廷中的爭鬥，所以劉恒登上王位之後並沒有跟他一起來到都城。漢文帝三番五次地去請，薄姬也沒有同意。薄姬說：「我已經習慣了這裡純樸的民風，我覺得在這裡過得很自在，你就不要再費心了！」不僅如此，薄姬還把住在自己附近的百姓認作娘家人，這讓當地的百姓受寵若驚，更加尊敬薄太后。

可是漢文帝總是思念母親，母親又不願意跟隨自己進宮，他惆悵（**惆悵**〔ㄔㄡˊ ㄔㄤˋ〕）極了，最後下令在母親住的地方建起了一座高塔，想念母親的時候就看看遠處的這座高塔，就好像看見了母親一樣。

漢文帝不僅本人是一個孝子，對於其他孝順的人也非常欣賞。在臨淄有一個小姑娘叫做淳于緹縈（**緹縈**〔ㄊㄧˊ ㄧㄥˊ〕），他的父親就是大名鼎鼎的太倉公。太倉公原名叫做淳于意，是個醫生，是扁鵲之後最有名的大夫。

太倉公雖然醫術高明，但是並不是誰請他他都會去的。有一次一個大富翁的妻子生了病，請太倉公醫治。太倉公看不慣這些平時大搖大擺的富人，執意不從，後來商人的妻子就因病去世了。那個商人把這筆帳全都算在了太倉公的頭上，他去官府狀告淳于意見死不救，有違醫德。那個官員也曾經吃過淳于意的閉門羹，所以就重重地判了太倉公的罪，要處以「肉刑」②。不過，按照規定肉刑是要到都城去行刑的。

淳于意有5個女兒，沒有兒子。他離開家的那天，望著女兒們嘆了一口氣：「唉，可惜我沒有兒子，現在遇難，一個有用的也沒有。」

幾個女兒都低著頭直哭，只有最小的女兒緹縈氣憤地想：「為什麼女兒沒有用呢？」於是她抬起頭對父親說：「爹爹，我要陪你進京！」

緹縈一路上照顧父親的衣食住行，無微不至。到了都城之後，她寫了一封信，交給了宮門口的守衛，請求他交給皇帝。

漢文帝接到書信後，聽說是個小姑娘寫的，就饒有興趣地打開閱讀。讀完了之後，他對這個小姑娘心生敬意。原來信上寫著：「我叫緹縈，是淳于意的小女兒。我父親犯了罪，被判處肉刑。我不僅僅為父親難過，也為所有受肉刑的人傷心。一個人被砍去腳就成了殘疾人；割去了鼻子就再也安不上了。就算是想改過自新，也沒有辦法了。我願意到官府做奴婢替父親贖罪，希望以此換一個讓他改過自新的機會。」

漢文帝看了信，覺得緹縈的話非常有道理，就對大臣說：「犯了罪的確應該受罰，可是受了罰，也該給他重新做人的機會才是。你們商量一個代替肉刑的辦法吧！」

大臣們商議的結果就是把肉刑改為打板子，原來判砍去腳的，打五百板子；割鼻子的打三百板子。就這樣，緹縈救了她的父親。

漢文帝還把緹縈救父的事情在全國宣傳，號召全國的百姓學習緹縈的孝道。在漢文帝的提倡下，漢朝的百姓都開始以孝順父母為榮。

1 選自《史記．孝文帝本紀》、《史記．扁鵲太倉公列傳》。

2 肉刑：當時的肉刑有臉上刺字，割去鼻子，砍去左足或右足等。

景帝削藩①

漢景帝登基後，延續了文帝治國的方針，與父親一起開創了「文景之治」的局面，又為兒子劉徹的「漢武盛世」打下了基礎。

漢景帝劉啟是漢文帝的第四個兒子，因為前邊的三個哥哥都夭折了，所以劉啟順理成章地登上了皇帝的寶座。

但是登基典禮上，卻出現了一個讓劉啟很不滿意的現象。在大殿之上，離他最近的一排人都沒有向他下跪。是誰這麼膽大妄為呢？原來他們都是劉啟的同姓長輩，按照祖制是不需要向他這個小輩的皇帝下跪的，這讓劉啟覺得很沒面子。登基典禮後的宴會上，這幾個老資格的王爺甚至開起了劉啟的玩笑，叫他小孫子。劉啟表面上不動聲色，但是內心已經有了「削藩」②的念頭。

一天，劉啟偶然看到了一篇策論③，題目很直接——《論削藩》。他決定見見這篇文章的作者晁（ㄓㄠˊ）錯，看看他對削藩有什麼高見。在未央宮的前殿，晁錯和漢景帝坐在同一張席子上促膝而談。外人看來，他們根本不像是君臣在討論國家大事，更像是兩個久未謀面的好朋友在暢談心事。不知不覺中，東方已經泛白，晁錯這才想起皇帝還要早朝，他趕緊跪下來向皇帝道歉，並恭送皇帝去休息。但是景帝扶起了他，說：「一會兒早朝，你和我一起去，我要立刻封你做大官。」不過，劉啟密令晁錯不得在外議論削藩的事情，因為憑自己的實力現在還不足以與那些諸侯王抗衡。

儘管皇帝和晁錯都很小心謹慎，但是晁錯鼓動皇帝削藩的事情還是走漏了風聲。於是那些諸侯王打著「殺晁錯，清君側」的名號起兵造反了，帶頭的是一個叫做劉濞（濞ㄆㄧˋ）的王爺。

劉濞與漢景帝在很久之前就已經結下了仇怨，當年劉濞的兒子在長安和劉啟是很好的朋友，兩個少年經常一起玩耍。可是有一天他們下棋的時候，劉啟因為屢次輸棋，惱羞成怒，拿起棋盤就砸在了劉濞兒子的頭上。沒想到這一下用力過猛，劉濞的兒子當場就死了。劉啟的父親漢文帝派人把屍體送到了劉濞的封地，下令厚葬。但是劉濞憤怒地說：「死於長安，為什麼不葬於長安？」他又派人把屍體送回了長安，漢文帝無奈地把他的兒子葬在了長安。

這些舊愁新恨交織在一起，劉濞感到自己再也無法忍受了，所以他一聽到漢景帝要削藩的傳聞馬上揭竿而起，籠絡了其他6個諸侯王殺進了長安。歷史上把這件事情叫做「七國之亂」。他們逼著皇帝處死晁錯，否則就不退兵。晁錯為了皇帝的大業，要求劉啟殺了他來平定這次戰亂。皇帝無奈，只得處死了晁錯，但是7個諸侯王並沒有退兵。他們的目的已經不是殺了晁錯這麼簡單了，他們想要把整個大漢瓜分，讓漢朝成為由諸侯國組成的國家。

漢景帝這下真的生氣了，他派出舅舅竇（竇ㄉㄡˋ）嬰做大將軍，又讓周亞夫做太尉，同時還調集了各地的部隊來增援。此外漢景帝還冷靜地下了一個命令，讓那些沒有參加叛軍的諸侯王帶兵救駕。這就逼迫那些還在觀望中的諸侯必須明確表態，到底站在哪一邊。

不久，漢景帝就看清了形勢，原來叛軍也只有30多萬，還分屬於7個王，他很快想出了解決的辦法。3年下來，30萬叛軍被劉啟各個擊破，大漢又恢復了以往安樂祥和的景象。

1 選自《史記．孝景本紀》。

2 削藩：削減諸侯封地和權力的措施。

3 策論：指議論當前政治問題、向朝廷獻策的文章。

一代霸主漢武帝

武帝爪牙①

漢武帝好大喜功，最受不了別人的批評，為此他專門找了一些人維護自己的統治，這就是「酷吏」，他們為了皇上什麼事都做得出來。其中的代表人物就是張湯，他一手製造了很多冤案，不過最終他也含冤而死。

張湯從小就是一個嚴苛的人，他的父親是一個縣令，有一次父親外出辦事留下張湯看家。父親回來後，發現家裡的肉被老鼠偷吃了，就用鞭子抽打張湯。張湯忍著劇痛，挖開了老鼠洞，不僅抓住了偷肉吃的老鼠，還找到了「證據」——吃剩下的肉。

張湯馬上就設置了一個公堂開始審問老鼠，控告老鼠的罪狀，還反覆地鞭打拷問，一邊審問一邊記錄。寫完記錄後，他把判決的結果拿給父親看，還把老鼠和剩下的肉都拿出來作為證據，然後將老鼠當場分屍處死。父親看到他認真的樣子，心裡直笑，但是還是煞有介事地拿起判決報告看了一眼。

「這份報告可真像樣啊！」父親心裡暗暗讚嘆。原來張湯所寫的報告條理清晰，一條一條，條條在理，就像一個老練的法官所寫出來的。於是父親就讓他學習刑法文書，研讀法律。父親死後，張湯繼承了父親的縣令之位。

後來張湯得到舉薦，成為內史。在審理陳皇后巫蠱（ㄍㄨˇ）案②的時候，張湯深入調查，瞭解了內情。漢武帝覺得張湯很能幹，就提拔他做了大官。

張湯還是一個很會做人的人，上報的事情如果受到皇上的批評，他就自己承擔下來，說：「我的手下跟我說的和皇上您的想法一樣，可是我沒有聽，我真是愚蠢啊！」如果皇上誇獎了他，他就說：「都是手下人辦的，我什麼都不知道！」然後再向皇上舉薦官吏，稱讚他們的好處，隱藏他們的缺點。這樣不僅漢武帝重用他，手下的官員也很敬重他。

張湯很善於察言觀色，如果是皇上想要嚴查的案子，他就派嚴厲的官員去調查；如果皇上想要寬恕這個人，他就派性格溫和的官員去調查。

有一次，山東發生了旱災，百姓流離失所，只能依靠國家過活，國庫一下子就空了不少。張湯順著皇上的意思大力打擊各地富豪，巧妙地利用法律條文誣陷他們，兼併他們的財產。每次上朝的時候，皇上和張湯都會進行很長時間的對話，皇上常常因此忘了吃飯。張湯生病的時候，漢武帝都會親自去探望。

後來發展到基本上天下的大事都由張湯一個人來做決定，於是他想向著更高的位置進發，那就是一人之下萬人之上的丞相之位。

有一次，漢文帝的陵墓被盜，漢武帝知道之後大為憤怒。於是丞相就拉著張湯一起來謝罪，來的時候說得好好的，兩人一起承擔罪責。可是走到皇帝面前，丞相向漢武帝謝罪之後，張湯就反悔了，還搬出了法律要治丞相之罪。丞相被革職之後，丞相手下的三個人記恨張湯，最後他們不僅設計陷害了張湯，還找出以前張湯辦案時陷害別人的證據，兩條罪名加在一起，張湯被處以死刑。

張湯死時，家產一共不超過五百金，都來自俸祿和皇上的賞賜，沒有其他的產業，張湯出殯時只用牛車拉著棺材就埋了。漢武帝聽說後，很後悔，覺得事情還有疑點，不該那麼草率，就派人徹查張湯的案件，真相水落石出後，丞相的三個手下都被殺死，丞相也自殺了。

但是酷吏制度發展到後來，完全改變了漢武帝的初衷。最開始的時候，漢武帝只是想找一批嚴酷的人來捍衛法律，讓大家不敢犯罪。但是到了後期，酷吏變得有些失控，他們執法殘酷無情，常常用非常殘忍的方式來獲取證據。張湯有一個好朋友叫趙禹，也是一名酷吏。他年輕的時候，所有的人都說他善於耍陰謀，對待犯人十分嚴酷。但是等到他老了的時候，年輕酷吏的行為已經發展到令人髮指的地步，他反而被人們稱讚是一個平和的人。

1 選自《史記．酷吏列傳》。

2 巫蠱案：巫蠱，是指「詛咒之術」，具體包括詛咒、刺偶人等，用以加害仇敵。「巫蠱」是宮廷大忌。陳皇后巫蠱案是說漢武帝的原配皇后陳阿嬌因為嫉妒衛子夫懷孕，在宮內設下巫蠱詛咒衛子夫流產這一事件。

武帝封禪①

漢武帝得到了一頭獨角獸，眾人都說這是「祥瑞之兆」，漢武帝聽後很興奮，決定去泰山封禪祭祀天地，但是沒有人知道去泰山封禪的禮儀是什麼，漢武帝還能成行嗎？

漢武帝在雍縣（今陝西鳳翔縣）進行郊祀②的時候，捕獲了一頭獨角獸。儒家認為天下太平的時候就會出現祥瑞之物，於是官吏們都恭恭敬敬地對漢武帝說：「陛下如此隆重地舉行郊祀，感動了上天，所以賜給您神獸。」武帝聽了甚是高興。

第二年夏天，一位巫師得到了一個很奇特的鼎，上邊只有花紋，沒有任何文字。公卿大夫都認為這是一只寶鼎，應該是來自三皇五帝時期，只有遇到聖主才會出現。剛好這時候又有人在一部簡冊中發現了這樣的說法：寶鼎出現就能與神仙相通，應該舉行封禪大典。漢武帝一向相信鬼神之說，聽到自己能夠與神仙相通，頓時覺得很興奮：「好好好，你們快去準備，我要去泰山舉行封禪大典。」自古以來，只有72個王舉行過封禪大典，其中只有黃帝和秦始皇去過泰山封禪，漢武帝對自己能夠與黃帝相提並論感到非常滿意。

可是現在的問題是，距離黃帝舉行封禪大典的時間已經有好幾千年了，封禪的禮制早已失傳，沒有人知道具體該怎麼做。儒生們主張參考《尚書》和《周禮》等古籍中記載的儀式，漢武帝就讓他們演練一遍給他看。儒生們手捧著書本，完全照著書中記載的來演，一點都沒有改變。漢武帝惱怒地說：「我要的是黃帝封禪的儀式，你們演的是什麼？」然而，儒生們一旦離開書本，他們就手足無措了。武帝被激怒了，趕跑了這些儒生。

最終漢武帝還是帶著親信去泰山了，至於到底怎麼封禪的，沒有人知道。不過有人說，封禪的時候，曾經有白雲從祭壇中飄起；當天晚上，天空中似乎有亮光出現。

在泰山舉行完封禪大典之後，漢武帝似乎對祭祀天地上了癮。在隨後的12年間，他去祭祀天地的足跡已經踏遍了五嶽③四瀆④。

除了封禪，他還不斷地派出方士去尋仙。有個叫欒（欒ㄌㄨㄢˊ）大的人說能夠找到神仙，但是一定要讓神仙使者的地位尊貴，使者只有佩戴了各種印信才能與神仙通話。一個月後，欒大得到了四枚金印，分別是天士將軍、地士將軍、大通將軍和天道將軍的印章。武帝還賜給他豪宅和僕人，並把女兒嫁給了他。

武帝經常親自登門拜訪他，皇親國戚和文武大臣也都敬他三分。武帝覺得這還不夠，於是又刻了一枚「天道將軍」的印章給他。

從這以後，欒大就經常在夜間躲在家裡祭祀，求神仙下凡。但是神仙始終沒來一個，於是他就打點行裝，去海上尋找他的神仙老師。漢武帝多次被方士所騙，這次多了個心眼，派人暗中跟著他。欒大果然沒有去海上，而是到了泰山，回來後他卻對漢武帝說見到了神仙。漢武帝龍顏大怒，下令斬了欒大。但是漢武帝沒有放棄，他說：「我要堅持尋找，不放棄，希望能夠感動神仙，我真想看看神仙到底長什麼樣子啊！」

1 選自《史記．孝武本紀》。

2 郊祀：古代帝王在郊外祭祀天地，南郊祭天，北郊祭地。

3 五嶽：是五大名山的總稱。在我國一般指北嶽恆山、西嶽華山、中嶽嵩山、東嶽泰山和南嶽衡山。

4 四瀆：我國古代對四條獨流入海的大河的稱呼，即「江、河、淮、濟」（長江、黃河、淮河、濟水）。首見於《爾雅．釋水》。

運籌帷幄的文臣們

大漢第一功臣蕭何①

蕭何是「漢初三傑」②之一，被劉邦稱為「大漢第一功臣」，為什麼那些征戰沙場戰功累累的將軍們的功勞還不如一個常年坐在營帳裡的人呢？

蕭何和劉邦是老鄉，都是沛縣人。蕭何、曹參和劉邦本來是很好的朋友，劉邦還是一個平頭百姓的時候，已經是小官的蕭何就總是在他危難的時候幫助他、保護他。後來劉邦作為亭長押送農民去修建陵墓的時候，縣吏們每個人都給了他三個大錢，只有蕭何給了他五個大錢。

劉邦建立漢朝之後，論功行賞，所有的大臣都你一言我一語地標榜自己的功勞大。這時候劉邦輕輕地咳了一聲，說道：「如果要我來說，功勞最大的就是蕭何了！」

「怎麼會是蕭何呢？」大家都很不服氣。

「各位還記得當時我們剛進入關中的時候，所有的將士都衝到了城裡去搶奪金銀財寶，只有蕭何沒去嗎？他是去找那些原本屬於秦朝的地圖和戶籍檔案了！後來我們與項羽打仗的時候，多虧了那些地圖，我們才能快速地瞭解地形和附近的交通要道，這樣才取得了最後的勝利啊！」眾將士憤憤不平地說：「我們不服，我們要用軍功來論功行賞！」劉邦看了看這些跟著他出生入死的兄弟們，雖然心裡很不情願，不過還是答應了他們。

最後結果揭曉，曹參身上有70處創傷，攻城奪地，功勞最大，理所應當位居第一。劉邦的臉色非常不好看，因為他覺得蕭何才是第一功臣。這時候一個大臣看出了劉邦的心思，站出來說：「按照功勞來說，曹參雖然參加了很多次戰鬥，但是這些都是一時的事情。而陛下與項羽對峙了五年，這五年中，經常會有戰敗喪失軍隊，士兵逃散的情況發生。而蕭何總是能夠及時地找到足夠的兵馬和糧草，這種事情發生了好多次，這才是萬世不朽的功勞。漢朝即使少了曹參這樣的人，也不會有什麼大的損失；但是如果沒有蕭何，後果就不堪設想了！」

劉邦聽了非常高興地說：「就是，非常有道理！那就把蕭何作為『大漢第一功臣』，各位沒有意見吧？」皇帝都已經把話說出來了，大臣們還能說什麼呢，只能紛紛表示同意，曹參和蕭何從那個時候起就結下樑子了，劉邦還多給了蕭何兩千戶的封邑，這是為了報答當年蕭何多給他兩個大錢的恩情。

其實蕭何還有一個很大的功勞劉邦沒有提到，那就是他為劉邦追回了韓信。

韓信是一個很有才華的人，但是投奔劉邦之後一直沒有得到重用，心裡很鬱悶。剛好那時候劉邦大敗，很多士兵都逃跑了，於是韓信也趁著夜色離開了。蕭何知道韓信的本事，發現他不見了，招呼也來不及打，就騎著馬追了出去。追了很遠，才把韓信追了回來，還許諾一定會封他為大將軍。

天亮了，蕭何才回到大營，遠遠地就看到劉邦站在營帳前張望。看到蕭何走近之後，劉邦一甩袖子進去了。蕭何莫名其妙，忙走進去問發生了什麼事。劉邦生氣地說：「你不是也逃走了嗎？為什麼又回來了？」

蕭何解釋道：「大王您誤會了！我是去追一個士兵！」

劉邦不相信地說：「別撒謊了，那麼多將軍你不追，追個士兵？」

蕭何說：「這個士兵不是一般人，您要成就大事，一定要重用他！」

劉邦說：「那把他叫過來，我封他個將軍！」

蕭何建議道：「大王，將軍這個官職對他來說未免太小了！您得封他為大將軍，還得挑選一個黃道吉日，齋戒沐浴之後在全軍面前親自把大將軍的印章交給他！」

劉邦很信任蕭何，就按照他說的做了。事實證明，這是一個絕對正確的選擇，韓信在帶兵打仗方面簡直就是一個天才，他為漢朝的建立立下了汗馬功勞。

劉邦死後，蕭何也病了。繼位的漢惠帝親自來探望他，並詢問他誰能接替他的位置。「最好的人選……就是……就是……曹參了！」蕭何吃力地說出了那個跟他鬥了大半輩子的人的名字，因為他知道漢朝的命運比自己的私人恩怨要重要得多。不過蕭何私下裡並沒有與曹參和解，曹參去探病的時候，他選擇了閉門不見。

「大漢第一功臣」就是這樣一個公私分明的人，臨死之前推薦了自己的仇人，卻至死都沒有原諒他。

1 選自《史記．蕭相國世家》。

2 漢初三傑：張良、蕭何、韓信。源自劉邦論得天下時所作的評價：「運籌帷幄之中，決勝千里之外，吾不如張良；鎮守國家，安撫百姓，不斷供給軍糧，吾不如蕭何；率百萬之眾，戰必勝，攻必取，吾不如韓信。三位皆人傑。」

第二功臣曹參①

曹參是蕭何指定的接班人，但是他上任之後卻整天吃喝玩樂，不理政事，這位丞相到底怎麼了？

曹參和劉邦、蕭何是老鄉，他跟著高祖四處征戰，立下了顯赫的戰功。

蕭何死後，曹參很順利地接過了蕭何的相位。蕭何手下的人也並沒有因為曹參是蕭何的宿敵而不服從他的領導，原來蕭何臨死之前已經明確地告訴了自己的手下，要他們像服從自己一樣服從曹參。

曹參做了丞相之後，只做了一件事，那就是從各地挑選了一些不善言辭、質樸穩重的人來做官，罷免了一批只會舞文弄字，熱衷名利的官員。

做完這件事情之後，曹參開始了整天飲酒作樂的生活。大臣和門客們看到曹參這樣墮落，都上門去勸他。可是這些人一來，曹參馬上就拿出美酒和他們一起喝，喝完酒之後，如果看到來勸諫的人想要說什麼，他馬上就拿出另一杯酒給那個人喝，直到這個人醉到再也說不出話為止。

有一段時間，相府後院中一些奴僕總是在房間裡大呼小叫，喝酒唱歌。曹參手下的一些官員非常討厭這個行為，就故意邀請曹參到後院去遊玩，希望曹參能管管這些人。但是曹參見了，不但沒有生氣，還叫人拿來好酒，和這些僕人一起高聲唱和。久而久之，大家對曹參的行為也習以為常了，因為國家並沒有出現動亂，所以他們就不再來進諫了。

但是漢惠帝知道曹參不理政事之後，覺得是相國看不起自己這個年輕的皇帝才這樣的。於是就對曹參的兒子曹窋（窋ㄓㄨˊ）說：「你回家去試探性地問問你的父親：『漢高祖剛剛去世，新皇帝很年輕，您作為丞相為什麼卻整天只顧喝酒作樂，不問國家政事？』但是千萬別讓你父親知道是我要問的。」

曹窋閒暇時陪著父親聊天，不禁想起了皇帝的囑託，就把惠帝的意思變成自己的話詢問曹參。曹參聽了非常生氣，打了曹窋兩百大板，還警告他說：「你的職責就是在宮裡侍奉皇上，你還沒有資格討論國家大事。」

漢惠帝知道這件事之後，生氣了，就親自到相府去責問曹參。他一到相府，就看到曹參正坐在池塘邊悠閒地釣魚呢！他更生氣了，語帶諷刺地說：「相國真是有雅興啊！」

曹參笑著說：「哦，原來是陛下，我們一起來釣魚怎麼樣？這可是件修身養性的事情啊！」看到漢惠帝的臉色很難看，曹參笑著說道：「我知道陛下是為什麼事情來的，我正好也有幾個問題要問問您。陛下，您和高祖誰更英明神武？」

漢惠帝說：「我怎麼能跟高祖相比！」

曹參又問：「那您覺得我和蕭何誰能幹？」

漢惠帝說：「我覺得您好像比不上蕭何！」

曹參接著說：「您說得很對。高祖和蕭何平定了天下，制定了明確的法令，現在我們只要認真遵守先人留下的規定，不隨便更改就行了啊！」漢惠帝這才明白曹參的意思，說：「好的，我知道了。」說完君臣二人高高興興地一起釣起魚來。

曹參共做了三年丞相，這三年中，他嚴格遵循蕭何制定的法令，把國家治理得安定繁榮，自已也得到了百姓的愛戴②。

1 選自《史記·曹相國世家》。

2 成語「蕭規曹隨」的出處。意思是蕭何創立了規章制度，死後，曹參做了宰相，仍照著實行。比喻後一輩的人完全按照前一輩的方式進行工作。

張良偶得兵書①

如果有人走到你面前，故意把鞋甩在一邊，然後叫你去撿回來，你會去做嗎？張良就遇到了這樣一件事，他是怎麼做的呢？

我們都知道荊軻刺秦王的故事，其實還有一個人也曾經派人刺殺過秦王，這個人就是張良。

他原本是韓國人，韓國滅亡後，他一直在尋找勇士刺殺秦始皇。

張良在淮陽（今河南周口市）學習禮儀時遇到了一個大力士，他邀請這個大力士一起刺殺秦始皇。他們製造了一個重達*120*斤的大鐵錘，趁著秦始皇到東方巡遊的時候進行刺殺行動。但是大錘只砸中了秦始皇坐的車，並沒有傷害到秦始皇。秦始皇非常憤怒，下令在全國搜捕刺客。張良為了避難，只好隱姓埋名，到下邳（**邳**ㄆㄟˊ）（今江蘇邳州市）躲藏起來。

在這裡，張良又遇見了一件怪事，這件怪事改變了他一生的命運。一次，張良到下邳橋附近散步，遇到了一個穿著粗布衣裳的老人，這個老人走到張良面前，看了他一眼，故意把鞋甩到了橋下，然後傲慢地對他說：「小子，下去把鞋給我撿上來！」

張良雖然覺得這個老人非常無禮，但是看到他年紀非常大，所以很不情願地下去幫老人把鞋撿了回來。老人又伸著腳說：「給我穿上！」張良更生氣了，但是轉念一想，既然都已經撿上來了，就好人做到底給他穿上好了。於是他跪在地上為老人穿上鞋。老人笑著離開了，不一會兒，他又轉身回來了，拍著張良的肩膀說：「你這個年輕人還可以教導教導。五天後天剛亮的時候，你在這裡等我吧！」張良覺得這個老人不是一般人，就答應了。

五天後，天剛亮張良就來到了下邳橋，可是老人已經等在那裡了：「你這個年輕人怎麼能比我這個老頭子還晚呢？五天後再來吧。」五天之後，張良特意早起了一會兒，但是還是比老人來得晚了。老人說：「你下次還得早點兒啊！五天後再來吧！」

這次張良不到半夜就來到下邳橋等著，不久老人也來了，他高興地說：「你這樣做就對了！」說著從懷裡掏出一本書，「你讀了這本書，就有能力做帝王的老師了。十年之後你就可以顯赫起來。」從那以後，張良再也沒有見過那位老人，而他得到的那本書就是《太公兵法》。張良覺得這本書非常珍貴，便發憤研讀。

後來張良用《太公兵法》裡邊的計策幫助劉邦得到了天下，雖然他沒有立過戰功，但是漢高祖評價張良是一個「運籌帷幄之中，決勝千里之外」的人才，也就是說張良只要在營帳裡邊出謀劃策就可以決定千里之外的勝負。論功行賞時，劉邦讓張良從齊國選擇三萬戶作為封邑，但是他只接受了留縣（今江蘇沛縣境內，已被湖水淹沒）作為自己的封地。

劉邦成為皇帝後，張良經常稱自己體弱多病不上朝，漸漸地退出了權力集團。這也讓他在劉邦誅殺功臣的腥風血雨中躲過一劫，得以安享天年。

1 選自《史記．留侯世家》。

妙計安天下的陳平①

陳平是一個非常聰明的人，善於謀略，但是與張良那些光明正大的策略相比，他的計謀大都是一些陰謀詭計，所以後世對他的評價不如張良；但是在建立漢朝和維護漢朝穩固上，他的功勞也是不可忽視的。

陳平是個讀書人，但是家裡很貧窮，所以他長大之後仍與哥哥生活在一起。他整天只知道看書，不去幹活，嫂子非常不滿意，就在哥哥面前說：「你那個弟弟啊，整天什麼都不幹，憑什麼讓我們養著他？」哥哥聽了嫂子的話很生氣，說：「你個婦道人家知道什麼？就知道搬弄是非！」不久哥哥就把她休了。

後來哥哥又娶了一個妻子，這個嫂子長得很漂亮，比陳平還小，陳平總是對她眉目傳情，同村的人都很看不起陳平，覺得他就是一個浪蕩的小流氓。到了他可以娶妻生子的時候，沒有人願意把自己的女兒嫁給他。

後來村裡來了一個叫做張負的富翁，他的孫女嫁了五次，丈夫都死了，再沒人敢娶她了。陳平不怕，很想娶她。一次偶然的機會，張負見到了陳平，覺得他一表人才，談吐不凡，然後又去陳平家門口看了一下，發現他家裡雖然很窮，但是門口都是貴人的車輛留下的車印，就決定把孫女嫁給他。張負還告誡自己的孫女：「不要因為陳平家裡窮，就看不起他的家人，一定要好好伺候陳平的兄長和嫂子。」陳平娶妻之後，經濟變得寬裕，交遊更廣泛了。

陳平還有個很突出的優點，就是做事公平。有一次，陳平的村子裡祭祀土地神，儀式完畢後，人們要把祭祀用過的肉分割。陳平主持分肉，分得特別均勻，鄉親們沒有一個不滿意的。陳平感慨地說：「唉，如果讓我來治理天下的話，我也能像分肉一樣公平啊！」

同族的陳涉起義之後，陳平投奔了最近的魏王，後來又輾轉到了劉邦的身邊。陳平是個天下少有的聰明人，劉邦對他非常器重，他雖然是給蕭何和曹參做副手，但是他可以參與很多重大事情的決策。

劉邦和項羽對峙的時候，劉邦曾經提出議和，項羽沒有同意。不久後，劉邦知道是范增一直在阻撓議和的事情，就讓陳平想個計策說服項羽。

陳平給劉邦分析道：「楚國雖然兵力很強大，將軍也很多，但是深得項羽器重的人屈指可數，其中最難對付的就是范增。他號稱『亞父』，是一個天下奇人，智謀精深，我們這邊沒有人能夠和他相比。要想徹底戰勝項羽，必須要把范增從項羽身邊除去。我有個辦法，不過需要四萬斤黃金。」

雖然早就聽說陳平是個貪心的人，但是劉邦還是毫不猶豫地拿出了這些金子，但這一次，陳平真的沒有貪污一分錢。

他用這四萬斤黃金買通了項羽手下的一些將軍，讓他們在楚軍中散佈謠言：「在項王的部下裡，范亞父和將軍鍾離昧的功勞最大。他們已經和漢王約定好了，要共同消滅項羽。」這話傳到項羽的耳朵裡，使他起了疑心，漸漸疏遠了鍾離昧。

計謀的第一步完成後，陳平開始對范增下手了。

一天，項羽派使者到劉邦那裡，陳平拿出十分精緻的餐具和食物招待使者。使者剛一進屋，就被請到最尊貴的座位，閒談中，陳平一再問起范增的近況，不斷稱讚范增，並附耳低聲問：「亞父有什麼吩咐？」

使者不解地問：「我們是項王派來的，不是亞父派來的。」使者心裡犯嘀咕：「莫非亞父偷偷派過使者？」

陳平呢，一聽這話故意吃驚地說：「我還以為是亞父派來的人呢！來人哪，把這些東西拿下去！」然後叫幾名小卒把使者領到一間簡陋的房間，改用粗茶淡飯招待。陳平還滿臉不高興地拂袖而去，使者氣得飯也沒吃就回到楚營。

項羽聽到使者的彙報，就不願意再和范增討論國事了。過了幾天，范增也聽說了那些說他私通漢王的謠言，而且明顯感到項羽不再信任自己了，於是他就賭氣說：「天下大事已基本定了，大王自己好自為之吧。我年紀大了，身體也不好，請您准我回家養老吧！」項羽巴不得他快點走，想都沒想就同意了。項羽手下唯一的一個謀臣，竟被陳平略施小計就除掉了。

漢朝建立後，陳平巴結呂后，當上了丞相，後來又和周勃一起驅逐呂氏家族，為恢復漢室立下了大功。人們都說他善於見風使舵，不過司馬遷對他的評價很高，說他善於保護自己，安定漢室，並且保持了終生的名望，被稱為賢相，是善始善終的典型。

1 選自《史記．陳丞相世家》。

狂生酈食其①

劉邦非常不喜歡儒生，經常侮辱他們，但是有一個儒生卻「明知山有虎，偏向虎山行」，他就是「高陽酒徒」酈食其（**酈**ㄌㄧˋ**食**ㄧˋ**其**ㄐㄧ）。

酈食其是陳留縣（今河南開封）高陽鄉人，他有兩個愛好，一個是讀書，另一個就是喝酒。不過這兩個愛好都沒有給他帶來財富，他年紀很大時才做了一個看門的小官。雖然不得志，但是他非常狂傲，縣裡面沒有人敢指使他幹活，大家都叫他「狂生」，他自稱「高陽酒徒」。

陳涉起義之後，幾十個起義將領來過他的家鄉，他都沒理這些人，因為他覺得這些人都是斤斤計較、注重煩瑣細節、剛愎自用的小人，直到有一天他聽說沛公劉邦來了。

不知道為什麼，他一直覺得這個看不起儒生的沛公是一個能做大事的人。於是酈食其找到在劉邦手下的自己的同鄉，希望他能夠把自己引薦給劉邦。他對這位老鄉說：「我聽說沛公看不起人，但志向遠大，是我真正想要追隨的人，希望你能替我介紹一下。你見到沛公，就這樣對他說：『我的家鄉有個叫酈食其的人，六十多歲了，身高八尺，人們都稱他是狂生，但是他自己說並非狂生。』」

同鄉一聽，馬上勸他說：「你最好還是不要去吧！沛公十分討厭儒生。有人戴著儒生的帽子去見他，他就會把他們的帽子摘下來在裡邊撒尿，他還對儒生動不動就破口大罵。」

酈食其說：「其他的你不要管，你只要照著我的話去說就行了。」

果然，很快劉邦就召見酈食其。酈食其來到沛公府中，看到沛公正叉著腿坐在床邊，兩個侍女正在為他洗腳，還十分傲慢地打量著酈食其。酈食其「狂生」的名字也不是隨便說說的，他一看沛公這麼傲慢，拱了拱手就算是打過招呼了，然後問：「不知道你是想幫助秦朝攻打諸侯呢，還是想率領諸侯滅掉秦朝？」

沛公罵道：「就知道你們這幫儒生一點用都沒有！諸侯起兵反抗不就是因為天下的人受秦朝的苦已經很久了嗎？你怎麼能說幫助秦朝攻打諸侯呢？」

酈食其又說：「如果您下定決心帶領大家推翻暴虐無道的秦王朝，那就不應該用這種傲慢的態度接見前來投奔你的人啊！」沛公是個吃硬不吃軟的人，一聽酈食其這句話，趕忙停止了洗腳，起身把酈食其請到了上賓的座位，並且向他道歉。

酈食其與沛公坐在一起，談了六國合縱連橫所用的謀略。沛公很高興，命人端上飯來，一邊和酈食其喝酒一邊繼續問道：「那您看我們該用什麼計策呢？」

酈食其說道：「您現在雖然有了一些聲勢，但是軍隊卻是由一些散兵組成的，一共也不到一萬人。如果只靠他們和強秦對抗，簡直是羊入虎口啊！陳留縣是一個四通八達的地方，是天下往來的要道；而且這個縣很富裕，有很多存糧。您要是能把陳留據為己有，那對您可是大有好處啊！我跟陳留縣令有一些交情，我願意為您去勸說他投降。他要是不聽從，您再發兵攻城，我在城內還可以做個內應。」沛公覺得很有道理，就派酈食其去陳留，自己帶兵緊隨其後。

酈食其連夜找到陳留縣令，可是縣令不聽他的話。酈食其殺了這個不識時務的縣令，帶了他的頭回來交給沛公。第二天劉邦帶兵攻城，把縣令的頭高高掛起來示威說：「你們縣令的頭已經被我斬下了，你們還不投降？」陳留縣的人很害怕，就都投降了。

沛公就這樣攻取了陳留，他很欣賞酈食其的才能，就封他為廣野君。

1 選自《史記．酈食其陸賈列傳》。

絳侯周勃①

沛縣真是人才輩出的一個地方，丞相周勃也是劉邦的老鄉，不過他是個不喜歡讀書的「大老粗」，肚子裡沒有一點墨水，這個缺點差點害死他。

周勃（勃ㄅㄛˊ）是劉邦的老鄉，小的時候家裡很貧窮，沒讀過什麼書，所以只好在家裡做些編薄曲的活兒來養活自己。薄曲就是用竹子或者蘆葦編成的養蠶器具。但是做這個東西賺不了幾個錢，他只好做些兼職，就是誰家有喪事了，他就跑去幫人家演奏哀樂。如果沒有劉邦，恐怕周勃一輩子也就是這樣度過了。

不過，周勃遇到劉邦之後，一切都改變了。劉邦起兵之後，他毫不猶豫地追隨劉邦而去。不過周勃資質平庸，在劉邦那些星星般閃耀的文臣武將之中，本來是沒有他的位置的。他沒有張良的韜略，也沒有陳平一肚子的壞主意，更沒有蕭何籌備軍餉的能力，但是他有一股子力氣和無所畏懼的勇氣。別人拉不開的強弓他能拉滿，別人攀不上的城牆他一下就能上去。他總是衝在最前面，撤在最後面，最苦最累的、沒有人願意去打的仗他總會挺身而出。

依靠著這些，周勃也成了劉邦的左膀右臂。平定天下之後，他被封為絳侯，封邑八千多戶。

劉邦這個人雖然善於用人，但是猜忌心很重，很多追隨他的人都沒有得到善終，像韓信、英布等都被他逼得造反然後被殺，而周勃卻因為他的憨厚得到了劉邦無條件的信任。劉邦臨死之前，還把周勃定為託孤重臣，於是漢惠帝六年（前189年），周勃被任命為太尉。

周勃成為太尉之後還是不善言談，不喜歡研究學問。每次有儒生來見他，他都會皺著眉頭看著他們拜來拜去，心裡很厭煩，最後他下令說：「再到太尉府彙報事情的時候，直接說事情，不要有任何寒暄。」

劉邦死後，呂氏家族掌權，但是周勃想到自己是先帝的託孤重臣，不能看著漢朝就這樣被呂氏篡奪了，就和陳平聯合討伐呂氏家族，大漢重新回到劉氏子孫的手中。

漢文帝劉恒繼位之後，因為周、陳兩個人的功勞最大，所以分別被封為右丞相和左丞相，按照漢朝的規矩，周勃這個右丞相的官稍稍大那麼一點點。周勃生性憨厚，對這個官位大小沒有特別多的想法，不過陳平卻有想法，他認為自己比周勃有能力。

一天，漢文帝召集他倆來商議國事，他先問周勃：「一年中天下要判決多少案子？」

老實的周勃回答：「臣不知。」

漢文帝又問：「一年中天下錢穀出入多少呢？」周勃被問得張口結舌，汗流浹（**浹** ㄐㄧㄚˊ）背②，說不出話來。而陳平則侃侃而談，這讓周勃覺得自己比起陳平來實在太差勁了。

過了幾天，有人勸告周勃：「您滅掉了呂氏家族，擁立代王，現在已經處於極為尊貴的位置，但是伴君如伴虎，如果您不及時退出，恐怕會遭到禍患。」周勃又聯想到前幾天發生的事情，覺得自己真的不該再在朝中待下去了，便向漢文帝辭職。

他告老還鄉之後還是被人誣告有反叛之心，漢文帝把他關了起來。周勃想要辯解，但是越急越不知道怎麼說，最後一句話都說不出來。看守他的獄卒經常侮辱他，他就送了很多金子給獄卒，獄卒拿到金子不再欺負他了，還給他出了個主意：「自己說不出來，可以找別人啊！」周勃這才想到了求助其他人。

周勃被無罪釋放之後，苦笑著說：「我曾經率領著百萬大軍南征北戰，今天才知道獄卒的地位是這麼尊貴啊！」

經過這件事之後，周勃徹底離開了朝廷，不再過問政事。

1 選自《史記．絳侯周勃世家》。

2 汗流浹背：形容非常恐懼或非常害怕。現在也形容出汗很多，背上的衣服都濕透了。

直臣袁盎和晁錯①

袁盎（盎ㄤˋ）和晁錯有一個共同的特點，那就是說話非常直接，對待皇上從來沒有隱瞞，按理說，性格如此相似，應該可以成為好朋友，但他們卻是死對頭。

前面我們講過晁錯因一篇《論削藩》得到了漢景帝的重用，之後晁錯每次請求討論國家大事的時候，漢景帝都會非常認真地聽從他的意見，不久漢景帝對他的寵愛便超過了朝內很多重臣。

晁錯經常向漢景帝報告諸侯的罪過，然後勸說他削減諸侯的土地，沒收他們的郡縣，加強皇帝的統治。

為了幫助漢景帝鞏固天下，晁錯一連修改了30多條法令，每一條都關係到諸侯的利益，各諸侯恨不得立刻殺了晁錯。晁錯的父親聽說後，從家鄉趕來勸說他：「你一上任就削弱諸侯，你到底想幹什麼？」

晁錯理直氣壯地說：「我是為皇上著想，如果不對諸侯嚴厲一點，皇上就不受尊敬，天下也就不會安寧。我不管別人說什麼，我覺得對就會說就會做。」

他的父親嘆了一口氣：「你這樣做，劉姓江山是安穩了，可是晁家怎麼辦？」果然沒過多久，吳王劉濞打著「誅晁錯」的旗號起兵，又因為晁錯平時快人快語也得罪了不少人，以竇嬰和袁盎為首的大臣都要求景帝殺掉晁錯。無奈之下，漢景帝只好殺了晁錯。

袁盎和晁錯到底有什麼深仇大恨呢？其實在基本觀點上，他們是一致的。袁盎也是一個有話直說的人，周勃做丞相的時候，每次朝會，他都最後來，最先退朝，而且皇帝會親自迎送他，這讓周勃非常得意。袁盎看不下去，就向漢文帝提意見，認為皇帝對待臣子不應該這樣畢恭畢敬，使得皇帝和臣子都不合禮節。聽了這些話，皇帝果然變得嚴肅起來，周勃也不敢再狂妄自大。

知道這一切原來是袁盎出的主意之後，周勃生氣地責備袁盎：「虧我跟你哥哥還是好朋友，你竟然在皇帝面前說我的壞話！」

袁盎面無表情地說：「我只說實話，不說別人的壞話！」後來周勃被人陷害，沒人敢幫他說話，還是袁盎站了出來，在皇帝面前為周勃辯解。周勃出獄之後，非常感激袁盎，兩個人的關係也變得很好。

袁盎和晁錯在削藩一事上有共同的認知，袁盎也曾經勸漢文帝說：「淮南王他們太驕橫了，應該削減他們的土地和權力。」皇上沒有放在心上，還反過來安慰袁盎。

過了不久，淮南王果然被查出與謀反事件有關，皇上非常生氣，就把他流放到巴蜀，還讓他坐著囚車去。袁盎又說：「您對淮南王一直是放任自流，現在忽然這麼嚴厲，讓他坐囚車，是不是不太合適啊？要是他在路上生病丟了性命，到時候天下人都要說您心胸狹窄了！」漢文帝還是沒有聽從他的勸告，淮南王果然到了流放地不久就死了。文帝非常後悔沒有聽袁盎的話，因此更加寵信他了。

漢景帝即位後，晁錯對於削藩之事非常熱衷，而且方法很激進，這讓袁盎很不滿，袁盎認為這件事情應該一步一步來。兩人因此爭論不休，最後兩個人發展到有晁錯的地方，袁盎就走；有袁盎的地方，晁錯就走。

吳國剛剛發動叛亂的時候，晁錯有一次和手下聊天：「袁盎一定是接受了吳王很多錢財，要不然他以前怎麼會處處替吳王說話，說吳王不會反叛。現在怎麼樣？吳國叛變，可是朝廷卻一點準備都沒有，這都是因為袁盎，我一定要狠狠地懲治他！」有人偷聽到了這番話，就告訴了袁盎。袁盎聽了有些害怕，也更加討厭晁錯了。後來七國叛亂的時候，他終於藉機殺了晁錯。

不過袁盎的下場也很慘。漢景帝想立弟弟梁王為太子，來詢問袁盎的意見，袁盎沒多想就直接說：「您還是趁早打消這個念頭吧！梁王不合適！」梁王因此一直懷恨在心，多次派人去刺殺他，最終他死在了刺客的劍下。

1 選自《史記·袁盎晁錯列傳》。

公正斷案的張釋之①

驚擾了皇帝的車駕，一般的法官一定會判這個人欺君大罪，誅殺九族。但是這個案子交給張釋之去辦，結果就完全不一樣了。

張釋之年輕的時候和他的哥哥張仲一起生活，張仲家裡比較有錢，資助弟弟做了一個小官，張釋之侍奉漢文帝十年都默默無名，沒有得到升遷。為了不繼續浪費哥哥的錢財，張釋之就想辭官回家，做點小買賣。

不過袁盎知道張釋之確實是個有才之人，不想讓他就這樣離去，於是請求漢文帝讓張釋之做個謁（**謁**ㄧㄝ）者②。

一次，漢文帝出行，張釋之隨行。來到虎圈後，漢文帝詢問書冊上記錄的禽獸的情況，一連十幾個問題，上林尉全都回答不出來。而上林尉手下一個小官對答如流，漢文帝非常欣賞：「做官吏不是應該這樣嗎？」於是就想任命那個小官做上林尉。

張釋之見狀上前問道：「陛下認為絳侯周勃是怎樣的人呢？」

漢文帝說：「是令人尊敬的長者啊！」

張釋之又問：「東陽侯張相如是怎樣的人呢？」

漢文帝說：「也是個讓人尊敬的長者。」

張釋又接著說：「您把這兩個人都稱為令人尊敬的長者，可是這兩個人議事的時候都不善言談，做官難道就是憑一張嘴嗎？人們爭相夸夸其談，沒有一點用處，陛下還記得秦末時官吏們爭著做表面文章的後果嗎？」

漢文帝聽了這些話，慚愧地說：「你說得對！」

又一次，太子和梁王一起乘車進宮拜見皇上，到了宮門外的司馬門沒有下車。張釋之馬上追上去攔住了太子和梁王，不讓他們進入大殿，還對他們說：「在司馬門不下車是對皇上的大不敬。」漢文帝很快知道了這件事，有些懊惱地說：「怪我沒有教導好自己的兒子。」然後派使臣帶著赦免太子和梁王的詔書來交給張釋之，兩位皇子這才得以進入宮中。

不久之後，漢文帝任命張釋之做了廷尉，掌管刑罰。

一次，文帝出巡經過長安城北的中渭橋，忽然有一個人從橋下跑了出來，驚動了文帝的馬。文帝讓侍衛捉住了這個人，交給張釋之處理。

那個人辯解說：「我是長安縣的鄉下人，聽到了『清道』禁止通行的命令，於是就躲在橋下。過了好久，我以為皇上的隊伍已經過去了，這才從橋下出來的。沒想到皇帝的隊伍還沒有過去，我還不知道怎麼回事，皇上的馬就受驚嚇了，我也被抓起來了。」瞭解了事情的來龍去脈之後，張釋之向文帝報告說那個人觸犯了清道的禁令，應該處以罰金。

文帝說：「那個人驚的可是我的馬，我是天子啊！要不是我的馬脾氣溫和，說不定我已經摔傷了！可是他才被判處罰金？」張釋之沒有多理會文帝的憤怒，對文帝說：「法律是天子和天下人都應該遵守的，現在法律就是這樣規定的，要是再加重處罰，法律取信於民的作用就沒有了。

如果當時您讓人殺了他也就算了，可是您既然把他交給了我，我就要做天下公正執法的帶頭人。如果我們可以隨意改變刑罰的輕重，那麼老百姓以後就要手足無措了。」過了很久，平靜下來的漢文帝才說：「你說得對！就按你說的辦吧！」

張釋之掌管刑罰的時候，非常重視調查事情的真相，從來不會胡亂定罪，百姓都很尊敬他，說有他在，天下就沒有冤案。

1 選自《史記．張釋之馮唐列傳》。

2 謁者：皇帝身邊負責傳達命令的人，是皇帝的近侍。

抗旨犯上的汲黯①

汲黯（**汲黯**）被漢武帝稱為「社稷之臣」，漢武帝很尊敬他，也很害怕他。皇帝為什麼會害怕一個大臣呢？

汲黯為人耿直，不重視禮數，不能容忍別人的缺點和過失，經常當面指責別人，這一點就連漢武帝也很害怕。

漢武帝就曾經在朝堂上領教了汲黯的厲害。那天，漢武帝在朝堂上宣佈自己要對百姓施行仁義，汲黯聽了，馬上高聲說道：「其實陛下的內心充滿了不為人知的欲望，現在卻對外宣稱要施行仁義。您真的能像堯、舜那樣治理天下嗎？」這句話使得漢武帝大怒，他沉默了好長時間，才宣佈退朝，當時很多大臣都為汲黯捏了一把冷汗。

下朝後，有大臣勸告汲黯，汲黯卻說：「天子設置了公卿大臣，不就是為了讓他們輔佐朝政嗎？難道只是想讓他們順從天子的意思嗎？我現在在這個位置上，就算我再愛惜自己的生命，也不能因此做損害朝廷的事啊！」

這件事情之後，漢武帝更加害怕他了。漢武帝曾經蹲在廁所裡接見過大將軍衛青，也經常衣冠不整地去見丞相公孫弘，但是一聽說是汲黯來了，漢武帝就會馬上整理儀容，沒有準備好絕對不敢露面。有一次，漢武帝正坐在帷帳中休息，聽說汲黯來上奏，他來不及戴帽子，就把頭縮回帷帳中，讓人批准了汲黯的奏摺。

又一次，漢武帝派汲黯去瞭解東越人爭鬥的情況，汲黯沒到東越，走到一半就回來了，他對漢武帝說：「東越人本來就喜歡爭勇鬥狠，我覺得您因為這個勞煩使臣是不對的，就半路回來了！」

有一個地方發生火災，大火蔓延，燒了一千多戶，武帝派汲黯去瞭解情況。汲黯回來說：「只是普通人家失火，沒什麼大事！倒是那個地方很多貧苦百姓正遭受旱災和洪災，餓死了好多人，我覺得這件事更重要，就拿著您給我的權杖命令當地的官員開倉放糧。我沒有經過您的同意，請您懲罰我！」漢武帝覺得汲黯做得對，就沒有懲罰他。

汲黯經常直言進諫，說話不看場合，總是讓漢武帝下不了臺，久而久之，漢武帝有些煩了，就把他調到了離都城很遠的東海郡去做太守，讓他離自己遠遠的。

汲黯總是把正事交給手下的人去做，他自己處理事情的時候，也總是保證大方向不錯，小細節不太追究。不過汲黯的身體不太好，經常躺在床上不出門，但是即便這樣，東海郡還是煥發出了勃勃生機，一提到汲黯，東海郡的人都稱讚他。武帝知道之後又把汲黯召回了朝中，還封了一個大官給他。

汲黯對武帝都毫不留情，更別說對其他官員了。張湯當時負責修改法律，一次汲黯當著武帝的面責罵張湯：「你身為正卿，既不能發揚先帝的功業，又不能遏制百姓的邪惡欲望，就知道讓別人吃苦受罪完成你的事業，還把高祖定下的規定亂改一氣，你這樣的人，就該斷子絕孫！」除了張湯，汲黯還當眾罵過同是高官的公孫弘。

汲黯火爆的性格讓大臣們都很害怕他，但他的性格也阻礙了他的仕途。他官位已經很高的時候，張湯和公孫弘還是一般的小官，後來這兩人不斷升遷，很快就超過了他；後來汲黯手下的小官官位也趕上他了，汲黯很不滿，就在朝廷上責問武帝，說：「陛下用人就像堆柴草，後來的要堆在上面。②」武帝雖然沒說話，但是覺得很沒面子。

後來汲黯在一次直言進諫的時候得罪了武帝，不久他就被免官。但是淮陽郡政治混亂，沒人願意去治理，這時候漢武帝想起了汲黯。汲黯拒絕了好幾次，最後武帝強迫他接受，他才走馬上任。過了不久，那個地方就被他治理得井井有條，而汲黯最後也在那裡去世。

1 選自《史記．汲鄭列傳》。

2 「後來居上」的出處。意思是後來的超過先前的，現在也用來稱讚後起之秀超過前輩。

沙場征戰的武將們

天才將軍韓信①

韓信是「漢初三傑」之一，被後世尊稱為「兵仙」，為漢朝的建立立下了汗馬功勞。不過，最後他死在了對他有知遇之恩的蕭何的計謀之下，真是「成也蕭何，敗也蕭何」。

韓信原本只是一個普通的老百姓，家裡很窮，沒有人選他做官，他自己也不會做生意賺錢，無奈之下只好到處到別人家混吃混喝，久而久之，家鄉的人都很看不起他。

有一次一個屠戶想要當眾羞辱他，就挑釁（釁）地說：「你雖然個子高大，還喜歡佩帶刀劍，但你就是一個膽小鬼！你如果不怕死就拿劍來刺我啊！要是怕死，你就從我的褲襠下爬過去！怎麼樣，要不要來比試一下，膽小鬼！」說完，那個人就叉開兩腿，雙臂抱在胸前，傲慢地大笑著。

韓信沒有說話，嘴唇有些顫抖，睜大眼睛瞪了那個人好久，手也握緊了自己的佩劍。周圍看熱鬧的人看到這種情況都起鬨似地喊道：「衝啊！跟他拚命！」周圍的人紛紛往前擠，想要第一個知道這場比試的結果。不料，韓信握劍的手慢慢鬆開了，他慢慢地俯身在地，從那個屠戶的胯下爬了過去。周圍一下子安靜下來，人們都驚訝地張大了嘴巴，說不出話來。從那以後，人們更看不起韓信了，因為他不僅是個遊手好閒的傢伙，還是一個膽小鬼。

不過，還是有善良的人幫助他。有一次，韓信在河邊釣魚，有位洗衣服的老大娘看見他餓得臉色發白，就拿出自己的飯給他吃，一連幾十天都這樣。韓信非常感激，對老大娘說：「將來我發達了一定會重重報答您的！」

老大娘說：「你一個堂堂男子漢，連自己都養不活，還說這樣的大話！我是看你可憐，並不是為了你的報答！你還是好好想想怎麼生活下去才是正事！」

項梁起義之後，韓信投奔了項梁，然後又追隨項羽，他多次為項羽獻計獻策都沒有得到採納。韓信在項羽那裡得不到重用就投奔了劉邦，但是在劉邦那裡他依然默默無聞。

後來韓信跟著別的士兵一起逃跑，是蕭何把他追回來並且推薦他做了大將軍。韓信果然沒有辜負蕭何的舉薦，戰功赫赫，被封為齊王。

為了報答當年分給自己飯吃的老大娘，韓信送給那位老大娘一千兩黃金，說道：「我當年許下的諾言一直沒有忘！」還封侮辱自己的那個人做了中尉，他說：「當初他侮辱我時，我完全可以殺了他，但是我忍住了一時的憤怒

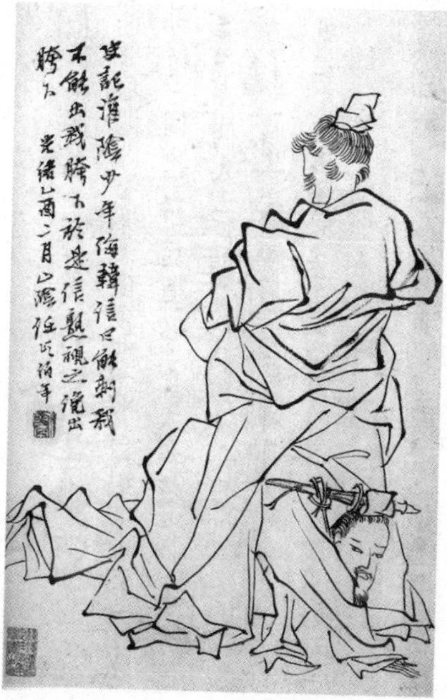

才有了今天的成就。」

漢朝建立後，劉邦猜忌這些大功臣，尤其不相信手握重兵的韓信，想方設法降了他的官，讓他去做淮陰侯。因為高祖的猜忌，韓信有些生氣，終日悶悶不樂。後來他想憑自己的能力完全可以取代劉邦，為什麼要受這份氣呢？於是他決心支持一個將領起兵造反。那人起兵之後，劉邦御駕親征，韓信則撒謊說自己病了，沒有跟隨，但是派了一個人去幫助那個將軍。

後來韓信的家臣出賣了韓信，蕭何和呂后設置了一個圈套把韓信騙到宮裡抓了起來。呂后想要殺死韓信，但是韓信曾經得到高祖的特赦令，就是不能用任何兵器來傷害韓信。最後蕭何給呂后出了一個主意，即把韓信烹殺了。

韓信臨死之前，忿恨地說：「沒想到我今天竟然死在了婦人和蕭何的手裡！我真後悔沒有早日起兵造反，否則也不會落得今天這個下場！」

1 選自《史記．淮陰侯列傳》。

軍紀嚴明的周亞夫①

俗話說「虎父無犬子」，周亞夫是絳侯周勃的兒子，跟父親一樣，他是個勇敢的人，也很耿直，說話不講究場合，這也是造成他悲劇結局的原因之一。

周勃去世之後，他的長子繼承了爵位，並娶了漢朝的公主。幾年之後，兩人之間產生了矛盾，剛好他還殺了人，漢文帝一怒之下剝奪了周家的爵位和封地。過了一段時間，漢文帝感念周勃的功勞，挑選了以賢能著稱的周亞夫繼承了周家的爵位。

有一年，匈奴大規模進犯漢朝北部邊境，漢文帝急忙派遣將領去保衛邊關。不過這樣一來，京城就有些空虛，於是他又挑選了三路軍隊駐紮在長安附近的霸上（或作『灞上』）、棘門和細柳守衛皇宮，其中守衛細柳的正是周亞夫。

文帝為了鼓舞士氣，親自到三路軍隊裡去慰問。他先到霸上，再到棘門，這兩處都不用通報，一見是皇帝的車馬來了，都主動放行。駐守在那裡的將軍都親自出來迎接，文帝離開的時候，他們也帶領著手下的軍官送到了營寨門口，直到文帝的車駕從視線裡消失才回到自己的營帳。

文帝最後來到了細柳的軍營，只見營中的將士都穿著鎧（ㄎㄞˇ）甲，手裡握著兵器嚴陣以待。漢文帝正準備進入兵營，軍門的守衛攔住了他們，說：「將軍有令，軍中只能聽從將軍的命令，可以不聽天子詔令，按照規定您不能這樣進入軍營。」

漢文帝拿出皇帝的符節交給守衛，讓他去通報，周亞夫這才命令手下的士兵打開了軍營大門。剛打開大門，又有一位士兵上來告訴他們說：「我們將軍有規定，在軍營裡不允許車馬快速行駛。」

文帝只好命令拉緊韁繩緩緩前進。終於來到周亞夫的營帳前，文帝等到的不是跪拜，僅僅是一個拱手的禮節。穿著盔甲拿著武器的周亞夫說：「穿戴盔甲的將士不能對您行跪拜的禮儀，請允許我用軍禮參見陛下！」經過這一連串的事件，漢文帝不但沒有生氣，反而被周亞夫的治軍嚴謹所感動，感慨地說：「周亞夫才稱得上是一位真正的將軍啊！」

漢文帝去世之前，叮囑太子說：「我死了之後，國家如果發生了十分危急的情況，你可以讓周亞夫領兵平定戰亂，只有他才能承擔這個重任！切記切記！」太子牢牢記住了父親的話，繼位以後，馬上提升周亞夫做了車騎將軍。

漢文帝還真是一個有先見之明的皇帝，漢景帝即位沒多久，南方的吳、楚等七個國家就發動了叛亂。漢景帝馬上就想起了父親的話，讓周亞夫帶兵平定叛亂。周亞夫平定了叛亂之後，景帝任命周亞夫做丞相。

開始的時候，漢景帝還很器重他，但是他說話直來直往，最後得罪了太后和景帝。

竇太后曾經想讓景帝封皇后的哥哥王信為侯，但景帝很不樂意，就推託要和大臣們商量。所有的大臣都想做個順水人情，紛紛表示支持，只有周亞夫說：「高祖劉邦在世的時候就說過，不姓劉不能封王，沒功勞不能封侯，現在封王信為侯，不合禮制。」景帝於是就以此為藉口拒絕了竇太后，竇太后從那以後非常嫉恨周亞夫。

得罪了竇太后不久，周亞夫又惹惱了漢景帝。事情是這樣的：匈奴將軍唯許盧等人歸順漢朝，景帝非常高興，想封他們為侯，以鼓勵其他人也歸順漢朝，但周亞夫又出來反對：「把這些背叛國家的人封侯，以後我們如何處罰那些不守節的大臣？」

景帝聽了很不高興：「丞相的話迂腐不可用！」還是堅持把唯許盧等人封了侯。周亞夫就託病辭職，景帝竟然批准了。

這事過去沒多久，周亞夫的兒子又闖禍了。兒子見周亞夫年老，就買了五百甲盾準備在他發喪時用，不過這些東西國家是禁止個人買賣的。周亞夫的兒子得罪了傭工，心有怨氣的傭工就告發說他要謀反。景帝便派人追查此事，還找周亞夫談話，周亞夫感到受了侮辱，就絕食抗議，五天後，吐血身亡。

1 選自《史記．絳侯周勃世家》。

「飛將軍」李廣①

李廣是漢朝抗擊匈奴的一員大將，他武藝高強，勇敢過人，令敵人聞風喪膽，被稱為「飛將軍」，但是這樣一員抗擊匈奴的名將，結局卻相當悲壯。

李廣家世世代代都是射箭的高手，他的祖先是秦朝的將領李信。李廣是經歷了漢文帝、漢景帝和漢武帝三朝的大將，作戰神勇，匈奴人都敬畏地稱他為「飛將軍」。

李廣身材高大，很有射箭天賦。據說有一次李廣出去打獵，看到草叢中臥著一頭猛虎，他馬上拉弓射箭，但是老虎一動也沒動，李廣覺得奇怪，就打發隨從去檢查。隨從發現那哪裡是一頭猛虎啊，分明是一塊大石頭。原來是李廣錯把石頭當成了老虎，用全身的力氣來射殺它，使整個箭頭都射到石頭裡去了。

李廣帶兵的方式很隨意，這正好符合與匈奴作戰的特點。他經常選擇水草豐茂的地方駐紮軍隊，宿營的地方總是讓士兵們感覺很便利，晚上他也不派哨兵值夜巡守，而是派出騎兵到大營外邊巡邏，以便在敵人偷襲時可以迅速傳報。

有一次，李廣奉命出兵雁門關（今山西代縣），不幸與匈奴的大部隊相遇，在寡不敵眾的情況下，李廣兵敗被俘。單于聽說活捉了李廣，激動地下令留下李廣的性命，他要見一見這位聞名邊塞的大將軍。當時李廣負傷在身，不能騎馬，於是匈奴騎兵就把他放進一個大網兜裡，由兩匹馬架著前行。走了十多里路，李廣看到一個匈奴少年騎著一匹好馬，就假裝昏死過去。那個匈奴少年過來檢查他的傷口，說時遲那時快，他縱身一躍，跳上了少年的馬背，搶走了弓箭，並把少年推下了馬。然後他策馬狂奔，幾百個匈奴兵在後邊追趕，李廣回身放箭，竟然打退了追兵。飛奔數十里之後，李廣遇到了自己的殘部，他把這些士兵集結起來，再次出關。但是因為這次戰役損失慘重，李廣被削職為民。

李廣在家閒居了好幾年，這幾年中，匈奴屢犯邊境，漢武帝沒有辦法，只好又重新重用了李廣。聽說李廣又回來了，匈奴人一連好幾年都躲著他，不敢與他正面交鋒。

後來漢武帝派大將軍衛青和霍去病攻打匈奴，李廣隨行。衛青偵察到單于的駐紮地後，命令李廣從東面進攻，配合大部隊的行動。而李廣很想與匈奴面對面地打一仗，所以他希望能做先鋒部隊。但衛青拒絕了他，他一氣之下沒有向衛青告辭就走了。他帶兵從東路出發，但是因為沒有嚮導迷了路，未能與衛青按期會合。

幸運的是，衛青仍然取得了戰爭的勝利。兩軍會合後，衛青沒有怪罪李廣，而是捉拿了他手下的校尉們。李廣整了整衣服，對前來抓人的士兵說：「校尉們沒有錯誤，都是我一個人的責任。

我李廣年紀輕輕就與匈奴作戰，到現在為止，已經經歷了70多次戰役，這次我終於有機會與匈奴決一死戰了，但大將軍又把我支開。結果我又迷了路，這難道真的是命嗎？我現在已經60多歲了，我不會再受辦案人的侮辱了！」說完他就自殺了。

1 選自《史記·李將軍列傳》。

從奴隸到將軍——衛青

衛青原本是平陽公主家的奴僕，最後卻成了漢武帝時期最有名的大將軍，還娶了平陽公主，他是怎麼完成從奴隸到將軍的華麗轉身的呢？

衛青①的父親姓鄭，是平陽侯家的一個小官。他與一個叫衛媪（媪ǎo）的婢女私通生下了衛青，衛青還有一個同母異父的姐姐衛子夫。

衛媪沒有什麼錢，就把衛青送到他的父親那裡。但是在父親家沒有人把他當作親人看，總是像使喚奴僕一樣對他呼來喝去。衛青大一點後，忍受不了這種折磨，就偷偷跑回母親那裡，成了平陽侯家的一個僕人；長大後他成了一名騎兵，負責保護平陽公主。

有一次，衛青跟隨別人來到甘泉宮，一名囚犯看到他的相貌後說：「你雖然現在窮困，但是將來一定會做官封侯。」

衛青笑著說：「我是一個奴婢的孩子，每天不挨打受罵就不錯了，怎麼可能會立功封侯呢？」

那個囚犯笑著說：「那讓我們拭目以待吧！」

果然，衛青命運的轉捩點很快就出現了。他的姐姐衛子夫被漢武帝選入皇宮，很快有了身孕，還生下了一個男孩，不久衛子夫就被立為皇后。

匈奴又一次興兵南下的時候，漢武帝果斷任命衛青為車騎將軍，迎擊匈奴。從此，屬於衛青的時代到來了。

衛青帶了3萬騎兵從雁門關出發攻打匈奴，殺了匈奴好幾千人。自從漢朝建立，匈奴還沒吃過這樣的敗仗，就開始瘋狂地報復，不僅殺死了遼西郡的太守，還搶走了漁陽郡兩千多人。

漢朝再次派衛青從高闕（ㄑㄩㄝ）出塞去攻打匈奴。匈奴的右賢王率領士兵抵抗，他認為漢軍離他們的駐地還很遠，就放鬆了警惕，開始喝酒，對手下的將領說：「今天我們好好放鬆放鬆，不醉不休！哈哈，來，喝！」可是右賢王萬萬沒有想到，衛青的軍隊當天晚上就來到了他們的駐地。右賢王驚慌失措，連忙帶著幾百名精兵衝出包圍圈向北逃跑了。

漢軍雖然一路追趕，但是沒有追上。不過，這次戰爭的收穫也不小，他們俘虜了一萬多匈奴士兵，還有上千頭牲畜。衛青帶兵回到朝中之後，漢武帝早已經為他準備好了一枚大將軍的官印。

但是匈奴並沒有就此認輸，他們還是不斷地進犯中原。衛青又有好幾次帶兵對抗匈奴。有一次，他帶領軍隊攻打匈奴，他手下的兩個將軍蘇建和趙信各自率領部隊跟匈奴的部隊作戰，因為人少，這兩位將軍的形勢很危急。最後趙信沒有抵抗住匈奴的誘惑，投降了。蘇建的部隊也遭到滅頂之災，只有他一個人逃了回來。

衛青問大家：「蘇建該如何治罪呢？」有人說他扔下部隊不管，該殺；有人說幾千人的隊伍去和匈奴幾萬人的隊伍打仗，再英勇也會失敗，可是他沒有背叛朝廷，不能殺！

衛青想了一會兒，說：「蘇建是皇上的臣子，我雖然是大將軍，但是不能為了樹立自己的威嚴而隨意處罰陛下的臣子。我會先向皇上報告情況，由皇上來決定如何處置。」後來蘇建沒有被處死，交了贖金之後被貶為平民。

家奴出身的衛青變成了尊貴的大將軍後，朝中官員都爭相巴結奉承他。那時候平陽公主的丈夫平陽侯去世了，她要在列侯中選擇一個人做丈夫，許多人都說大將軍衛青是最合適的人選。平陽公主笑著說：「他是我從前的下人，怎麼能做我的丈夫呢？」

侍女說：「公主，衛青現在是大將軍，姐姐是皇后，三個兒子也都封了侯，富貴震天下，哪裡還有比他更配得上您的呢？」

漢武帝知道這件事情後，就說：「這是件喜事啊，我娶了你的姐姐，你再娶了我的姐姐，是件親上加親的好事啊！」就這樣，當年的僕人成了平陽公主的丈夫。

1 選自《史記·衛將軍驃騎列傳》。

匈奴未滅，何以家為①

漢朝時民間有這麼一首歌謠：「生男勿喜，生女勿憂，獨不見衛子夫霸天下！」這首歌謠表現了衛子夫家族在朝廷中的重要作用，漢朝的重臣中除了衛青，還有一個年輕人，他就是霍去病。

霍去病是衛青的外甥，他的身世與舅舅衛青相似，也是一個私生子，不過他要比舅舅幸運多了，因為他剛滿周歲的時候，衛子夫已經成了皇后。

霍去病在大將軍衛青的培養下長大，從小就善於騎馬射箭，而且還胸懷豪情壯志，總想到前線跟著舅舅殺敵立功，不願像其他的王孫公子那樣只會在前輩的保護傘下乘涼。

霍去病17歲的時候，第一次跟隨衛青去和匈奴作戰。在漠南（今蒙古高原沙漠以南），霍去病旗開得勝，帶領8百人殲滅了匈奴2千多人，還俘獲匈奴的相國，殺死單于的祖父，整個部隊都沒有比他更勇敢的人，回國後漢武帝非常讚賞地封他為「冠軍侯」。

19歲那年，霍去病作為驃騎將軍再次出兵匈奴。這次他殺了4萬多匈奴兵，俘虜了匈奴王，還有王母、王子、相國、將軍等120多人，降服匈奴渾邪王手下4萬多人。匈奴人只好逃到了更荒涼的地方，一向作戰勇猛的匈奴人也悲傷地感嘆：「亡我祁連山，使我六畜不蕃息；失我焉支山，使我嫁婦無顏色。」

匈奴單于對一再戰敗的渾邪王非常不滿，想要狠狠地懲罰他，不過不小心走漏了消息，渾邪王很害怕，就想投降漢朝。漢武帝不知他們是真心還是假意，就派讓匈奴人聞風喪膽的霍去病去受降。

霍去病到了匈奴大營之後，投降的隊伍中果然出現了不和諧的聲音，面對著突如其來的變化，霍去病只帶著數名士兵就衝進了渾邪王的營帳中，逼他下令處死譁變的士卒。霍去病臉上堅毅的表情鎮住了渾邪王，本來有機會殺死霍去病的他殺了那幾個士兵。這件事情之後霍去病的地位更加尊貴了，和舅舅衛青的地位不相上下，漢武帝還下命令說驃騎將軍和大將軍的地位是相同的。

有一次霍去病和衛青去攻打匈奴，這次老將李廣也和他們同行。打匈奴那麼多年，李廣非常想作為先鋒和匈奴人在正面戰場較量一番。不過出征前漢武帝就已經偷偷地告訴衛青說：「李廣那個人啊，運氣總是不太好！千萬不要派他做前鋒！」所以安排任務的時候，衛青讓李廣協助霍去病。李廣雖然心裡有怨氣但還是服從了命令，不過李廣帶領

部隊在大漠中迷路了，耽誤了軍機。但霍去病是一個打仗不拘古法、用兵靈活的人，所以這次作戰霍去病仍然取得了勝利。

漢武帝由此更加欣賞霍去病了，他的聲望甚至超過了舅舅，曾經奔走於大將軍門下的好友和將軍都轉而去巴結霍去病。衛青並沒有把這些放在心上，霍去病對舅舅的尊敬也絲毫沒有減少。在李廣自殺之後，他的兒子李敢怨恨衛青，就打傷了衛青，霍去病知道之後，射殺了李敢為舅舅報仇。

漢武帝曾經想賜給霍去病一座豪宅，但是霍去病拒絕了，他說：「匈奴未滅，何以家為？」意思就是說，消滅匈奴的大事還沒有完成，哪裡有心思去建造豪宅呢？聽了這句話，漢武帝很感動，也更加敬重這位年輕的將軍。

不過，天妒英才，霍去病24歲就去世了。漢武帝對他的死非常悲傷，調來了鐵甲軍，讓他們列成陣從長安一直排到霍去病的墓地，還把霍去病的墳墓修成祁連山的樣子，以表彰他的軍功。

漢武帝對霍去病年幼的兒子也寄予厚望，親自找人教導他，去泰山封禪也帶著他。不過這個孩子壽命也很短，10歲左右就去世了。

1 選自《史記．衛將軍驃騎列傳》。

紛爭不斷的後宮

呂后專權①

呂后是劉邦的原配夫人，為人陰險毒辣，她幫助劉邦剷除了威脅劉氏天下的異姓王，是中國歷史上垂簾聽政第一人。她究竟做了哪些事情才到達了權力的巔峰呢？

呂后本名呂雉，是避難到泗水亭的富戶呂公的女兒。當年，劉邦遊手好閒，經常與狐朋狗友一起吃喝玩樂，而呂公偏偏看中了這個不務正業的小混混，認為劉邦不是常人，一旦得到機會，一定能做出一番大事來。於是他就主動與劉邦結交，並把女兒嫁給了他。呂雉生了兩個孩子，一個是後來的漢惠帝劉盈，另一個是魯元公主。

劉邦稱帝後，雖然把呂雉立為皇后，卻一直寵愛著另外一位妃子——戚夫人。戚夫人也有一個兒子，名叫如意。劉邦很喜歡這個兒子，認為他很像當年的自己；而劉盈則太過柔弱，因此劉邦就動了換太子的念頭。戚夫人也看出了苗頭，於是天天鼓動劉邦改立如意為太子。

呂后無可奈何，找到了張良，希望他能幫助太子劉盈鞏固地位。張良給她出了一個主意，讓劉盈更加恭謹地服侍劉邦，不要露出絲毫不滿，同時讓他以大禮把民間那些德高望重的人請到自己的府上作客。然後張良去見劉邦，說太子劉盈不但是一個孝子，還很得民心，如果把這樣的人廢了，恐怕會引起天下人的不滿。終於，改立太子的事情被擱置了。

劉邦死了之後，呂后把戚夫人關在永巷②裡，剃光了她的頭髮，用鐵鍊鎖住她的雙腳，讓她穿囚犯的衣服，還命令她一天到晚地舂米，不夠數量不能吃飯。然後呂后又派人到封地去接趙王如意，如意年幼，不敢違抗命令，就來到了長安。劉盈是一個宅心仁厚的人，他怕母親加害如意，就親自去迎接如意。在以後的日子裡，劉盈和如意同吃同睡，形影不離，他盡自己最大的力量保護著弟弟。

有一天，劉盈起得很早，要去練習騎射，但是如意貪睡不肯起，劉盈就笑著自己出去了。後來如意被一個陌生的太監叫醒：「皇上請趙王殿下用膳。」如意絲毫沒有懷疑，吃下了太監送來的飯菜。飯剛一下肚，如意就覺得渾身不對勁，等反應過來的時候已經太遲了，不一會兒，他就七竅流血而死。劉盈回來之後，看到如意躺在自己的床上，已經死去多時；他知道兇手是自己的母親，因而不能懲罰，非常難過。

除掉了如意，下一個目標就是戚夫人了。呂雉恨戚夫人能歌善舞勾引劉邦，因此派人砍掉了戚夫人的雙手和雙腳，熏瞎了她的雙眼，又用藥把她灌啞，這樣呂后仍不解恨，又把她扔進了臭氣熏天的豬圈，還給她起了一個名字，叫「人彘（彘ㄓˋ）③」。呂后看到戚夫人求生不得求死不能的慘狀非常滿意，還派人請漢惠帝劉盈來看，劉盈看到這個怪物，驚恐地問：「這是什麼東西？」「這就是千嬌百媚的戚夫人啊，不過她現在有了一個新的名字，叫『人彘』。」呂后得意揚揚地回答。漢惠帝一聽，腦袋像炸開了一樣，他哭道：「這簡直不是人幹的事情！作為您的兒子，我沒有臉再面對天下的百姓了！」從此，漢惠帝不再過問政事，整天借酒澆愁，過了沒多久，就抑鬱而終了。而呂后則趁著這一時期鞏固了自己的權力，成為實際上的「皇帝」。

1 選自《史記．呂太后本紀》。
2 永巷：皇宮中的長巷，是宮女集中生活的地方，也是關押失寵嬪妃的地方。
3 彘：意思是豬。

麻雀變鳳凰①

中國歷史上有這麼婆媳倆，兩人都是平民出身，卻在現實中演出了一齣「麻雀變鳳凰」的故事，而這些都因為一個人——漢文帝劉恒。

薄姬曾經是項羽手下部將的妻子，項羽被打敗之後，薄姬被召入漢宮，但是在後宮的三千粉黛中，她的容貌並不起眼，所以進宮一年多都沒有見過劉邦。

不過薄姬有兩個好朋友，一個叫管姬，另一個是趙姬。她們曾經約定，將來誰富貴了一定要幫助另外兩個，不能忘記彼此的友情。生性溫柔不追名逐利的薄姬非常相信她們，不過這兩個人得寵後卻沒有幫助她，還經常湊在一起嘲笑她。

一天，劉邦聽到了她們的話，很同情這個柔弱的女子，就冊封薄姬為姬妾。不久薄姬懷孕生下了皇子劉恒，但是劉邦早已把她忘得一乾二淨了。劉恒被封為代王之後，她安心地跟著孩子離開了京都，躲開了呂后的殘殺，還培養了漢朝口碑最好的漢文帝。劉恒繼位之後，薄姬母憑子貴成了太后。

跟著劉恒飛黃騰達的還有他的妻子竇皇后。竇皇后是在漢惠帝的時候被選入皇宮的，是呂后身邊的一個侍女。

後來，呂后為了控制諸侯王，挑選了一些宮女賞賜給諸侯王，竇氏也在名單中。竇家離趙國很近，她就請求負責這件事的官員一定要把她分到趙國去。但是那個官員忘記了這件事，把她分到了代國。無奈之下，她只好去了代國。一到代國，她就被代王封為美人。代王妃死後，代王立她為王妃。她為代王生了三個孩子：館陶長公主、後來的漢景帝劉啟和梁王劉武。竇氏最喜歡的是小兒子。

劉恒被擁立為皇帝之後，竇氏就順理成章地成了皇后。現在也有人開玩笑地說她是中國歷史上第一個「灰姑娘」。不過這位「灰姑娘」可不是一個花瓶，她也是一個很有能力的人。

劉恒登基之後，幫助竇皇后找到了失散多年的哥哥和弟弟，還給了他們很多封賞，一時間竇氏家族的權勢變得很大。

剛收拾完呂氏家族的大臣們可不想再給自己找麻煩，紛紛上書提意見。劉恒很喜歡竇皇后，彼此互相信任，就把這件事告訴了她。竇皇后說：「大臣們的擔心有道理啊，你想怎麼做我不管。我只想告訴你，無論你做出什麼樣的決定我都會支持你！」後來竇皇后為兩個兄弟請了有德行的長者跟他們住在一起，對他們進行教育。不久，這兄弟倆成為謙謙君子，再也不因為地位顯貴而盛氣凌人。

劉恒提倡節儉，竇皇后就和丈夫一起吃苦，勤儉持家。後來漢文帝駕崩，劉啟繼位，竇皇后就成了竇太后。她用心培養漢景帝，將丈夫的治國方法教給兒子，最終漢景帝統治下的漢朝也呈現出一派生機。

不過竇太后依然很寵愛小兒子。有一次漢景帝喝酒後開玩笑地說以後要把皇位傳給弟弟梁王，竇太后聽了眉開眼笑。劉啟酒醒後很後悔，而竇太后的侄子竇嬰也進言說立梁王為太子不合古法，力阻之後竇太后才作罷。沒幾天，竇太后就把竇嬰從皇親的名單中去掉了。後來劉啟所立的太子犯了法，竇太后又說要立梁王為太子。這次是袁盎堅決反對，景帝馬上抓住機會立劉徹為太子。

梁王劉武聽說是袁盎從中作梗，就派刺客殺了他。漢景帝龍顏大怒，要殺掉梁王。最後還是姐姐館陶長公主說情，這事才不了了之。

漢武帝繼位後，竇太后成了太皇太后。漢武帝很想重用儒生，但是竇太后信奉道家學說，狠狠地批評了漢武帝，嚇得漢武帝再也不敢提這事，直到太皇太后去世他才實行「罷黜百家，獨尊儒術」。

1 選自《史記·外戚世家》。

王皇后助子①

劉徹在漢景帝的十幾個兒子中，排在後面，按道理來說是不能做太子的，但是他有一個工於心計的母親，在母親的幫助下，他最終登上了太子之位，而母親也憑藉兒子的地位成了皇后。

劉徹的母親姓王，王皇后的母親叫臧（ㄗㄤ）兒，有一次她找人給子女算命，算命的說她的兩個女兒都應該是貴人。臧兒就想：貴人，那應該是在宮裡啊！於是她就把已經嫁出去的大女兒強行帶回了家，然後把她送進了太子的宮中。太子劉啟很喜歡他，封她為美人。她給太子生了三個女兒和一個兒子，這個兒子就是劉徹。

劉徹還沒出生的時候，王氏對劉啟說她是夢見太陽投入她的懷抱之後才懷孕的。太子高興地說：「這個孩子是個貴人啊！」劉徹出生那一年漢景帝繼位，所以漢景帝很疼愛這個孩子。後來臧兒又把自己的小女兒送進了宮裡，這個小女兒生了四個兒子，後來也都被封為王。

不過在立太子這個問題上，漢景帝首先選了長子劉榮。劉榮的母親是栗姬，看著兒子被立為太子，她也變得趾高氣揚起來。

劉榮做了太子之後，漢景帝的姐姐館陶公主很想把自己的女兒陳阿嬌嫁給太子，這樣以後自己的權勢就更大了。不過因為館陶公主經常給漢景帝推薦年輕貌美的姑娘，栗姬對她一直都很不滿，聽到館陶公主的建議之後，想都沒想就拒絕了。

館陶公主非常生氣，這個時候，王氏抓住了這個機會，她對館陶公主表示願意聯姻。館陶公主本來也很喜歡劉徹這個小侄子，但是因為他年紀太小，所以沒想過把女兒嫁給他，但是遭到栗姬的拒絕之後，她覺得只要幫助劉徹奪得太子之位，自己的如意算盤就不會落空了。

從那以後，館陶公主經常在漢景帝面前說栗姬的壞話，說她經常和其他的嬪妃們一起使用惑人的妖術，次數多了，景帝就越來越討厭栗姬了。有一次景帝生病，想把自己的孩子們都託付給栗姬，請她好好照顧這些孩子，栗姬拒絕了，而且說的話很難聽。景帝雖然沒有發脾氣但已經動了廢太子的心思。

館陶公主還經常在景帝面前誇獎劉徹，而景帝本來就很喜歡劉徹，又想到王氏從前說到的「夢日入懷」的好兆頭，就更加用心地栽培他，但是沒有提立他為太子的事情。

王氏看到時機成熟，就暗中催促大臣們奏請立栗姬為皇后。這正是她的聰明之處，大臣們請求封太子的母親栗姬為皇后，漢景帝果然很生氣，他認為是栗姬暗中鼓動這些大臣，本來就對栗姬心懷不滿的景帝終於爆發了。他下令廢了原來的太子，改立劉徹為太子，王美人也終於被立為皇后。

漢武帝即位之後，王皇后變成了王太后，隨著年紀增大，太后變得越來越不開心。人們百思不得其解，後來才知道原來是思念女兒的原因。其實王太后在被母親強行帶回家之前已經有了一個女兒，漢武帝知道之後馬上派人駕車飛馳到那戶人家門口。那個同母異父的姐姐害怕極了，不知道發生了什麼事情，就嚇得藏到了床底下。漢武帝趴在地上，問道：「姐姐，你為什麼藏得這麼深啊？我是來接你回家的啊！」

王太后見到了日思夜想的女兒，心情一下子好了。漢武帝也重重地封賞了這個姐姐。王太后母女團圓，開心地度過餘生，死後與景帝合葬在一起。

1 選自《史記·外戚世家》。

歌女衛子夫①

館陶公主的女兒陳阿嬌成為皇后之後，館陶公主和陳皇后都很囂張跋扈，但是這種情況隨著衛子夫的到來而改變了。

漢武帝即位之後，陳阿嬌被封為皇后。館陶公主因為擁立太子有功，再加上自己是皇帝的丈母娘，還是姑姑，就變得更加囂張了，經常動不動就批評教育漢武帝。漢武帝起初還忍著，後來就越來越討厭她。

館陶公主囂張了幾年之後，慢慢地也有點底氣不足了。因為自己的女兒始終都沒有為皇上生下一男半女。她花了很多錢為女兒求子，但是都沒有結果。

沒有孩子這件事，館陶公主急，平陽公主也為弟弟漢武帝急，於是她就找了很多年輕貌美的女子養在家裡想要獻給漢武帝。有一次，漢武帝路過平陽公主家，平陽公主馬上把打扮好的女孩子們叫出來讓漢武帝挑選，但是漢武帝一個也沒看上。不過吃飯的時候，他對一個叫衛子夫的歌姬一見鍾情，當天晚上就叫她留下來侍寢，平陽公主就把衛子夫送進了宮裡。

不過漢武帝好像很快就忘了這麼一個人，一年多都沒有再見過她。後來漢武帝想要打發一些沒用的宮女回家，衛子夫知道了就哭著找到漢武帝希望能讓她回家。漢武帝憐愛她，就留下了她。不久衛子夫就有了身孕，地位一天比一天高。

陳皇后沒有孩子，聽說衛子夫懷孕很是嫉妒，就找了一些道士作法，想讓衛子夫流產。很不幸的是，這件事被漢武帝知道了，他非常生氣，因為他已經29歲了才有自己的第一個孩子，作為皇后的陳阿嬌不僅不為他高興，還千方百計地想要害死這個孩子，他忍無可忍，就廢了阿嬌，改立衛子夫為皇后。

這個時候，館陶公主也不敢再對漢武帝指手畫腳了，不過這口氣她打算出在進獻衛子夫的平陽公主身上。她故意去向平陽公主抱怨：「皇上沒有我就不能即位，現在竟然拋棄了我的女兒，怎麼能這樣呢？」

平陽公主不甘示弱地說：「還不是因為沒有孩子嘛！」館陶公主一下子就無話可說了。

衛子夫為皇帝生下了劉據，漢武帝對這個姍姍來遲的兒子十分喜愛，剛出生就命人作了《皇太子賦》，其實這就是告訴天下人這個嬰兒就是太子。劉據長大後，漢武帝不僅為他請了德高望重的老師，還特別建了一座宮殿讓他接待賓客。

太子長大成人之後，漢武帝年紀也大了。年紀大了，人就變得有些多疑，總是擔心別人搶了他的位置，偏偏他的身邊還有那麼幾個奸詐的小人，專門挑撥他和太子之間的關係。

太子劉據寬容厚道，這一點與愛用酷吏的漢武帝有分歧。有一個叫蘇文的大臣在鉤弋（弋）夫人的兒子出生後總是想幫助這個孩子當上太子，就一直誣陷劉據。當時，有一些巫婆偷偷地詛咒漢武帝早點死，漢武帝知道後在宮廷內外大加搜索，很多人都因此受到牽連。而調查此事的人正是一向與太子不和的酷吏江充，他故意帶著桐木人來到衛子夫和太子的宮中，然後拿出木人陷害太子。

劉據起初並不擔心，他想進宮去找父親解釋，不過車馬被江充攔下。這時候他開始害怕，不知道怎麼辦。他的老師告訴他：「要以扶蘇為戒啊！」聽到這話，太子打算先下手殺死江充，殺死江充後，漢武帝聽信了別人的話，以為太子造反就派人追殺他。後來太子自殺而死，衛子夫也因為無法證明自己的清白而自殺了。

對於這件事，漢武帝非常後悔，他氣急敗壞地把蘇文活活燒死了，還滅了江充的家族，被派去追捕太子的人也被滅族，漢武帝還特地建了一座「思子宮」來懷念自己的兒子。

1 選自《史記·外戚世家》。

鉤弋夫人之死①

鉤弋夫人同樣是中國歷史上出名的美女，因為受封「婕妤」，也被稱為「趙婕妤」。不過她的命運很悲慘，兒子被封為太子，她還沒有來得及享受兒子帶來的榮耀就被丈夫殺了。漢武帝為什麼要殺死太子的母親呢？

關於鉤弋夫人，民間有很多美麗的傳說。這位鉤弋夫人是河間人，生得楚楚動人，但是有一個毛病，就是手總是握著拳頭，不肯鬆開，據說她一生下來就是這個樣子了。

有一次，漢武帝到河間去狩獵，看到一股美麗的青紫色煙霧騰起，就對周圍的人說：「這裡一定住著一位奇女子，你們去打聽打聽。」

不久就有人回來報告說：「附近確實有一位奇怪的姑娘，她的手總是握著拳頭，十幾年來一直沒有鬆開過。」於是漢武帝來到這個女子的家門口。

漢武帝看到這個握拳的女子長得清秀漂亮，就走上前去想看看她的手。不料，漢武帝剛一握住這個女子的手，她的拳頭就鬆開了，人們驚奇地看到她的手裡握著一個玉鉤。漢武帝覺得這是上天賜給他的緣分，就帶著她回到了皇宮，封她做「婕妤」，因為她以前總是握著拳，所以也被叫做「拳夫人」，漢武帝還為她修了一座宮殿，取名「鉤弋宮」。

不久，鉤弋夫人生下了一個兒子，漢武帝給他取名叫劉弗陵，這就是後來的漢昭帝。這個孩子可非比尋常，據說是懷胎十四個月才生下來的，漢武帝非常欣喜地說：「傳說上古時期的堯帝也是懷胎十四個月才生下來的，這個孩子一定是個賢人！」

衛子夫和太子劉據被冤枉慘死之後，漢武帝一直沒有立太子。當時漢武帝還有四個兒子，大家為了太子之位明爭暗鬥，甚至還有人本來是在外駐守，聽說太子之位空缺馬上就毛遂自薦，寫信給漢武帝說自己想做太子。漢武帝氣急了，削掉了他三個縣的封邑。不過鉤弋夫人從來沒有想過讓自己的兒子做太子，她只想安安靜靜地生活，陪著兒子長大。但是漢武帝早就打定主意要立最小的兒子弗陵為太子，他覺得其他幾個兒子不是遊手好閒就是急功近利，只有弗陵很有自己小時候的風範。

漢武帝病重的時候，讓畫工畫了一幅周公旦輔佐周成王的圖給大臣們看，大臣們一下子就明白了，這是要立弗陵為太子，並希望他們能夠像周公旦一樣輔佐弗陵。過了幾天，鉤弋夫人來看望漢武帝，犯了一個小錯誤，漢武帝非常生氣地責罵她，鉤弋夫人嚇得摘下了所有的頭飾請罪，漢武帝瞥了她一眼，冷酷地說：「把她拉走！」鉤弋夫人被拉走的時候一直回頭看，希望漢武帝能夠原諒她。漢武帝絕情地說：「看什麼？快走吧，妳活不成了！」最後鉤弋夫人死在了雲陽宮。

大臣們都覺得很奇怪，就問漢武帝：「為什麼立了鉤弋夫人的兒子為太子，卻要殺了鉤弋夫人呢？」

漢武帝嘆了口氣說：「你們以為這是我的心意嗎？以前國家之所以出亂子，就是因為君主年少，而他的母親卻正年輕。一個女人獨居，驕橫傲慢，淫亂放縱，但因為是天子的母親沒有人敢阻止。你們忘記呂后的事情了嗎？」大臣們這才明白了漢武帝的心思。

不過民間卻對鉤弋夫人的死感到悲傷，都覺得她死得太可惜了。有傳聞說鉤弋夫人死後，屍體不但不臭，還散發著香味，人們打開棺材一看，鉤弋夫人已經不在裡面了，只有一雙絲綢鞋留在裡面。人們希望這位美麗的女子沒有死去，而是登上天宮成了仙女，不過這只是人們的美好願望罷了。

1 選自《史記．外戚世家》。

大漢的文化舞臺

散文大家賈誼①

史學家常說「賈誼和屈原的人生軌跡很相似」，為什麼這麼說呢？賈誼是西漢的散文大家，在仕途上也是被群臣嫉妒、懷才不遇。正因為這些原因，司馬遷在《史記》中把屈原和賈誼合在了同一篇列傳裡。

賈誼從小就刻苦學習，博覽群書，諸子百家的書沒有一本他不喜歡看的。還是少年的時候，賈誼就跟著學術大家學習《春秋左氏傳》，還為《左傳》作過注釋。他還對道家的學說感興趣，又喜歡文學，最愛讀的就是屈原的著作。

賈誼*18*歲的時候，就已經是一個小有名氣的才子了，提起他的名字，整個河南郡沒有不知道的。當時的河南郡守吳公是李斯的學生，也是一個博學多才的人，當他聽說自己管理的地方出了這麼一個人才的時候，就把他召到了自己門下，親自教導。吳公對這個門生非常滿意，而賈誼也在這裡接觸到了更多的書籍，受到了很大的啟發。

漢文帝繼位之後，吳公被召到朝廷做廷尉。他當然沒有忘記自己的得意門生，就對漢文帝說：「我有個學生，叫做賈誼，年紀雖然不大，但是熟讀諸子百家的書籍，是個年輕有為的人才。希望陛下能夠見見他。」漢文帝就把賈誼也召到了朝廷，並讓他做了博士。從此，賈誼就踏上了政治的舞臺，那時候他才21歲。

博士在漢朝時是讓皇上隨時諮詢政事的官員。每當漢文帝提出問題讓博士們議論時，許多年長的博士總是講不出什麼來，而賈誼卻是敢想敢說，對答如流，滔滔不絕，而且說得有理有據。這讓漢文帝非常滿意，一年之內就破格提拔他為太中大夫。

後來賈誼寫了一篇名傳千古的文章《論積貯疏》，勸告漢文帝要禁止奢侈之風，加強糧食儲備，安百姓治天下。這與漢文帝的想法不謀而合，就把這個政策付諸實踐了。賈誼還幫助漢文帝修改和制定了很多法令，但是這些法令觸動了很多老臣的權益。那些跟著高祖打天下的老臣們，像周勃、灌嬰都對賈誼非常不滿。後來漢文帝想給賈誼一個更大的官位，這些大臣們拚了老命攔了下來。他們一起在漢文帝面前攻擊賈誼：「這個洛陽小子，學識淺薄，一心只想爭奪權力，要把國家的許多大事搞亂了才甘休！」剛登基不久的漢文帝不敢得罪這些前朝重臣，就沒有進一步提拔他。

只有這些老臣說壞話也就算了，還有一個人也天天在漢文帝面前離間君臣關係，這個人就是鄧通。鄧通沒什麼本事，他受寵的緣由非常荒唐。據說有一天漢文帝做夢要上天，怎麼也上不去，後來有一人在後邊推了他一把，他就成功了。夢醒後，漢文帝馬上派人去找這個人，還真找到了，這個人就是鄧通。一看見鄧通，漢文帝就覺得他長得和夢中那個人完全一樣，就叫他隨侍左右，兩個人經常一起玩樂，還封他為官，賜給他很多錢財。賈誼和鄧通地位相當，一起隨侍文帝，但賈誼討厭這個沒有才能的奸臣，鄧通也嫉妒才華橫溢的賈誼，便經常在文帝面前說賈誼的壞話，最後文帝逐漸疏遠了賈誼，把他貶到偏遠的長沙去。

長沙地處南方，離長安距離好幾千里。路途辛苦自不必說，但是賈誼最難受的還是心中的悲憤，當他南行到湘江時，望著滔滔的江水，忽然想起了屈原，就寫了《弔屈原賦》，抒發自己的怨恨。

過了幾年，文帝又很想念賈誼，就把他召回朝廷，在未央宮祭神的宣室接見他。當時文帝對鬼神之事有很多疑問，就問賈誼。當時的對話內容是什麼，沒人記載，只知道文帝對賈誼的見解很感興趣，甚至挪動座位湊到賈誼跟前去聽，一直談到半夜才停止。後來漢文帝說：「這麼長時間沒看見賈生了，本來以為我的學問已經趕上了他，現在發現，離他的水準還遠著哪！」

但是鄧通仍然在文帝身邊，所以賈誼依然不得志，只做了梁王的老師。後來梁王墜馬而死，賈誼很自責，過了一年，也抑鬱而終，死的時候才33歲。

不過，賈誼為漢文帝所提的建議在很大程度上促進了國家的發展，而他自己也因為寫了很多有名的散文在文學史上佔有一席之地。

1 選自《史記．屈原賈生列傳》。

才思敏捷東方朔①

《西遊記》裡邊有一個道號叫做曼倩的人物，是東華帝君的徒弟，這個曼倩的原型就是西漢著名的辭賦家東方朔。人們怎麼發現這個叫做曼倩的人物原型是東方朔的呢？原來，東方朔的字是曼倩，而那個人物搞怪的性格和東方朔也很相似。

漢武帝剛剛即位的時候，廣招天下賢士，各地儒生紛紛上書，頭腦聰明的東方朔也抓住了這個機會上書自薦。不過，那時候上書用的是竹簡，這個東方朔足足寫了三千片竹簡，要兩個人才能扛得動，漢武帝花了兩個月時間才讀完。東方朔在自薦書上寫著：

「我少年時就失去父母，靠兄嫂撫養長大成人。13歲才讀書，三個冬天就把文史書籍讀完了。15歲學擊劍，16歲學《詩》、《書》，19歲學孫吳兵法。如今我已22歲，身高九尺三寸。兩隻眼睛就像明亮的珠子，牙齒潔白整齊，就像編排的貝殼，勇敢像孟賁（賁ㄅㄣ）②，敏捷像慶忌③，廉儉像鮑叔牙，信義像尾生④。我覺得像我這樣的人可以做您的臣子，所以我冒了死罪向您自薦！」

漢武帝讀了東方朔狂傲的自薦書，覺得這個人很有意思，就把他召進了宮裡，封了個小官。這個小官俸祿很少，又見不到皇上，東方朔很不滿意，他就想了一個主意來引起皇上的注意。

一天他來到為皇上養馬的侏儒面前說道：「皇上說你們這些人既不能種田，又不能打仗，對國家毫無益處，打算殺掉你們，你們還不趕快去向皇上求情？」侏儒很惶恐，哭著向漢武帝求饒。漢武帝問明原委，就來責問東方朔。東方朔早就想好了說辭，他風趣地說：「我這麼做是有原因的。侏儒身高三尺，我是九尺，俸祿卻一樣多，總不能撐死他們餓死我吧！您如果不願意用我，就放我回家，我不願再浪費京城的白米。」東方朔詼諧風趣的語言，逗得漢武帝捧腹大笑，不久就任命他做侍郎，隨侍左右。

漢武帝很喜歡東方朔，經常賜他在自己面前吃飯。每次吃完飯，東方朔總是要把剩下的飯揣在懷裡端走，弄得滿身都是油污；漢武帝賞賜的任何金銀珠寶，他都毫不客氣地全部拿走。他用這些錢去娶長安城中年輕漂亮的女子，但是娶過來一年就把她們拋棄了。很多大臣都把東方朔叫做「瘋子」，漢武帝聽了就跟他們說：「如果東方朔不幹這些荒唐事，恐怕你們誰也不是他的對手！」

中國的文化把隱士分為三個級別：小隱隱於野，中隱隱於市，大隱隱於朝。就是說，最低等的隱士隱藏在山野之中，中等的隱居在集市上，最高水準的隱藏在朝廷之上。東方朔經常喝酒喝得暢快的時候就趴在地上唱歌：「隱居在世俗裡，避世在金馬門。既然可以藏身在宮殿裡，又為什麼要隱居在深山裡呢？」

其實東方朔內心還是很想做官為天下百姓做些好事的，只是詼諧幽默讓漢武帝忽略了他的政治才能。

有一次，武帝的外甥酒後殺人，這個孩子是漢武帝的妹妹年紀很大才生下來的，非常受寵，漢武帝很想赦免他但是又不好明說，只好假意哭泣，暗示大臣們求情免罪。左右大臣都順水推舟，紛紛求情，只有東方朔裝糊塗：「陛下真是一個明君啊！即使自己這麼傷心也要按律處罰皇親，這真是天下百姓的福氣啊！」這句話讓漢武帝沒法徇私，只好殺了自己的外甥。

東方朔臨死之前，勸說漢武帝遠離小人，摒棄讒言。漢武帝哭著說：「誰說東方朔只是一個會講笑話的人呢？」

東方朔其實很有才幹，但是漢武帝始終只把他當作一個幽默詼諧、見多識廣的文人，從來不讓他參與朝政。東方朔為此寫了很多文章表達不滿，「無心插柳柳成蔭」，這些文章被後人彙成《東方大中集》，流傳至今，也算是對他的一個安慰吧。

1 選自《史記．滑稽列傳》。

2 孟賁：春秋戰國時期齊國的一個大力士。據說他走水路不怕蛟龍，走旱路不怕虎狼，哪裡都敢去，發起脾氣來，怒吼一聲，就像打雷一樣驚天動地。

3 慶忌：吳王僚的兒子。出身將門，力量過人，勇猛無畏，世人都讚譽他的勇敢。

4 尾生：傳說尾生與女子約在橋下見面，女子沒有來，尾生一直等，後來洪水來了也沒有離開，最後抱著橋柱子死去了。

「賦聖」司馬相如①

司馬相如和卓文君的愛情故事千古傳頌，他究竟是用什麼魅力吸引了卓文君與他私奔，並且心甘情願地放下小姐的身分與他當壚賣酒呢？

司馬相如是成都人，原來不叫「相如」，但是他非常仰慕藺相如的為人，所以自己改名為「相如」。他自幼喜歡讀書，被漢景帝封為武騎常侍②。但是司馬相如對做官沒有興趣，他只喜歡寫文章辭賦，而漢景帝對那些東西很反感，所以司馬相如總有懷才不遇的感覺。

終於有一天他遇到了自己的伯樂。這天梁孝王進京覲見景帝，司馬相如看到梁孝王的身邊有很多口才極好的人，於是就辭官投奔了梁孝王。梁孝王供養著他們吃穿日用，任由他們盡情交流、寫作，過了幾年，司馬相如在這裡寫出了名滿天下的《子虛賦》。不過梁孝王沒過多久就去世了，司馬相如只好回到老家，生活頓時陷入窘迫中。

司馬相如在臨邛（邛）有個朋友做了縣令，他把司馬相如接到家中，要帶著他到當地的大富豪卓王孫家作客。司馬相如本來很看不起這些附庸風雅的人，但是卓王孫幾次三番來請，司馬相如推脫不掉，只好赴約。

酒足飯飽之後，這位縣令朋友拿出了一張古琴，對司馬相如說：「聽說您喜歡彈琴，今天不妨彈曲，也讓我們這些凡夫俗子欣賞一下！」司馬相如早就聽說卓王孫有個女兒卓文君是個才女，而卓文君對司馬相如也是仰慕已久，所以一聽說他要來，早早躲在屏風後面觀察了。

司馬相如也在不經意間看到了卓文君，所以他彈了一首《鳳求凰》向卓文君傳達愛慕之情，卓文君羞澀地離開了。宴會結束後，司馬相如就透過卓文君身邊的僕人表達了自己的愛意，卓文君又驚又喜，但是害怕父親不同意，因此趁著夜色與司馬相如私奔了。

卓王孫知道這件事後，氣得與卓文君斷絕了父女關係。

司馬相如帶著卓文君回到成都老家，日子過得很艱苦。卓文君提議：「要不我們還是回到臨邛吧，可以開家酒店養家餬口啊！」於是二人回到臨邛，大大方方地開起了酒館。這可把卓王孫氣壞了，覺得自己的臉都被這個女兒丟盡了。有人趁機勸他和女兒和好算了，這樣女兒也不會在外面給他丟臉，而司馬相如畢竟是個才子，說不定有飛黃騰達的一天。卓王孫覺得有道理，就把夫妻兩人接回了家裡。

有一天漢武帝偶然讀到了《子虛賦》，大加讚賞：

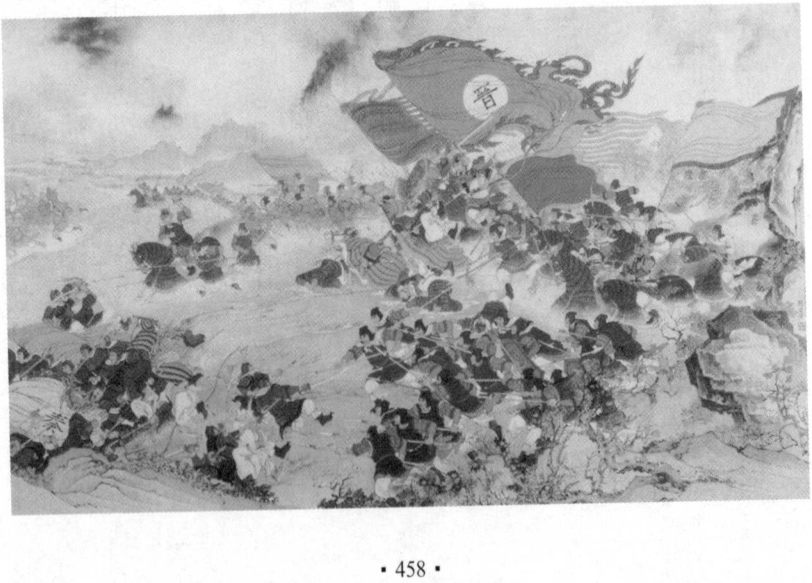

「唉，我沒有福氣與這樣的人生在同一時代啊！」漢武帝身邊的侍從楊得意接過文章一看，說：「陛下不要感到遺憾了，這篇文章是我的老鄉司馬相如寫的。」

漢武帝十分高興，立刻派人請司馬相如進京，並任命他為中郎將，讓他出使西夷，說服少數民族歸順漢朝。

卓王孫知道這個消息後不由得感慨萬千，後悔當初沒有早點同意把女兒嫁給司馬相如。

後來，司馬相如還寫出了《上林賦》、《長門賦》等千古流傳的名篇，後人尊他為「賦聖」。

1 選自《史記．司馬相如列傳》。

2 武騎常侍：漢代駐守在京都的官職，主要任務是陪著皇帝到處遊獵。

「淮南子」劉安①

劉安是皇親國戚，他的父親是漢朝的叛徒，他自己也是漢朝的叛徒，可謂是一個「叛賊世家」，但是這個人卻為中國的文化做出了不可磨滅的貢獻。

劉安的父親叫劉長，是漢文帝同父異母的弟弟。劉長的親生母親是趙姬，是趙王張敖送給劉邦的，後來張敖叛亂，趙姬被牽連。趙姬因為懷有身孕就找辟陽侯幫她向呂后求情，呂后一聽劉邦竟然和別人有了孩子，醋意大發，不肯幫忙。辟陽侯見呂后生氣，也沒有堅持，就回來了。趙姬生下孩子之後就自殺了，侍衛把孩子抱給劉邦，劉邦很是後悔，就把孩子交給呂后照顧。雖說呂后不喜歡趙姬，但是對劉長還是很好。後來誅殺劉邦的兒子時，劉長也是因為長年在呂后身邊才沒有被殺。

漢文帝登基之後，劉邦的兒子中只剩下了他和劉長，所以他就把劉長當作親弟弟一樣看待。後來劉長知道了辟陽侯沒有多為母親說話的真相，就拿著鐵錐把他殺了。文帝看劉長是自己的弟弟，又可憐他的身世，沒有深究。這讓劉長更加囂張跋扈，他在自己的封國廢除了漢朝的法令，完全按照自己的想法實行獎懲。平時生活也處處模仿皇帝的做法，唯我獨尊。文帝還是看在兄弟的情分上原諒了他，劉長不僅不知道收斂，反而更加放肆。

後來劉長與別人勾結想要發動叛亂，結果事情敗露，漢文帝念及親情，沒有殺他，把他流放了。劉長在發配的途中絕食而死，死的時候25歲。過了兩年，漢文帝想起這個自殺的弟弟，心裡很不是滋味，就把他的4個年幼的兒子都封了侯，長子劉安繼承了父親的爵位，成為淮南王。

但是劉安一直沒有忘記父親的死，所以他常常想背叛朝廷，只是沒有機會。漢武帝即位之後，很長時間沒有立太子。一次，淮南王去朝廷覲見，他的朋友武安侯拉住了他：「現在皇上沒有太子，你可是高祖的嫡孫，還廣施仁義，將來你不繼位，還能有誰呢？」劉安聽出了武安侯的話外之音，回去馬上招兵買馬，撫慰百姓，為謀反做準備。

本來一切都做得天衣無縫，但還是走漏了風聲。淮南王的兒子學習劍術，覺得自己天下無敵，就去找雷被比試。劉安愛好養士，這個雷被也是這些士中的一個。雷被拗不過劉安的兒子，只好同意與其比試。雷被處處讓著他，但是劉安的這個兒子不知好歹，得寸進尺，最後雷被只好還擊，這一還擊，劉安的兒子一下就被刺傷了。劉安的兒子惱羞成怒，雷被也驚慌失措，覺得自己在淮南王這裡混不下去了，於是就跑到了長安，說明自己無罪，皇上就派人來調查。有一個人一直勸淮南王不要造反，淮南王不聽，還責罵他，這人一氣之下就向朝廷告發了淮南王。皇帝派來調查的使臣還沒到王宮，淮南王就自殺了，其他參與反叛的人也都被滅族。

不過淮南王劉安還是有點本事的，他才思敏捷，喜歡讀書，還善於寫文章，愛好音樂，是一個高雅的人。他寫的《離騷體》是我國最早對屈原和他的《離騷》作出高度評價的著作。他還求賢若渴，使得淮南國成為當時的文化中心，一時間他門下的賓客和方士有幾千人之多，這些人集體編寫了《淮南子》一書，在中國文化史中留下了濃墨重彩的一筆。

劉安還是一個喜歡煉丹的人，不過丹沒煉出來，倒是「煉」出了豆腐。現在，人們能夠吃到這麼美味營養的食物，還真是多虧了他呢！

1 選自《史記．淮南衡山列傳》。

各民族的大融合

冒頓單于①

在遼闊的北方草原上，生活著一個遊牧民族，他們稱自己是「馬背上的民族」，這就是匈奴。冒頓（冒頓）是匈奴的首領，儘管他帶領著匈奴人屢屢進犯中原，但是我們不能否認他是一個具有雄才大略的少數民族領袖。

匈奴族的首領頭曼單于在秦朝的時候被秦朝的大將蒙恬驅趕到非常寒冷的北方去生活。冒頓是他的大兒子，也是當時的太子。但是後來頭曼又有了一個可愛的小兒子，他就找了個藉口把冒頓放逐了，改立自己的小兒子為太子。

為了看管冒頓，頭曼還派了兩個酋長隨同他一起到放逐之地。但是冒頓口才很好，很快，兩個酋長就成了他的心腹。於是，一年後的一天，已經訓練了一批死士的冒頓悄悄摸回了父王所在的部落，刺殺了還在睡夢中的頭曼。

冒頓並沒有隱瞞殺害父親的事實，立即召開了部落聯盟大會。當時的匈奴是一個四分五裂的民族，他們如果有事情要宣佈就必須召開部落聯盟大會。大會上，冒頓的叔叔，同時也是東胡的首領對冒頓說：「大漠混亂，單于繼位，怎麼也得給我們分點好處吧？我看中了頭曼單于的一匹寶馬，可以賜給我嗎？」

「沒問題，你拿去好了。」冒頓不顧大臣的反對同意了東胡首領的建議。可是東胡首領並沒有滿足，過了幾天他又派人送來一封信，想要一個美女。冒頓也答應了他，把美女送了過去。後來，東胡首領得寸進尺，說再要一些土地。

土地可是立國的根本，群臣激烈反對。出人意料的是，冒頓還是同意了，不過有一個條件，那就是要東胡首領親自來接收土地。東胡首領見到信興高采烈地出發了，一見到冒頓，冒頓的臉色就變了，對後面的人喊道：「給我殺掉這個東胡人！」這時候，東胡首領帶來的人想跑，可是他們已經被冒頓的軍隊包圍了，這些人乘勝追擊，使東胡人歸順了冒頓。

後來冒頓在匈奴族公認的靈魂所在的地方——平城（今山西大同）修建了宮殿，就這樣，未用一兵一卒，他就把散亂的匈奴族統一了。

冒頓單于不僅設立了官員，還學習秦朝建立了法律，此外又把漢人禮儀引入了匈奴人的生活中。但是因為匈奴人的文化知識很有限，所以他們的法律和禮儀很簡單。比如冒頓的禮儀規定：單于應該每天早晨走出營地拜剛升起來的太陽，晚上要拜月亮。在打仗的時候，殺死或者俘虜敵人時，賞賜一壺酒。

匈奴統一的時候，漢朝也建立了。為了滅掉匈奴，劉邦帶著*40*萬大軍耀武揚威地來到平城，冒頓馬上派出自己的*30*萬鐵騎圍住了劉邦的部隊，雙方展開對峙。其實冒頓完全可以殺了劉邦，但是他知道如果殺了這個皇帝，自己什麼也得不到，因此他們只圍不打。漢朝看到皇帝有難，心甘情願地拿著優厚的條件來交換。於是，冒頓幾乎沒費什麼力氣就取得了對中原的首次勝利。

後來冒頓單于和漢朝簽下了和平條約。漢文帝的時候，冒頓單于還和漢朝結成了親家，雙方似乎已經親如一家了。但是事實上並非如此，雖然打著「友誼萬歲」的旗號，但匈奴一直都沒有放棄到中原搶掠財物；而漢朝也一直悄悄地進行著針對匈奴騎兵的改革，漢朝和匈奴遲早都會決一死戰。

但是在大戰一觸即發之時，冒頓單于卻死了。

1 選自《史記．匈奴列傳》。

張騫通西域①

匈奴仗著兵強馬壯，總是進犯中原。漢朝剛建立的時候，國家還很不穩定，所以對匈奴採取了「和親」的政策。但是漢武帝時期，漢朝的統治達到了鼎盛，漢武帝想徹底打敗匈奴，就派張騫去西域拉攏其他國家一起攻打匈奴。

漢武帝時期，漢朝實力空前強大，因此漢武帝不想再採取「和親」的政策來穩住匈奴了，他要用軍隊打敗匈奴人，給他們點顏色看看。為了知己知彼，漢武帝經常向一些投降的匈奴人打聽西域的事情，這些匈奴人告訴漢武帝匈奴打敗了月氏（月氏 ㄩㄝˋ ㄓ），還把月氏王的頭顱拿來做了飲酒的器皿。月氏被迫逃到了其他地方，他們一直怨恨匈奴，總想報仇，可是因為實力不夠，又找不到強大的聯盟，一直很苦惱。

漢武帝覺得這是一個好機會，就派張騫（騫 ㄑㄧㄢ）出使月氏。張騫帶了一百多個人出發了，其中有一個叫做堂邑父的人，他原本是匈奴人，自願跟隨張騫出使西域，路上充當翻譯和嚮導。

到月氏必須通過匈奴的國境，張騫進入匈奴境內的時候儘管很謹慎但還是被匈奴人抓走了。匈奴的單于問他要去做什麼，他說要去月氏。

單于說：「月氏在我們北邊，漢朝怎麼能派使者前往呢？如果我們要派使者去南越，你們漢朝能同意讓我們從漢朝境內通過嗎？」匈奴的單于就把張騫扣留在匈奴，還給張騫娶了匈奴姑娘為妻，生了孩子，但是張騫一直沒有忘記自己的使命，保留著作為漢使的符節。

張騫
騫漢中人建元中為郎應募
使大宛尋河源乘槎至一處遇
織女以石支機見騫取石與之

時間不知不覺地過去了十多年，匈奴見張騫沒有逃跑的意圖，就放鬆了對他的看守。張騫終於等到了一個時機，和他的隨從一起逃出了匈奴，一直向西跑了十幾天，終於到了大宛（宛 ㄨㄢˇ）的境內。這時他們才知道除匈奴之外，西域還有這麼多國家。

大宛的國王早就聽說過東方有一個很富裕

的國家，一直想跟漢朝溝通，但是因為匈奴擋在他們和漢朝中間，所以一直沒能成功。這次見到了來自漢朝的使者，非常高興，好酒好菜接待他們。席間大宛國王問張騫：「請問你們想去哪裡？」

張騫說：「我們本想去月氏，卻被匈奴攔住去路。如今逃出匈奴，希望您能派人護送我們去月氏。若真能到達月氏，我們返回漢朝後一定會贈送給您很多財物！」大宛國王聽了很開心，就派人把他們送到了康居，康居國王又把他們送到了月氏。

當時的月氏國王是那位被匈奴殺死的國王的兒子，他已經打敗了大夏，在這裡定居下來。現在月氏生活的地方土地肥美富饒，敵人也很少來侵犯，全國人民生活得安適快樂，已經沒有向匈奴報仇的意思了。另外他們還考慮到自己離漢朝很遠，一旦和匈奴打起來，漢朝不一定能夠及時救援，所以張騫沒有明確得到月氏王聯合漢朝打擊匈奴的答覆。張騫在月氏住了一年多，準備回國。這次他決定繞道而行，繞開匈奴統治的土地，於是他沿著南山行進，想從羌人居住的地方回到長安。不料羌人已經歸順了匈奴，他又被匈奴人捉住了。張騫在匈奴住了一年多，單于死了，匈奴國內爆發了爭奪王位的戰爭，張騫趁著內亂帶著堂邑父和匈奴妻子回到了漢朝。

雖然沒有完成聯合月氏的任務，但漢武帝還是重賞了張騫，因為此行增進了漢朝和西域各國的感情，還瞭解了西部的地形。

這次之後，張騫又出使了一次西域，帶回了各國的使者，也帶回了西域各國的特產，非常有名的「汗血寶馬」就是張騫從大宛引進的。

1 選自《史記·大宛列傳》。

附錄 主要帝王在位時間表

朝代	帝號	姓名	在位時間
夏朝	禹	姒文命	約前2025～前2070
	夏王	啟	約前2070～前2047
	夏王	太康	約前2046～前2018
	夏王	仲康	約前2017～前2005
	夏王	孔甲	約前1695～前1665
	夏桀	履癸	約前1634～前1600
商朝	成湯	子履	約前1600～前1587
	太甲	子至	約前1580～前1554
	中丁	子莊	約前1414～前1402
	盤庚	子旬	前1327～前1300
	武丁	子昭	前1250～前1192
	武乙	子瞿	前1147～前1131
	紂王	辛／子受	前1075～前1046

周朝	武王	姬發	前1046～前1043
	成王	姬誦	前1042～前1021
	厲王	姬胡	前878～元前841
	宣王	姬靜	前827～前781
	幽王	姬宮涅	前781～前771
	平王	姬宜臼	前770～前720
吳國	吳王	僚	前526～前515
	吳王	光／闔閭	前514～前496
	吳王	夫差	前495～前473
晉國	文公	重耳	前636～前628
	襄公	歡	前627～前621
	靈公	夷皋	前620～前607
	靜公	俱酒	前377～前349
越國	越王	勾踐	前496～前465
魯國	魯公	伯禽	約前1045～前1011
鄭國	莊公	寤生	前743～前701
宋國	襄公	慈甫	前650～前637

楚國	莊王	羋（羋ㄇㄧㄝ）旅	前613～前591
	靈王	羋圍	前540～前529
	懷王	羋槐	前328～前299
	頃襄王	羋橫	前298～前263
	考烈王	羋完	前262～前238
齊國	太公	呂尚	約前1045～前1015
	桓公	呂小白	前685～前643
	靈公	呂環	前581～前554
	威王	田因齊	前356～前319
	湣王	田地	前301～前284
	襄王	田法章	前283～前265
韓國	昭侯	佚名	前358～前333
魏國	文侯	魏都	前445～前396
	惠王	魏罃	前369～前319
	魏王	魏假	前227～前225
趙國	武靈王	趙雍	前326～前298
	惠文王	趙何	前298～前266
	孝成王	趙丹	前266～前245

燕國	昭王	職	前308～前279
	惠王	樂資	前279～前272
秦國	襄公	開	前777～前766
	穆公	任好	前659～前621
	孝公	渠梁	前361～前338
	莊襄王	子楚	前250～前247
	秦王	嬴政	前246～前221
秦朝	始皇	嬴政	前221～前210
	二世	胡亥	前210～前207
漢朝	高祖	劉邦	前206～前195
	惠帝	劉盈	前195～前188
	文帝	劉恒	前179～前156
	景帝	劉啟	前156～前140
	武帝	劉徹	前140～前86
	昭帝	劉弗陵	前86～前74

附錄2　歷史大事時間表

時間	事件
約前2070～約前1600年	夏朝建立
約前1600年	商朝建立
約前1300年	盤庚遷都殷
約前1046年	武王伐紂，西周開始
前771年	犬戎攻入鎬京，西周結束
前770年	周平王遷都洛邑，東周開始
前356年	商鞅開始變法
前221年	秦統一六國
前209年	陳勝、吳廣起義爆發
前207年	鉅鹿之戰
前206年	劉邦攻入咸陽，秦朝滅亡
前206～前202年	楚漢之爭
前202年	西漢建立
前139年、前119年	張騫兩次出使西域

身心靈成長

01	心靈導師帶來的36堂靈性覺醒課	姜波	定價：300元
02	內向革命-心靈導師A.H.阿瑪斯的心靈語錄	姜波	定價：280元
03	生死講座——與智者一起聊生死	姜波	定價：280元
04	圓滿人生不等待	姜波	定價：240元
05	看得開放得下——本煥長老最後的啟示	淨因	定價：300元
06	安頓身心--喚醒內心最美好的感覺	麥克羅	定價：280元
07	捨不得		
	捨得是一種用金錢買不到的獲得	檸檬公爵	定價：260元
08	放不開--你為什麼不想放過自己？	檸檬公爵	定價：260元
09	快樂悲傷選邊站	方向乾	定價：280元
09	夫妻禪話	果偉居士	定價：210元

典藏中國：

01	三國志--限量精裝版	秦漢唐	定價：199元
02	三十六計--限量精裝版	秦漢唐	定價：199元
03	資治通鑑的故事--限量精裝版	秦漢唐	定價：249元
04-1	史記的故事	秦漢唐	定價：250元
05	大話孫子兵法--中國第一智慧書	黃樸民	定價：249元
06	速讀二十四史--上下	汪高鑫李傳印	定價：720元
08	速讀資治通鑑	汪高鑫李傳印	定價：380元
09	速讀中國古代文學名著	汪龍麟主編	定價：450元
10	速讀世界文學名著	楊坤主編	定價：380元
11	易經的人生64個感悟	魯衛賓	定價：280元
12	心經心得	曾琦雲	定價：280元
13	淺讀《金剛經》	夏春芬	定價：210元
14	讀《三國演義》悟人生大智慧	王峰	定價：240元
15	生命的箴言《菜根譚》	秦漢唐	定價：168元
16	讀孔孟老莊悟人生智慧	張永生	定價：220元
17	厚黑學全集【壹】絕處逢生	李宗吾	定價：300元
18	厚黑學全集【貳】舌燦蓮花	李宗吾	定價：300元
19	論語的人生64個感悟	馮麗莎	定價：280元
20	老子的人生64個感悟	馮麗莎	定價：280元
21	讀墨學法家悟人生智慧	張永生	定價：220元

22	左傳的故事	秦漢唐	定價：240元
23	歷代經典絕句三百首	張曉清張笑吟	定價：260元
24	商用生活版《現代36計》	耿文國	定價：240元
25	禪話•禪音•禪心禪宗經典智慧故事全集	李偉楠	定價：280元
26	老子看破沒有說破的智慧	麥迪	定價：320元
27	莊子看破沒有說破的智慧	吳金衛	定價：320元
28	菜根譚看破沒有說破的智慧	吳金衛	定價：320元
29	孫子看破沒有說破的智慧	吳金衛	定價：320元
30	小沙彌說解《心經》	禾慧居士	定價：250元
31	每天讀點《道德經》	王福振	定價：320元
32	推背圖和燒餅歌裡的歷史	邢群麟	定價：360元
33	易經：現代生活的智慧	孫三寶	定價：280元
34	《傳習錄》白話本	姜波	定價：330元
35	《史記》故事導讀	姜波	定價：340元
36	《資治通鑑》故事導讀	姜波	定價：300元
37	厚黑學全集【參】厚黑心術	李宗吾	定價：300元
38	《碧巖錄》中的100大智慧	于水音	定價：280元
39	入骨相思知不知一醉倒在中國古代情詩裡	維小詞	定價：300元
40	厚黑學全集【肆】厚黑之道	李宗吾	定價：300元
41	一本書讀懂戰國史	秦漢唐	定價：420元
42	厚黑學全集【伍】厚黑妙法	李宗吾	定價：300元
43	讀諸子百家悟人生大智慧	秦漢唐	定價：320元
44	厚黑學全集【壹】絕處逢生--黃金增訂版	李宗吾	定價：320元

經典中的感悟

01	莊子的人生64個感悟	秦漢唐	定價：280元
02	孫子的人生64個感悟	秦漢唐	定價：280元
03	三國演義的人生64個感悟	秦漢唐	定價：280元
04	菜根譚的人生88個感悟	秦漢唐	定價：280元
05	心經的人生88個感悟	秦漢唐	定價：280元
06	易經的人生64個感悟	秦漢唐	定價：300元
07	道德經的人生64個感悟	秦漢唐	定價：300元
08	論語的人生64個感悟	秦漢唐	定價：300元

經典中的感悟

莊子的
人生64個感悟

孫子的
人生64個感悟

三國演義的
人生64個感悟

菜根譚的
人生88個感悟

心经的
人生88個感悟

易經的
人生64個感悟

道德經的
人生64個感悟

论语的
人生64個感悟

法家智慧的
人生99個感悟

《資治通鑑》故事導讀

全國各國、高中指定國文科輔導教材
讓國文課不再枯燥、艱澀。
讓你輕鬆閱讀、迅速累積國學基礎
讓我們一起展開這幅瑰麗的歷史畫卷，徜徉在歷史的長河裡

【作者簡介】姜波：山東齊魯人士，中文研究所碩士畢業。曾任教職、文學講評人、文化復興學會召集人。現任文化公司出版總監。咬筆桿是他閒暇時最大的樂趣。釃茶一杯、香菸一支在嬝嬝清煙與茶香之中悠然自得。現出版有《傳習錄》白話本、《史記》故事導讀、《資治通鑑故事導讀》故事導讀、生死講座——與智者一起聊生死……等專著。

典藏中國系列圖書讓你在輕鬆中閱讀古文，在不知不覺提升了國學的能力。
達到對過去悠悠歷史不陌生：對茫茫未來走向有定見。

國家圖書館出版品預行編目資料

《史記》故事導讀 / 司馬遷 作 姜波 編議--
一版. -- 臺北市 :廣達文化, 2012.10
面 ; 公分. -- （典藏中國：35）（文經閣）
ISBN 978-957-713-505-6(平裝)
1.史記 2.歷史故事

610.11　　　　100011514

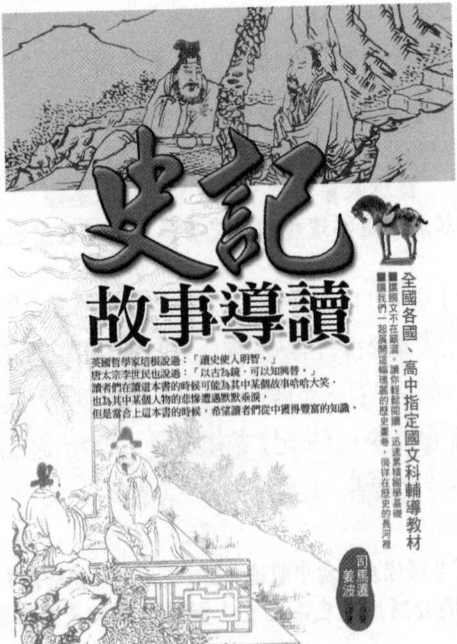

書山有路勤為徑
學海無涯苦作舟

《史記》故事導讀

作者：司馬遷
編譯者：姜波
叢書別：典藏中國 **35**
文經閣 編輯室 企畫出版
出版者：廣達文化事業有限公司
Quanta Association Cultural Enterprises Co. Ltd
編輯執行總監：秦漢唐

發行所：臺北市信義區中坡南路 287 號 4 樓
電話：27283588　傳真：27264126
E-mail：siraviko@seed.net.tw
本公司經臺北市政府核准登記.登記證為
局版北市業字第九三二號

印　刷：卡樂印刷排版公司
裝　訂：秉成裝訂有限公司
上　光：全代上光有限公司

代理行銷：創智文化有限公司
23674 新北市土城區忠承路 89 號 6 樓
電話：02-2268-3489　傳真：02-2269-6560

CVS 代理：美璟文化有限公司
電話：02-27239968　傳真：27239668

一版三刷：2016 年 11 月
定　價：340 元

書山有路勤為徑

學海無崖苦作舟

文經閣

書山有路勤為徑
學海無崖苦作舟